# 写本の文化誌

ヨーロッパ中世の文学とメディア

クラウディア・ブリンカー・フォン・デア・ハイデ
一條麻美子 訳

Die literarische Welt des Mittelalters

Claudia Brinker-von der Heyde

白水社

# 写本の文化誌——ヨーロッパ中世の文学とメディア

Die Literarische Welt des Mittelalters by Claudia Brinker-von der Heyde
Originally published in 2007 by WGB (Wissenschaftliche Buchgesellschaft),
Darmstadt, Germany


Published by arrangement with the author through Meike Marx Literary Agency, Japan

装丁　柳川貴代

写本の文化誌――ヨーロッパ中世の文学とメディア　目次

## 図版掲載ページ一覧

# 序

現代人なら誰でも本を持っているし、書店はとてつもない数の本であふれかえっている。そんな中で新刊本が注目を集めるためには、大きな「イベント」が必要だ。深夜の販売開始や内覧会、ブックフェアでの読書マラソンや著者の〇〇文学賞（聞いたことがないものが多いのだが）受賞など。本が本としてこの世に存在するのは特別なことであるとか、買った人が自分で読むのではなく誰かに朗読してもらうのかもしれないとか考える人はおらず、著者の経済的な状況に興味をもつ人もいない。重要なのはひとつだけ。作者はこれまで語られたことのない、自分の頭で考え出した新しく珍しい事柄を語らねばならない。しかしその目玉部分が読まれ、語られ、書評されるやいなや、さらなるベストセラーが現れて、書店で平積みにされていたその本は隅の書棚に追いやられ、そこで静かに埃をかぶるか、さっさと投げ売りされることになる。評価の高い新刊でも一シーズンを生き延びるのはわずか、世代を超えて読み継がれる作品となれば、さらに少数である。加えて近年、本には強力なライバルが現れた。新しいデジタルメディアが高速かつほとんど無限のメモリ容量でもって、あらゆる形の知やクリエイティブな活動に思うがままにアクセスすることを可能にしたのだ。デジタルメディアは、本には不可能な視覚・聴覚的刺激を活字につけ加え、個々の情報を多種多様なものに結びつけると同時に、小さなデータ記憶媒体があればアーカイブ化に図書館を必要としない。しかしデジタル時代の幕開けは、そのようなメディアの交代に伴うさまざまな問題をも明るみに出したようだ。というのもいまや、膨大なデータの洪水に、集団の記憶の中で蓄積された知が飲み込まれようとしているのである。読者（利用者と呼ぶべきか）は木を見て森を見ず、方向を見失い、必要な情報をどこでどのように探したらいいのかわからなくなってしまった。その結果どのようなことになるのか、まだ予測はできないが、メディアの発展が知と記憶の宝庫の姿と、そこへのアクセス方法を変えてしまう文化的革命であることに異論はないだろう。

さて歴史を振り返れば、同じように「革命的」な影響をもたらして、その時代の人々から熱狂と同時に疑惑の目で迎えられたメディアの革新が、過去に二回あった。口承から書記への転換と活字印刷の発明である。このうちの最初の「革命」、つまり本の文化の形成と中世（西暦八〇〇年から一五〇〇年）における文学世界の成立がこの本のテーマである。才能ある詩人の存在だけでは文学は成立しない。ドイツ語の動詞「詩作する（dichten）」とはもともと「書く（schreiben）」と同意語で、「歌う（singen）」「語る（sagen）」といった口承による文学活動とは一線を画する行為だった。だから dichten する人という意味の「詩人（Dichter）」とは、本来詩を作る人ではなく、書記をする人だったのである。書記をするためにはまず筆記用具と紙が必要だ。それらがあって初めて思想、物語、詩歌、歴史的事件など、あらゆる知が長期的に保管され、他の人間もしくは後の世代の人々の元にも届けられる。人間の精神ではなく、むしろ人間の思考を留めることができるマテリアルこそが、プリニウスが言うところの「人間の不死」（『博物誌』第三章二一節）を保証しているのである。

だから熟練した職人技と経済的発展こそが、いわゆるフィクションとしての文学だけでなく、書き下ろされたものすべてに興味をもつような、文字の世界としての文学世界の基礎となるのである。

このような世界に生きていた文学好きで、知的好奇心と財産の両方をもち合わせている権力者たちは、詩人・知識人に必要な経済的基盤を与えてその暮らしを支えると同時に、自分の好みを明確に伝え、作者のオリジナリティを期待するのではなく、よく知られた物語を創意工夫をもって語り直すことを求めた。同一テキストを何度も書き写させたり、大量生産させようなどとは思いもしなかった。手写された本は唯一無二の存在であり、一つひとつ注文によって製作され、所有者はそれを宝物のように大事にした。彼らは自分で本を読んだのだろうか、あるいは、自分ひとりのためにもしくは文学愛好者が集まるサロンで朗読させたのか。いやテキストの中にちりばめられた挿絵を眺めるだけだったのかもしれない。

詩人もその文学世界の住人であったと思われる。詩人は作品内で繰り返し自分について言及しているが、彼らの人生について知りうることは驚くほど少ない。読者は詩人ではなく、語られる物語のほうに惹きつけられたのだ。物語は何度も書き写され、読まれ、語られ、そのたびごとに少しずつ形を変えていった。一字一句同じ写本は存在しない。しかし物語はどれも俗語で書かれていて、そのこと自体、教養がラテン語と同意語であったこの時代においては特筆すべきことなのである。話し言葉の数多くの方言のなかから、標準語とまでは言えなくとも広く理解可能な書き言葉を作り上げるのは、大変な仕事だった。そしてついに、さまざまなテキストが同じ言葉で集成写本にまとめられたことで、理解は確固たるものとなったのである。このような話は現代の読者には奇怪に思われるかもしれない。しかし「コミュニケーションの物質性」[1]のおかげで、中世の写本は当時の読者だけでなくわれわれにも語りかけ、それらが作り上げた過去の文化について多くのことを教えてくれる。当時の人々の暮らしやものの考え方を追体験したり、その文学活動の中に身を置いたりすることは、過去の資料に徹底的に向き合ったとしても難しいものだ。しかし写本の世界を垣間見ることで、中世という時代の異質性に目を向け、さらにはその変化に富んだ活動的な文学世界の魅力を味わう第一歩を踏み出すことになるだろう。

# 第一章　本ができあがるまで

## 1　材料の調達

新しいメディアのもと、ありとあらゆる方法でデータがやり取りされ、テキストが大量生産される現代に生きながら、テキストが伝承されることが稀であった中世という時代を想像するのは難しい。苦労のすえようやく用紙や筆記用具を手に入れた中世の書記は、まずページに罫線を入れ、一文字一文字手で書き入れ、一冊ずつ綴じなければならなかった。十二世紀のあるラテン語写本によれば、書記にはガチョウ、雄牛、羊、茨《いばら》の四つが必要だとされる。ガチョウはペン、雄牛はインク壺、羊は羊皮紙、そして茨はインクになる(2)。

原料を筆記用具に加工するのにどれほどお金がかかったか、テキストを確実に文字に書き下ろすために、筆記用具が十分に供給されることがどれほど重要であったかは、本を製作する過程を描いた多くの写本挿絵を見ればわかる。たとえば十二世紀後半に製作された教父アンブロジウスの写本で、聖職者や修道士の仕事を解説する『従者の職務について』というテキストの冒頭に掲げられた挿絵には、そのあたりの事情がかなり詳しく描き込まれている。修道士はラテン語の読み書きができる教養エリートとして、写本製作のための材料調達を一手に引き受け、書記もしくは書写生として重要な役割を果たしていた。修道院が写本製作の場であることがこの挿絵では強調されており、またトンスラと呼ばれる髪型から全員がカトリックの修道士であることが見て取れる。

中央でファサードの上に立つ大天使ミカエルを四人の修道士が祈りのポーズで見上げており、周囲のメダイヨンにはペン先の切断、蠟板への書き込み、羊皮紙や表紙の製作、折丁の整理や仮綴じ、皮の切断、金属の留め具作りなど、写本製作の工程が描かれている。中央上では書記が完成した写本を持ち、中央下では修道士が弟子に開いた本を指し示して、これが教科書として使用されることを明らかにしている。この一連の写本製作の流れから外れることで、挿絵画家は自分を特別重要な位置に置いている。彼は大天使の足下で、左手に絵具皿を持ち、右手の絵筆で今ちょうど最後の一筆を加えるところなのだ（図版1）。

1　アンブロジウス『従者の職務について』（バンベルク州立図書館、Ms. Patr. 5, fol. 1v、12世紀半）。円形メダイヨンには羊皮紙製作から教材として使用されるまでの写本製作過程が詳細に描かれている。

挿絵ほどわかりやすくはないが、より詳しく写本作成にかかわる技術を教えてくれるのは、たとえばテオフィルス・プレスビターの著作である。テオフィルス、おそらく本名はロゲルス・フォン・ヘルマルスハウゼンは、『ハインリヒ獅子公の福音書』をはじめとする多数の有名な写本を製作した工房を修道院内に創設した十二世紀初めの人物で、著作『諸技芸教程』全三巻に、およそ考えられる限りの工芸技術について細部にわたって記した。その技術は十六世紀に至るまで実際に使用され、現代の修復士にも貴重な情報を提供している。第一巻ではインク、絵具の作り方と絵の描き方、二巻以下にステンドグラス、鋳金、金細工の技法が説明されており、ベネディクト会修道士の身分にふさわしく神を称える序文がつけられている。その中でテオフィルスは、自分は「神の名が褒め称えられる」ためだけにこの著作を仕上げたのであり、個人的な名誉欲とは無縁だと強調して、手仕事の技術を誇ることを諫《いさ》める戒律をたてに批判してくるかもしれない修道士たちに対し、予防線を張った。しかし、そのように慎み深さを前面に押し出しつつもテオフィルスは、かのベルナール・ド・クレルヴォーが図像表現に否定的な見解を表明する時代にあって、神を称えるには自由七科、つまり文法、修辞、論理、算術、天文、幾何、音楽の知識だけでなく、職人の熟練した技術も必要だという異例の主張をしたのである。人間は与えられた芸術的才能を用いて創造的な仕事をすることを許されている、いやそう義務づけられているのだ、と彼は言う。なぜならさまざまな芸術の才能も、知的能力と同様、神から与えられたものなのだから。人間はそれを受け取り、探求し、発展させ、分かち合わねばならない。テオフィルスにとって職人――書記や挿絵画家も含まれる――は神の御業を追創造する存在で、その作品は目に見える説教なのだ。

職人技をこのように高く評価する姿勢は、それが信仰に根ざしているとはいえ、芸術が世俗化していくプロセスが始まったことを示している。芸術は徐々に宗教的・神学的コンテクストから解き放たれ、最終的に職人そして詩人は、自分たちの活躍の場をもっぱら世俗世界に求めるようになるだろう[3]。しかしわれわれの関心事に戻れば、この時代に職人仕事が宗教的コンテクストで語られていることは、文学作品を書き記すための材料作りが単なる技術的作業ではなく、精神的アウラを帯びたものであることを意味する。このことは中世の写本を語る上で忘れてはならない重要なポイントである。

## 羊皮紙

中世後期に至るまで、ヨーロッパではもっぱら羊皮紙が使われていた。丈夫かつしなやかな羊皮紙は、遅くとも四世紀には、カミガヤツリの繊維から作られるパピルス紙に取って代わった。もともと羊皮紙は代用品だったらしい。中世に広く読まれていた大プリニウスの百科全書『博物誌』によれば、紀元前二世紀、アレクサンドリアに古代最大の図書館を有していたエジプト王プトレマイオスが、ペルガモン王エウメネス二世がトルコのペルガモンに同様の図書館を作るのを邪魔しようとパピルスの輸出を禁じたところ、エウメネスは代用品を探して特殊加工された獣皮にたどり着き、これを「ペルガメント（羊皮紙）」と名づけたという（『博物誌』一三巻二一章）。真偽は疑わしいが、この話は経済状況と文化の発展の緊密な結びつきと、文字に与えられた大きな政治的意味をわれわれに教えてくれる。文字を有するもの、権力を擁す。そして文字にはそれを書き入れる用紙が必要だ。

材料としてはロバ、鹿からラクダに至るまでさまざまな動物の皮が考えられたが、好まれたのは大量に飼育されていた山羊、羊、仔牛だった。仔牛の皮をベラム、羊の皮をペルガメントと区別することもあった。初期中世のエピグラムで、羊皮紙は「人の心臓より尊い」と謳われている。なぜなら、

人が死ねば、心の臓に皮、そして骨もみな無くなる。羊が死ねば、残るのはとてつもなく価値ある

もの。剝がされた皮の、裏表に書かれる文字(4)。

この世で人間は動物より虚しい存在である。肉体は儚《はかな》く消え去り、魂だけが――そのくらいは信じてもいいだろう――あの世で生き続ける。それに対し動物は死んで羊皮紙となることによって、この世で新たな生命を得て、人間の役に立ち続けるのだ。

しかし皮を剝げばよいというものではない。文字を書き込むことができるようになるまでには何段階かの加工が必要で、それは人間の手によってなされる。羊皮紙職人の仕事がどれほど重要だったかは、製作法が記された写本が多数残っていることからもわかる。たとえば八〇〇年頃の『ルッカ手稿』には次のようにある。

羊皮紙について

いかに羊皮紙を作るか。皮を石灰水に三日間漬け込む。枠に張り両面を鋭いナイフで削り取り、乾かす。軸に巻く分だけ作り、絵具で描く(ルッカ手稿四九〇)。

約四百五十年後、チューリヒ大聖堂付属学校校長コンラート・フォン・ムーレはさらに詳しく書き記す。

皮について、いかに皮から羊皮紙が作られるか

仔牛の皮から毛を取り去り水に漬ける。石灰を加えると肉の部分がすべて溶け、皮の汚れが落ち、毛も抜ける。枠を作って皮を張り、水分が抜けきるまで太陽にさらす。次にナイフで表面を削り取

り、皮を柔らかくしなやかにする。皮は本の形に整えられる。まずページの大きさになるよう二回折り、重ね合わせる。さらに軽石で余分なものを除き、書かれた作品が溶け出さないよう白墨の粉を振る。小さく穴を穿《うが》ちそこから鉛筆で罫線を引いて行の目安とする。皮は肉から、肉は皮から引き剝がされる。そのように人も精神から肉の喜びを取り去るべし（『動物の性質について』四一七―四二二行）。

ここでも末尾の教育的発言が職人技の霊的な側面を教えてくれる。それを除けば、ここに示されているのは羊皮紙製作の具体的な手順だ。それは原皮を数日間強い石灰水に浸すという化学的プロセスと、三日月型の削り刀で張り伸ばされた皮から肉の残りをそぎ落として、できる限り薄くする（図版1）、インクや絵具がよく定着するように軽石でこするなど、何段階かの手作業からなる。最後の仕上げにはさまざまな混ぜ物――灰、石灰、石膏、白墨、生石灰、亜麻油、卵白など――も使われる。どのような混合物を使うかによって羊皮紙の品質に差がつき、工房の評判を左右したので、詳しいレシピは企業秘密だった。[5] 羊皮紙工房は基本的に修道院や町の外、できれば風下に建てられた。というのも、数世紀を経てもなお華麗な羊皮紙を見ながら想像したくはないのだが、動物の腐敗臭と化学溶液の悪臭はすさまじかったのだ。

「毛側」と「肉側」の質の違いは、どんな羊皮紙職人、化学溶液をもってしても如何ともしがたかった。肉側はざらざらして色が明るく、反り返る。毛側はつるつるして色は暗く、毛穴が見えることもあり、内側に巻く。そのため、できあがった本がゆがまないよう、毛側と毛側、肉側と肉側が向かい合うようにページを重ねることが重要だった。

動物の仔の傷のない皮からは、しなやかで最高品質の羊皮紙が作られる。中世後期には羊の胎児から作られた羊皮紙が「処女羊皮紙」と呼ばれ、他に及ぶものなしと絶賛された。また羊皮紙を紫色に染め、金銀のインクで文字を書き入れるといった技法により、羊皮紙の価値は高められた。巻貝の一種から作られる貝紫色は古来王者の色とされ、その色の衣服を身にまとうことができるのは最高位の人物のみ、紫色の羊皮紙も用途はほぼ聖書に限られていた(6)。中世後期にそれと同じくらい価値があるとされたのは、黒色に染めて金銀のインクで文字を書いた羊皮紙だった。

　しかしそのように完璧な品はめったにあるものではない。生前の動物の虫刺されや擦り傷は、皮に大小のダメージを残さずにはおかない。時には職人が皮をこそげ取りすぎて穴が開いてしまうこともあった。そんなときは、まさに傷同様に針と糸で手当がなされた（図版2）。もっと簡単な解決法は穴をよけて文字を書き入れることで、貴重な羊皮紙を捨てるなど思いもよらなかった（図版3、25）。大判でページ数も多い写本を製作するには、なんといっても数百匹の羊を殺してその皮を剝がなければならなかったのだから。文書を所有できるのは必要な材料を揃えられる者だけで、写本製作者もしくは注文主は、大規模な農場か、かなりの資産を持っていた。ザンクト・ガレン修道院で名前がわかっている最古の書記ヴィニタールは、書記という仕事が経済的条件にかかっていることにすでに気づいていた。彼は七六一年に、自分が書くことができるのは同僚の修道士が羊皮紙を準備してくれたおかげだと記している。

> 私がこの拙《つたな》い業で何かを書き記すことがそなたらの役に立つと思うなら、羊皮紙を作り渡しなさい。主がお与えくださった力の限り、私は従順に仕事をしよう（ザンクト・ガレン修道院図書館、七〇番、二五一頁）。

2　マネッセ写本、フォン・ヴェンゲンの肖像画（ハイデルベルク大学図書館、Cod. Pal. germ. 848、fol. 300r、1300 年頃）。羊皮紙に穴が開いたからといって、廃棄理由にはならなかった。破れたところは赤い糸でていねいにかがられている。

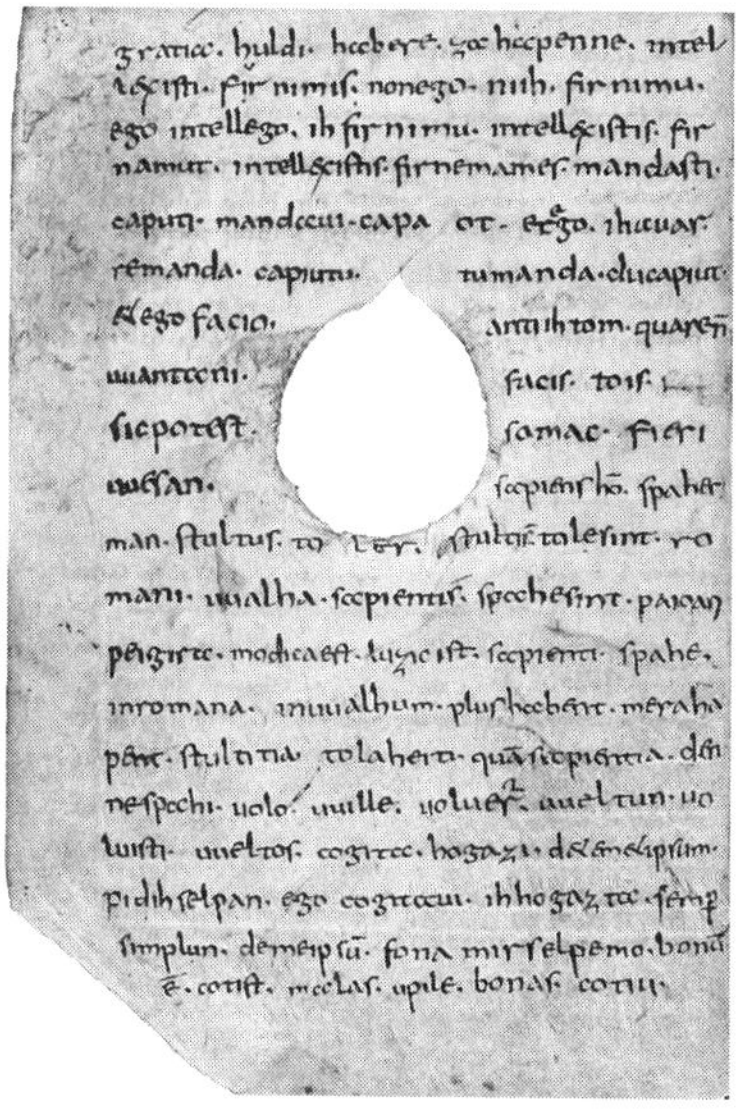
gratiae. huldi. habet. ... intel
lexisti. firnimis. nonego. nih. firnimu.
ego intellego. ih firnimu. intellexistis. fir
namut. intellexistis. firnemames. mandasti.
caputi. mandatum. capa ... ego. ih uuar.
remanda. capitum. tu manda. du caput.
ego facio. ... quare
uuanteni. facis. ...
sic potest. ... fieri
... sapiens ho. spaher
man. stultus. ... stultis. ... romani.
uualha. sapientes. ... paioari
... sapienti. spahe.
in romana. ... plus habent. ...
stultitia. ... sapientia ...
... uolo. uuille. uoluer. ...
... cogitas. hogazi. ...
... ego cogito. ih hogazta. ...
... bona ...
... bonas ...

3　カッセル語釈（カッセル大学図書館、4° Ms. theol. 24, 1、9 世紀前半）。最初期の辞書、ラテン語の単語および慣用句が古高ドイツ語に訳されている。

羊皮紙をどれほど節約して使っていたかは、古くなったテキストがナイフや軽石で削り取られ、新たに文字が書き入れられていることからもわかる。パリンプセストと呼ばれるこのような写本は、典礼や聖書正典がいまだ確立しておらず、正しい文言を一言一言探し求めていた初期中世（七／八世紀）に作られ始めた。理解不能もしくは時代遅れになってしまった考え方を効果的かつ簡単に記憶から消し去る方法として、文字の消去と上書きがなされたのだ。しかし文字は羊皮紙の中に染みこんでいるので、今日では消された文言も読むことができる。

羊皮紙が不足すれば本も不足する。それは教育の使命を付託された修道院にとって、まさに死活問題だった。一一八〇年代にあるカルトゥジオ会修道院長は羊皮紙不足を嘆き、財政援助を求めてイングランド国王に訴え、聞き入れられた。訴えたのがカルトゥジオ会修道士であったのには理由がある。この修道会は熱心な書記活動で知られているが、肉食をしないがゆえに畜産をせず、他の修道会のように自給のための屠殺も行なわなかった[7]。それで羊皮紙製作のための皮を手に入れられなかったのだ。肉食禁止で腹だけでなく、知識まで空になってしまったという例である。そんなわけで彼らは、行商人を雇って製品を遠国まで売りさばくような商会から必要な羊皮紙を買い入れるため、資金援助を国王に願い出たのだった。

## 紙

十三世紀以降、新たな素材が重要性を増し、写本製作に大きな変革をもたらした。紙の登場である。紙は紀元前にすでに中国で発明されており、朝鮮半島、日本、そして八世紀には中東に広まった。バグダード、イエメン、カイロの製紙工場は有名で、カイロには十一世紀には紙商人が並ぶ通りがあった。

しかしこの新しい素材がヨーロッパに入ったのは数世紀後のことであった。

現存する最古の紙の公文書は皇帝フリードリヒ二世の尚書局で作成されたもの、ドイツで最古の紙写本は一二四六／四七年のものである。これがパッサウ大聖堂主席司祭のあまり重要でない記録簿であったのは偶然ではない。フリードリヒ二世自身が一二三一年、公文書および私文書に紙を使用することを禁じていたのだ。十四世紀になってもある市政記録文書は、尚書局書記に市の記録を「紙ではなく真正な羊皮紙に」記すよう、はっきりと指示している。[8] その理由のひとつは羊皮紙の優れた耐久性、これは永続的な有効性をもたねばならない証書にとってきわめて重要なことだ。また中世人は抽象的な事象を目に見える形にしたいという衝動をもっていて、それが帝国および都市の条例にも表れたのだとも言えよう。価値があるのは、目で見て豪華なものだけ。だから大事なのは素材とそこに書かれたテキストの視覚的構成である。羊皮紙は単なる無機質な素材ではなく、いまなお息づいているがゆえに、価値が高いのだ。

十三世紀半以降、イタリアに製紙工場ができ始めた。ドイツ語圏で初の製紙工場は一三九〇年ニュルンベルクにウルマン・シュトローマーが建てたもので、彼はそれを自伝『わが家系と冒険の書』で誇らしげに伝えている。このころから紙の勢いは留まるところを知らず、後に起こる印刷術という書物文化の大革命を準備することになる。十五世紀には写本の用紙として紙を使うのが当たり前になっていたので、有名な写本工房主ディーボルト・ラウバーは、ある写本を羊皮紙を使って製作したとき、そのことをわざわざ明記した。その写本は聖人伝を扱っていたのだが、聖人伝というテキストの性質から、伝統的な用紙を使うにふさわしいと判断されたことは言うまでもない。

紙は亜麻のぼろ布をすりつぶして水に混ぜたものから、長い作業工程を経て作られた。十七世紀になっても、紙に文字が書き込めるようになるまでには三三人の製紙職人の手を経ねばならない、と言われていた。まず水に溶かしたぼろ布を網で漉し、繊維をフェルト状にする。網の上に針金などで形を作って置いておくと、その部分の紙が薄くなって、陽にかざすと模様が浮かび上がる。この透かし模様で製造元が判明する。フェルト状になった繊維をていねいに網から外し、プレス機で余分な水を押し出してから、洗濯物のようにロープにかけて乾かす。インクが滲《にじ》まないよう、この時点ではまだ吸い取り紙のようにしわくちゃな紙に、動物の骨・皮・腱などを煮て作った膠《にかわ》を塗るのだが、これがまた繊細な鼻の持ち主には耐えがたい悪臭を放つ。さらにまとめてハンマーで叩く、もしくは一枚一枚石でこすってしわを伸ばし表面をなめらかにすることで、ようやく書き込むことが可能な紙ができあがる。

　製紙工場は川沿いに建てられる。悪臭にもかかわらず、都市の中もしくは近くが選ばれたのは、経済的理由によるところが大であった。というのも紙の製造を円滑に行なうには、多くの労働者による組織的分業、水車、破砕機、プレス機、金属製の網などの機材の導入が不可欠で、それにはしっかりと整備された都市のインフラストラクチャーが必要だったのだ。紙という新たな素材によって、コストは確実に下がった。ぼろ布は安く手に入ったし、なにより山のようにあったから大量生産が可能で、そのため紙の値段は下がり、より多くの階層の人々の手に届くようになった。物を書く用紙はもはや富裕層の特権的所有物ではなく、職人、商人、官吏、学者、作家らが当然のごとく簡単に手に入れることのできる仕事道具になっていった。つまり中世後期以降、作家や思想家が大量にその作品を世に問えるようになったのは、ぼろくずのおかげだったのだ。

### 蠟板

とはいえちょっとしたメモや下絵に、紙や羊皮紙を使うわけにはいかなかった。そうした際には、安くて何度も書き直せる道具が使われた。中世初期のマームルベリー修道院長、聖アルドヘルムは七世紀末に次のようななぞなぞを書き残している。

蜜を運ぶ蜂から私は生まれた。私の外皮は森で育ち、靴が丈夫な背中を作った。尖った鉄が巧みな曲線で形を刻み、犂《すき》のように長くくねった溝を残す（聖アルドヘルム『ノーサンブリア王アルドフリスへの書簡、なぞなぞの書』[9]）。

このなぞなぞの答えは、十七世紀より前の人間には簡単だっただろう。答えは古代ローマ時代から使われていた蠟板。細い外枠を残して木の板（森で育ち）を彫り、そのくぼみに黒く色づけした蠟（蜜蜂から生まれた）を流し込んで固めたものを何枚か、皮紐（靴）で本のように綴じる。鉄筆の尖ったほう（尖った鉄）で文字を刻み、反対側の丸いほうで蠟を平らに直して、また新たに書き込むことができた。ゲッティンゲンとヒルデスハイムに残っている十四世紀半から十五世紀初の蠟板には、市の行政に使われた跡が残っている。いつでもどこでもメモ帳として使えるように、蠟板は腰帯にひっかけておくことが多かった。書記が聖人、学者、詩人の言葉を蠟板に、注意深く口述筆記している様子を描いた図版は多数ある（図版4、1）。

## インクと絵具

優れた用紙があっても、インクと絵具がなければ話にならない。そして羊皮紙製作と同様、それらを手に入れるには時間と職人技が必要だった。

4　マネッセ写本、ラインマル・フォン・ツヴェーターの肖像画（ハイデルベルク大学図書館、Cod. Pal. germ. 848、fol. 323r、1300年頃）。羊皮紙の巻物を持った女性書記と蠟板を持った書記が、目を閉じて座る詩人の言葉を書き記している。

通常使われるのは赤と黒で、赤は鉛丹から作られて強調文字に使われた。インクは雄牛の角でできたインク壺に入れられ、傾斜のある書写台の上に置かれた（図版11）。最も品質が良いのは茨からとったインクで、その製造法をテオフィルスが詳しく記している。それに従えば、今日でも良いインクを作ることができる。

インクを作るなら四月か五月に、花や葉をつける前の茨を刈り取る。小さな束にして、完全に乾くまで二、三もしくは四週間、日陰に置いておく。乾いたら固い木製の台座の上に置き、木槌で叩いて樹皮をすべて剝ぎ取り、すぐに水でいっぱいの樽に入れる。そのようなものを二、三、四、五樽も作ったら、樹液がすっかり水に溶け出すまで一週間そのままにしておく。その水をきれいな鍋に注ぎ、火にかける。樹皮をいくらか入れて、まだ残っている樹液も煮出す。時間が来たら樹皮を取り出し、残りの樹皮を入れてさらに煮出す。それが終わったら液が三分の一になるまで煮詰め、小鍋に移して、色が濃くなるまでさらに煮詰める。決して水を加えてはならない、加えてよいのは樹液水のみ。煮詰まったら三分の一量のワインを加えて鍋二、三個に注ぎ、表面に膜が張るまで煮る。鍋を火から下ろし、濃色のインクと赤色の沈殿物が分離するまで日に当てる。羊皮紙をていねいに縫って作った袋にインクを入れ、乾くまで日なたにつるす。乾いた粉を使うだけ取り、ワインを混ぜて炭火に掛け、黒（墨）を加えて、そして書く。不注意からインクが十分に黒くならなかったときには、指大の鉄を、赤熱する寸前まで熱し、インクに入れて冷ます（『諸技芸教程』第一巻、第三八章）。

このようにして作られたインクは透明でつやがあり、光にも水にも強い。赤ワイン、白ワイン、もしくはアラビアガムを加えて色を変えることもできる。そのため茨から作るインクは字にも絵にも用いられた。しかしもっと簡単に作れるという理由から、より好まれたインクがあった。古代末期にすでに使われていた没食子《もっしょくし》インクで、植物の虫こぶでタンニンを含む没食子の粉末、ビール、緑礬《りょくばん》、雨水から作られる。数々の手引書で、色落ちせず用途が多様だと称えられているが、その後数世紀を経てこれが危険なインクであることが明らかになった。

実際、没食子インクは耐久性に富んでいる。空気中の酸素と結合して色が濃くなり、さらっとした溶液なので用紙に深く浸透して持ちが良く、ペン先を詰まらせることもない。しかしインクの調合もしくは保管を誤ると、羊皮紙にとんでもない悪影響を及ぼすのだ。とくに湿気が加わると羊皮紙を分解してぼろぼろにしてしまい、今日の修復技術をもってしても元に戻すのは難しい（図版7、14）。インクのなかでとりわけ高価で、そのためたいていキリスト教関係のテキストに使われるのが金銀のインクで、ときには純金純銀、多くの場合多少純度を下げた金銀から作られたが、コスト削減のためにまったく別の金属を使うこともあった。金銀インクは紫や黒色に染めた羊皮紙に用いられた。

本を芸術的に仕上げるための色インクは数々の無機、有機、化学物質から作られた。最も入手が困難で、したがって高価だったのは青色で、とくに粉末状のラピスラズリから作られるウルトラマリンは文字通り海（マリン）の向こう（ウルトラ）から取り寄せられた。藍銅鉱や藍の汁も青色の原料となった。

緑色は銅が酸化してできる錆、緑青《ろくしょう》から抽出されたが、この方法はコストがかかった。ネギやパセリなどの植物のエキスからは簡単に緑色が作れるが、緑青ほど色鮮やかにはならなかった。

黄色は黄土や、ヒ素や硫黄を含む有毒な鉱物である石黄を太陽にさらして粉末にしたものから作られた。胆汁やサフランからも黄色の絵具ができたが、この二つを混ぜると金色に近いインクが得られた。

赤色は比較的簡単に作れたので、非常によく使われた。辰砂《しんしゃ》は天然の鉱物だが、水銀と硫黄を混ぜ合わせて作ることもできた。鉛丹は酸化鉛から作られる。竜血樹の樹脂、茜《あかね》の根の色素も赤色として使われる。最も高貴な色とされたのは王者の色と呼ばれた紫で、巻貝の内臓から作られるのだが、一グラムの染料を取るのに貝一万個を必要とした。絵具には適さず、もっぱら繊維や羊皮紙を染めるのに使われた。

工房マニュアルや見本帳には、使用範囲や描画技法、個々の色が引き起こすアレルギーなどと並んで、色の調合法がまとめられている。しかしなんと言っても最高の情報提供者はテオフィルスで、彼は色の正確な調合を記すだけでなく、その使用法についても、今日の読者にとってなかなかに興味深い指示を与えているのだ。彼は若者と老人の髪と髭を注意深く区別し、若者の髭には緑土色に焼き黄土色を混ぜ、場合によってはバラ色を加えた色目を勧めている。黄土色に黒を少し混ぜた色のラインを入れると暗めのアクセントがつく。老人の髭に必要なのは黒と鉛白をミックスした色で、ラインにはそれよりも暗めの色を使う（『諸技芸教程』第一一、一二章）。テオフィルスの記述に見られる専門知識や細部へのこだわりは、彼が何事も偶然の産物とせず、芸術作品を――中世に特徴的なことだが――個人の創造的行為ではなく習得可能な職人技と見ていたことを明らかにしている。とはいえ才能がまったく問題にならないわけではもちろんなかった。アノニムス・ベルネンシスは「自ら才気をもって挑戦し、他者の教えを自分のものとする」人物こそ本物の職人であるとして、書記や画家たちに経験を積むことの価値を説き、自主性と実験精神を求めた[10]。

このように色の選択、絵画表現、芸術理論的指針について理解すると、中世の本に対する見方が変わってくる。なぜなら本から、技術的熟練だけでなく、写字室のレベル、注文主の地位、作品の重要性とその価値に関する情報も読み取れるからだ。金銀に加えて、原料が高価で手に入りにくい青色も高貴を表現した。紫は王者の色だったので、紫色の羊皮紙は最高に価値あるものだった。黒は喪の色ではなく、とりわけ豪奢で権力を示す色だった。描画技法からその流派が推定できるし、規範の逸脱からは職人の強い個性の表れが見て取れる。中世の本は、その外見だけをとってみても中世人の生活様式、価値観、メンタリティを伝えるメディアとして機能しているのである。

# 羽根ペン

生まれつき単純で、知識も身につかぬ。が、賢者はみな私の足跡をたどる。今は地上に棲まうが、かつては天高くさすらった。私は白く輝くが、黒い足跡を残す（聖アルドヘルム『ノーサンブリア王アルドフリスへの書簡、なぞなぞの書』[11]）。

またもや聖アルドヘルムのなぞなぞである。答えは図版11を見ていただきたい。書記が右耳の上に挟《はさ》んでいるもの、羽根ペンだ。腰帯にひっかける蠟板、石筆、インク壺などと並んで、文筆を業とする人間を表す、間違えようのない印である（図版1、13）。

ペンに使用されるのはガチョウの翼の先、風切羽のうち外側の五本のみで、角質化して硬くなったものが使われる。軸のカーブの向きから、右利きの人には左翼の羽根が手によくなじむ。羽根ペンを削るにはよく切れる小型ナイフと、作り手のちょっとしたテクニックが必要だ。まず軸先の根の部分を切って短くし（図版1）、さらに先端を鋭角にカットして真ん中に切れ目を入れ、裏側を削いで、左右の形を整えていく。最後に硬い下敷きの上で、もう一度先を切って完成する。ペン先はすぐ丸くなるので、繰り返し削り直さねばならない。写本を見ていると、太く少しぼやけた文字が細く輪郭のはっきりした文字に変わるところで、書記がペン先を削ったことがわかる。

羽根ペンは書記にとって、単なる筆記用具ではなかった。中世人の物の見方によれば、品物の価値は姿形や実用性のみでなく、人間に人生の指針を与えるところにもあるのだ。羽根ペンはその内側にカーブした形、ペン先の鋭さ、異なる長さでもって、頭を垂れる謙遜、鋭敏な知性、適切な長さ、つまりそれを使用する人に理想的人生の模範を示すと、コンラート・フォン・ムーレは言っている。

持ち主を天空の高みへ連れて行くという本来の機能を失い、ペンへと姿を変えた羽根は、新たな持ち主である書記に学問的飛翔を約束する、つまり彼の「舌」となるのだ（コンラート・フォン・ムーレ『動物の性質について』五〇五行）。この「舌」は考えを、目に見え耳に聞こえる形にするのだが、ときに自ら肉体、口、言葉を手に入れて、主人に文句を言う。

休みをください、もうその時期です／……／まことのこと、あなた様には／この冬ずっとお仕えしました／その間、休みはいただけず／夜に日を継いで、書き続け／私の口は、擦り切れました／あなた様が、日に十度も私を／切って、尖らせたおかげで／これ以上、耐えられましょうか／大に小に、切られるこの人生（トマジーン・フォン・ツェルクレーレ『イタリアの客人』一二二二三、一二二二七—三五行）。

『イタリアの客人』はトリエステに近いチヴィダーレ出身の聖職者トマジーンが、一二一五年にたった十か月で書き上げたと称する貴族向けの教訓本である。引用からは、彼が自分のとほうもない仕事量を自慢しているだけでなく、最初にペン先を「切る」、その後ペン先を「尖らせる」といった書記の専門用語に慣れ親しんでいることがわかる。羽根ペンは書記の手の延長として、その肉体労働の一翼を担っている。しかし書記の仕事は実際に物を書く作業だけではない。羊皮紙の表面を磨き、擦り、インクや絵具を調合し、筆記用具を切り、尖らせる、そのような材料調達の絶え間ない作業も、書記の肩にかかっていたのである。

## 2　書く・描く

絵具、インク、羽根ペン、周囲の形が一枚一枚異なる羊皮紙、といった材料がすべてそろって初めて、本を作る作業が始まる。硬い表紙二枚で手写もしくは印刷されたページが挟まれる冊子体のものはコデックスと呼ばれる。本ははじめからこのような形だったわけではなく、紀元前一世紀までは羊皮紙もパピルスのように巻物にされていた。最終的に巻物からコデックスへ中心が移ったのは五世紀だが、この変化は古代の終わり、中世の始まりを意味するものとされている。先に紹介した羊皮紙の製法を記したルッカ手稿に羊皮紙を軸に巻くという表現が出てくるように、巻物がなくなってしまったわけではない。とくに情報伝達には引き続き巻物が使われた。演劇の世界では、今日に至るまでその影響が用語に残っている。十七世紀まで役者は紙もしくは羊皮紙の巻物に書かれた台詞を読み上げ、ト書きに記されたように動いた、つまりロール（巻物／役）を演じたのである。

コデックスとは「樹幹」「角材」という意味で、本（ブック）という語は「ブナの木（ドイツ語では「ブッヘ」）」に由来する。昔は木板に字を刻むことが普通だったからなのだが、中世ドイツ語で「本（の中）を読む」ではなく「本（の表面）を読む」という表現をするのもその名残である。言葉ではそう言いつつも、この時代の人間はすでに久しく、羊皮紙写本を開いてその中を読んでいた。さてその羊皮紙に最初の文字を記す前に、サイズを選び、おおよそのページ数を計算し、版面を確定するという準備作業が必要になる。

## 羊皮紙のサイズと版面

ページのサイズを統一するために、羊皮紙を折り、端を断ち落とす。本のサイズは、羊皮紙を折ったときの大きさを基準としている。一回折ったものはフォリオ（二つ折り判）と呼ばれ、二葉四ページとなる。フォリオを四つ重ねると一六ページの折丁ができあがる。羊皮紙を二回折って切り開いたのがクォート（四つ折り判）で四葉八ページ、このサイズの折丁は三二ページまで可能。三回折ればオクタボ（八つ折り判）で八葉一六ページ、折丁は最大六四ページにまでなる。書き終わった後に正しい順に並べて本にできるよう、ページには小さな数字が入れられた。それらの数字は後世に行なわれたページの入れ替えや欠落など、写本のたどった歴史について重要な情報を研究者に与えてくれる。

本のサイズは内容によって決まってくる。フォリオが使われるのは豪華版聖書、典礼本、時禱書などで、文法書、短い論考などの実用書には四回折ってできるセクストデシモ（十六折り判）が使われた。中世後期以降数を増すこうした小さなサイズの「文庫本」は、学者がプライベートに研究したり、物語好きが独りで手にするための本で、その内容は個々の読者にとっては重要だが、本自体として価値があるものではなかった。これに対し大判のキリスト教関連の本は、人に感銘を与える公的な展示物だった。書かれた内容の神聖さは、それを記載する本の大きさと装丁に比例した。聖堂内陣に開いて置かれた豪華本を見た信者は、中を読まずともその重要性を理解しただろう。

十五、十六世紀の初期の図書館は、本の内容とサイズの相関関係を蔵書整理に利用した。大きさを基準に配架すれば、同時に内容分類もできたのだ。

そうだとすれば、大型の世俗写本、たとえばマネッセ写本（第二章3参照）、カッセルの『ヴィレハルム』豪華写本（図版9、23、31）、すばらしい挿絵が描かれた『エネイーデ』ベルリン写本がどれほどの権威をもっていたかは想像できるだろう。世俗文学は大型写本に記されることにより、宗教文学と肩を並べたのである。

羊皮紙を裁断するのは文字を入れる前だろうか、それとも（今日の印刷本のように）文字を入れた後だろうか。それはおそらく写字室の規模と注文の性質によって決まったのだろう。いずれにせよ正確な版面の確保が必要だった。行数、段数、余白には守らなければならない厳密な規則があった。文字が書かれる部分と余白の比率は用紙のサイズによる。正方形の写本（これは珍しい）には正方形の版面、縦長長方形（これが普通）の写本には長方形の版面が選ばれた。余白の上は下より狭く、小口つまり外は内より広く、その大きさはページのサイズとの割合で算出された。版面にはナイフと定規で目印をつけた（図版1）。全ページ同じ行数、行間で書くために、羊皮紙を数枚重ね、コンパスを使って左右に同じ間隔で穴を開け、それを目安にナイフの背もしくは鉛筆で平行線を引いた（図版5、7、8、26、31）。

テキストは一〜三段組みで書かれた（図版5、12、31）。韻文の場合、文中に句読点を入れて行替えを示した（図版5、7、8）。聖書や古典古代のテキストに注解をつけるような場合は、もっとずっと複雑なレイアウトになった。元になるテキストは大きな文字で中央に置かれ、それを取り囲むように注解が配置される。ときには後の所有者の手によってその周りにさらなる注解、語釈がつけ加えられることもあった（図版6、20）。そのようなレイアウトからは、過去の権威あるテキストがそれぞれの時代にいかに受容され、知が広まっていったかが如実に見て取れる。

彩飾画を入れようと思うなら、そのスペースを決めなければならない。欄外余白にはよく、滑稽な怪

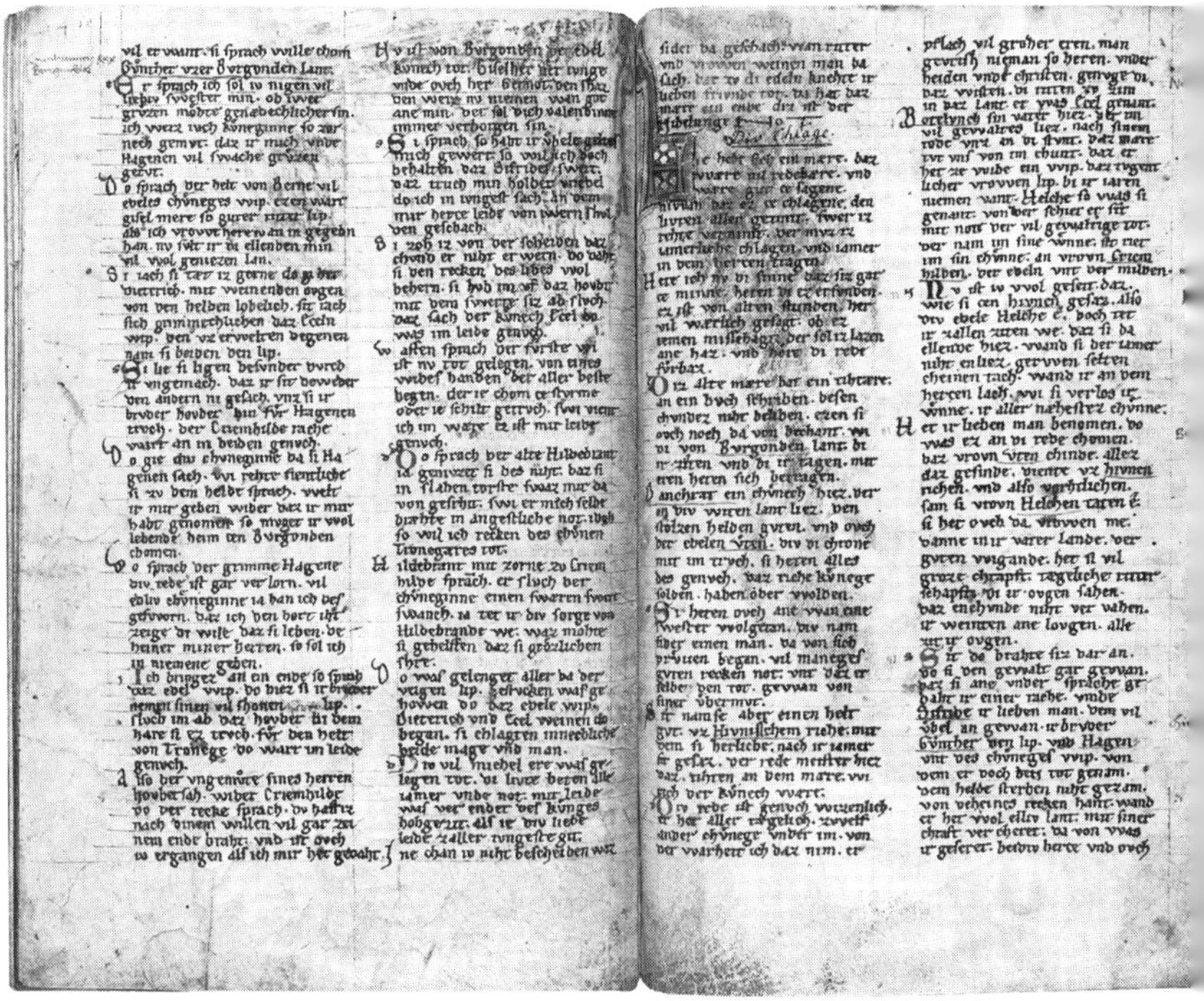

5 『ニーベルンゲンの歌』と『哀歌』、写本 B（ザンクト・ガレン修道院図書館、Cod. Sang. 857、415v/416r、13 世紀半）。罫線と穴がはっきりと見える。『哀歌』は『ニーベルンゲンの歌』の後に、ページを変えずに続けて記されている。

6　アリストテレス写本（パリ、マザラン図書館、13 世紀）。中央にアリストテレスのラテン語訳、その左右にイスラム哲学者イブン・ルシュド（アヴェロエス）（1126–1198）による最初のアリストテレス注解、外枠にはドミニコ会神学者アルベルトゥス・マグヌス（1200 頃–1280）のアリストテレス注解。

7　マネッセ写本、フラウエンロープ（ハインリヒ・フォン・マイセン）『聖母マリアの歌』（ハイデルベルク大学図書館、Cod. Pal. germ. 848, fol.399v、1300年頃）。インクによる腐食が見られるページ。余白に飛ばしてしまった詩行を記入し、挿入箇所に十字架マークを入れている。イニシャルの横には幻視者の前に現れる三日月の上に立つ聖母（黙示録の女）。

物やテキストの該当箇所を示す絵が描かれた。たとえば本を読む男の横で動物たちが楽器を弾いていたり（図版23）、隣接するテキストの内容を表す「黙示録の女」像を幻視者が見上げていたり（図版7）。彩飾画はテキストの中に組み込まれる場合も、ページ全面を占める場合も、決められた版面内に収まらなければならない。そして罫線が入っていない羊皮紙に描くのが理想ではあるが、テキストと同じページに絵を入れるとなると、これはなかなかに難しい。編集担当者は彩飾画とイニシャルの場所を確保するため、テキストと絵の厳密な割り付けをしなければならなかった（図版7、23、31）。ミンネザング（中世ドイツ語の叙情詩）のアンソロジーであるマネッセ写本で、各詩人の作品冒頭に置かれる肖像画は、罫線のない羊皮紙に描かれている。しかしこの規則が守られたのは最初に完成した部分だけで、後の補足部分は材料不足の影響で罫線の上に肖像画が描かれている。

番号（ページではなく、葉番号）は十三世紀以降の写本に見られる。葉の表裏はアルファベットのr（レクト＝表面）、v（ヴェルソ＝裏面）で示す。たとえば4rは第四葉の表面、5vは第五葉の裏面になる。

ページに番号をふるのは印刷本以降に広まった習慣で、人文主義者たちは引用に便利なように段番号をつけるに至った。彼らにとって本が単なる仕事道具となり、本がもっていた身体性の大部分が失われてしまったことの証左と言えよう。

## 書体とドイツ語アルファベット

現代のわれわれから見て写本の第一の特徴とは、どれひとつとして同じものがないその個性である。書記をしたのが誰かまでわかるし、偽造は難しい。しかし、すべての写本の基礎となる、学校教育の最初に習うような標準文字があったこと、そして活字はすべて、古典古代を手本として中世に作り上げられた写本の書体を基にしていることについては、あまり知られていない。中世において写本＝マヌスクリプトは文字通り「手で（マヌス）」「書かれたもの（スクリプト）」で、本を製作し複製する唯一の手段だった。本が欲しいと思えば、研究のためであれ趣味のためであれ、原本を自分で書き写すか、誰かに写してもらわなければならなかった。旧約・新約聖書からの場面をレリーフにして並べた青銅製の扉（一〇一五年ごろ）をヒルデスハイム大聖堂に奉献した人物として有名な司教ベルンヴァルトについて、伝記作者のタングマールは、彼が各地へ足を運び、そこにある本を書写しては持ち帰り、神学書、哲学書を数多く揃えた図書館を建てたと伝えている[12]。このように大量の書写が可能だったのは、原本が個々人の独創的な字ではなく、標準的で読みやすい書体で書かれていたからこそである。次世代への知の継承はまさに、使われている文字が解読可能かどうかにかかっているのだ。それは今日の記憶媒体が、新システムの導入により互換性を失うと、知の媒体としては用済みになってしまうのと同じである。

書記文化には必ず書体というものがあり、中世ヨーロッパも例外ではない。どの一画も、そして書き順にも決まりがあり、それらを長い年月をかけて正確に習得しなければならない。しかし八世紀までは、地域限定の書体があちこちに存在していた。そういった書体は、今日でもカリグラフィー作品に使われることがあるほどに大変美しいのだが、伝える内容がごく少数の人にしかわからないという欠点があった。そのような書体が公文書にしか残らなかったのには理由がある。公文書にとって読みやすさは重要ではないのだ。抽象的な事象を目に見える形で表現することに重きを置くような文化社会では、公文書はその中に記された権利、法律、条例等の正当性を示すために公に展示される。その際に大事なのは、文面ではなく見た目のインパクトで、文字が珍しく、秘密めいて、オーラを漂わせているほどそれは大きくなった。そこで使われたのが古風な、忘れられかけた書体である。誰も読むことはできなかったが、その美しさは印象的で、魔術的な力をもっているかのようだった。ローマ教皇庁は書記にこの古書体を意図的に学ばせ、十六世紀になっても公文書に使用していた。しかし誰も解読できなかったため、教皇文書には必ず読みやすい文字で書かれたものが添えられた。つまりここでは書かれた内容ではなく、文字そのものが意味をもっていたのである。(13)

このような秘密文字はしかし、本の製作にあたっては非生産的だっただろう。外見も確かに重要ではあるが、本はなんといっても読まれるものなのだ。それゆえ中世初期の時代からアンシャル体が好んで使用された。アンシャル体は、すべての大文字の基となったローマのキャピタル体（図版30）から生まれた書体だが、平筆で書かれることもあったものの多くは碑文に用いられたキャピタル体と比べて、より柔らかく曲線を描くので、葦《あし》ペンを使って羊皮紙の上に流れるように書くことができた。文字を続けて書くローマ筆記体から、b、d、f、h、lの縦線を上に長く伸ばしてスペースを取る半アンシャル体が生まれたが、これもアンシャル体同様、単語の間にスペースを置かずに綴られた。アイルランドの修道士がこの書体を用いて大陸で布教活動を行ない、修道院創設に尽力したおかげで、半アンシャル体はカロリング朝以前のヨーロッパで最も広く使われた書体となった。文化的優越は文字により達成され、文字により示される。それゆえ、使われなくなっていた文字を調査し、信頼すべき原典を書写しなおし、帝国内に広めて布教にも利用しようとした、カール大帝による文芸復興運動、いわゆるカロリング・ルネサンスにともなって、これまで以上にすらすらと書け、なおかつ地域を超越して解読可能な文字の開発が急務となった。そこで、フランク王国の宮廷学校を率いたアルクィン（七三〇―八〇四）が「書記団」と呼んだ学者たちが、さまざまな書体からカロリング小文字体を編み出したのである（図版3、12）。その特徴は均等性、優雅さ、単語間に空白を置くことによる読みやすさ、上部や下部の突出がないことによるスペースの節約などにある。ペンの持ち方が変化したことで書記のスピードも上がり、こうして統一的なアルファベットが作り出されたのである。問題はドイツ語を書く段階で発生した。ラテン語のアルファベットには、ドイツ語の音を表記する際に必要な文字が欠けていたのである。総合福音書、つまり四福音書を基にイエスの生涯を描いた物語を、ドイツ語で書き、ドイツ語で書いた理由をラテン語による長文の献辞に記したオトフリート・フォン・ヴァイセンブルクは、話し言葉を他言語の文字で書き下ろす難しさを次のように語っている。

　このラテン語にあらざる言語は未熟、未洗練で、文法という手綱に慣れておらず、また字数が多く発音が曖昧な単語が多いため、書き下ろすのが難しい。たとえばこの言語はときに三連続のuを、最初の二つは子音、最後の一つは母音で読ませる。ときにaeiuの四つの母音を使わざるをえなくなるが、それによって本来の音を正しく記せるというわけでもない。こんなときはyを書き加えるべきだと思うのだが、この文字と音をこの言語は拒むことがある。またある種の音については、特定の文字と関連づけるのが難しい。
　ラテン語と異なり、文法家が不要だとするk、zの文字をこの言語はよく使う。思うに、歯擦音のためにz、咽喉音のためにkが使われているのだ。（中略）i、o、そして他の母音とiが一緒に書かれたものがよく使われる。この連続母音はときに別々に、ときに一緒に発音されるが、その際最初の母音は子音の性格を帯びる（『オトフリートの福音書』マインツ大司教リウトベルトへの献辞）。

ラテン語にない音を表す文字は、徐々にだが作られていった。十一／十二世紀以降、uuもしくはvvの代わりにwが使われるようになった。uとvの音が完全に分かれたのは十七世紀のことで、半母音のjと母音のi、sとz、hとch、cとkもそのころ、同様に区別されるようになった。文字を書くことが日常生活全般において重要性を増すにつれて、音と文字の間にできる限り明快な関係性を打ち立てようという努力がなされたのである。

文字は与えられた記号の数の範囲内でさらに発展したが、さまざまに改変されているものの、すべてカロリング小文字体を基にしている。ゴシック小文字体はカロリング小文字体の丸みをなくし、一筆書きで一気に書くのではなく一画ずつ書き込んだ（図版7、8、31）。垂直線が強調され、字間を詰めて書くので、ゴシック小文字体はさらにスペースを節約できた。なかでも完成度が高かったのはテクストゥール体である。均整が取れて精細なそのフォルムを書くには長い時間を要した。そのためこの書体は貴重な、ということは中世においては主としてキリスト教関連の本に使用された。それが世俗写本――たとえば一三三四年のカッセル版『ヴィレハルム』やマネッセ写本――に使われているということは、これらの本が高い評価を受けていた、もしくは本の注文主が世間に対し自らを強く印象づけようとしていた証拠だと言えよう（図版8、23、31）。

グーテンベルクはテクストゥール体とそのヴァリエーションであるバルタルダ体を初期の活字に採用した（図版20）。二十世紀まで広く使われていたフラクトゥール体はこの流れをくむ。十六世紀になると人文主義者たちがカロリング小文字体に改めて注目し、ローマン体（線の端に小さな飾り、セリフがある）の一種、アンティカ体を作り出した。この書体は現在フラクトゥール体に取って代わり、またコンピューター・ユーザーには「タイムズ・ニュー・ローマン」というフォント名でおなじみである。フラクトゥール体の衰退はナチスのイメージと重ねられてしまったことが一因なのだが、フラクトゥール体は「シュヴァーバッハのユダヤ文字」から生まれユダヤ人によって印刷術に取り入れられ普及した書体であるのでその使用を禁じる、という命令を一九四一年一月三日に出したのは、他ならぬヒトラーなのだから、フラクトゥール体にとってはとんだ濡れ衣である〔実際にはシュヴァーバッハ体はユダヤ人とは関係がない〕。このナチスによるナンセンスな歴史偽造の結果、すべての文字を「標準書体」と宣言されたアンティカ体で印刷することが義務づけられた。ナチス政権の崩壊によりフラクトゥール体は政治的しがらみから解放されたが、以前のように多用されることはもはやなかった。世界的にはすでにアンティカ体が主流となって久しく、ドイツもついに国際的なタイポグラフィーのシステムに組み込まれたのである。

## 句読法

十五世紀に至るまで、句読点は文の構造を明らかにするためではなく、朗読しやすくするためにに入れられていた。一番よく使われていたのはピリオドで、韻文テキストでは詩行の終わりを示し〔図版5、7、8〕、散文テキストではおもに、ときに横線を伴って、息継ぎ箇所を示していた。疑問符は右上に跳ね上がる形のネウマ〔中世の音符〕に似た音楽風の記号で、文末のイントネーションを上げることを指示していた。文頭は大文字で示すことが多かったが、ルブリク〔赤字見出し〕が使われることもあった。文成分を区切る斜線は十四世紀に使われるようになり、やがてコンマに取って代わられた。消滅したかと思われた斜線は「スラッシュ」として、インターネットのウェブ上に華々しくカムバックした。多くの、とくに俗語写本には、句読点がまったくないものも多い。そのため、どこで文を分けるかによって複数の読み方が可能になる。中世テキストの校訂者は、どの読みを取るか常に決断を迫られるのだが、判断の根拠は証明可能な事実ではなく、個人のテキスト解釈によるため、写本校訂には論争が絶えないのである。

## 短縮形

最大限の内容を最小限の時間と空間で表現するために、どんな書記文化も、文字、音節、もしくは単語を丸ごと落としたり、簡単な記号に置き換えたり、アルファベットの代わりにまったく異なる記号システムを使ったりする短縮法を発展させてきた。ラテン語でそのような速記術を発明したのは、キケロの秘書マルクス・トゥリウス・ティロだとされている。「ティロの速記」と呼ばれるそれは、中世ではよく知られていた。初期中世の修道院書記はこの速記術を学校で学び、公文書やラテン語テキストに使ったが、十世紀以降徐々に忘れられ、一万三〇〇〇あったとされる符号のうち、残ったのはわずかだった。代わってより単純な短縮形が使われ始めたが、これもまた負けず劣らず解読が難しく、習得には多大な努力が必要だった。重要な略号の学習がアルファベット同様、学校教育に組み込まれていたのも当然のことである。十五世紀になると簡単な速記法も増えてきた。最もよく使われたのは、いくつかの文字を省略する方法（sps = spiritus）、音節を記号に置き換える方法（ꝑ = per もしくは bar、たとえば achbar = achꝑ）、並び文字を記号に置き換える方法（d' = der）などである。

ドイツ語写本の短縮形は、ラテン語写本と比べて基本的に数が少なく、解読しやすい。急いで書き込まれた写本のほうが、美しい文字でていねいに作られた写本より明らかに短縮形を多用する、つまり速く書けば書くほど、短縮形の数は増えていく。繰り返すが、製作に費やされる時間と材料は、書かれる内容の重要性に比例するのである。

## 草案・編纂・修正

修道院写字室のおもな仕事は、学問・教育の規範《カノン》と認められた伝統ある著作の書写だった。そのためには写字室が良好な原典を所有していなければならず、その質が写本の出来不出来を左右することを書記たちははっきり認識していて、あるものは原本の不備に由来する間違いを謝罪し、あるものは原本を批判し、またあるものは古い時代の言語を理解する能力に欠けた己を恥じた。

もっと上手に書写したかったのですが、知っているドイツ語とはかけ離れていて、私には理解できなかったのです（バイエルン州立図書館、ドイツ語三五二番、一二三七葉表）。

常にテキスト全体が書写されるわけではなかった。いくつかの本からの抜粋を集めて、学校の授業や自習、はたまた説教や聖書解釈に使える基礎知識を盛り込んだ百科事典的なハンドブックを作ることもあった。抜粋し、秩序立てて編纂するという作業は、単なる書写より優れたクリエイティブな仕事だと考えられており、使われる用語も独自のものだったが、かといって編纂者と書記は必ずしも別の人物ではなかった。(14)

世俗文学の作者が自ら机に向かって書いたのか、口述筆記させたのかはわからない。トマジーン・フォン・ツェルクレーレのように、書きながら創作していたことがわかる例は少ない。しかし作品の下書きは蠟板もしくは質の悪い羊皮紙に記され、最終稿がプロの書記によって本の形にされたと考えてよいだろう。プロの書記は同じ、または似通ったテーマの複数の作品の書写を依頼されることが多かったと思われる。未完の作品に後世の作者が続編をつけたときなどが、まさにそのケースにあたる。

一三三四年に製作された豪華写本カッセル版『ヴィレハルム』（図版9、23、31）では、ヴォルフラム・フォン・エッシェンバハ作『ヴィレハルム』の前にウルリヒ・フォン・デム・テュルリーンによる前史『アラベル』、後にウルリヒ・フォン・テュルハイムの『レンネヴァルト』が置かれている。読者はこの写本を読めばヴィレハルムにまつわる物語の全貌がわかり、今日の研究者のようにヴォルフラムはどのように物語を続けようとしていたのだろうと頭を悩ます必要はなくなる。中世の文学作品の多くはこのように後世の書写写本によって伝わっている。原本もしくは「初版」（そんなものがあったらの話だが）はとうに失われている。

テキストを書き入れたら、注意深く校正しなければならない。誰にでも間違いは起こりうる。綴りのミスや単語の勘違いは、線で消したりナイフで削ったりしてから正しく書き直せばよい。スペースが足りなければ版面をはみ出して書き込んだ（図版39）。大量に書き飛ばしてしまった場合は、行間に入れ込むか、さもなくば欄外に追加せざるを得なかった。書き落とした文を挿入すべき場所には十字を印して示した（図版8、7）。たいていの場合書記が自分で訂正したが、校正の専門家もいた。作者自らが写本作成にかかわった事例は少ないが、オトフリート・フォン・ヴァイセンブルクは自ら、自作の写本に手を入れたと考えられているし、また時代は下ってオスヴァルト・フォン・ヴォルケンシュタインが自分の作品集を自ら手がけている。

ミスがそのまま残っている写本も多い。その理由が過失なのか、原本のミスなのか、書記の意図があってのことなのかは、多くの場合わからないのが実情である。かつてのテキスト校訂者は、写本のミス（と思われるもの）を自分の判断で訂正し、正しいテキストを再現することをめざした。しかし現在、テキスト校訂の目的はもはや、失われた「オリジナル」のテキストを再構成することではなく、個々のテキストを数あるヴァリエーションのひとつと認め、それが書かれた写本の構造、美学、記号論

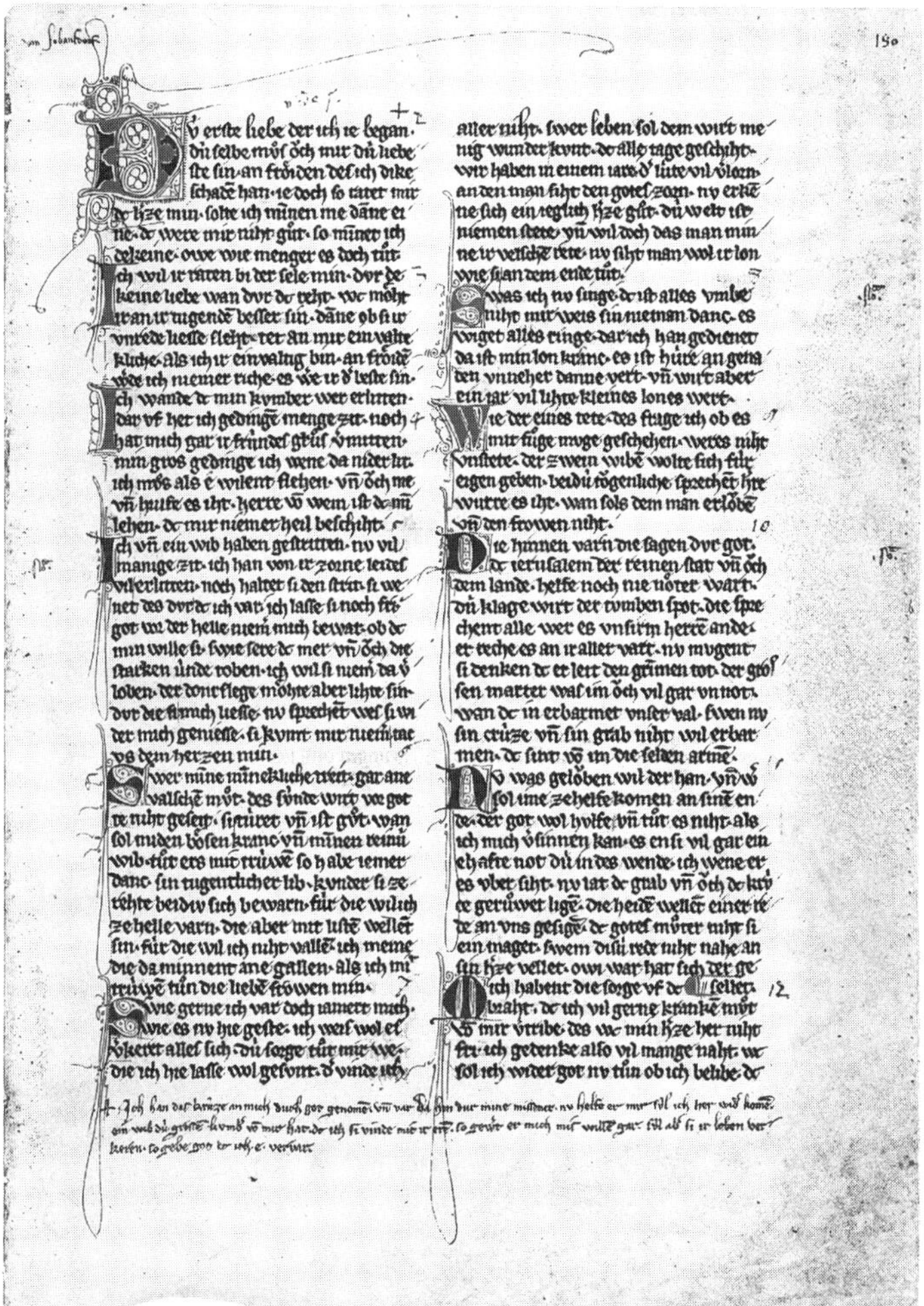

8　マネッセ写本、アルブレヒト・フォン・ヨーハンスドルフの詩（ハイデルベルク大学図書館、Cod. Pal. germ. 848、fol. 180r、1300 年頃）。書き忘れた詩節を下余白に追記し、挿入箇所を十字架マークで示している。

を作品解釈に取り入れることにある。書写という行為は思考や詩作同様クリエイティブな作業であり、それゆえ書写されたテキストはすべて唯一無二の作品なのである。

## イニシャルと挿絵

書記の仕事が終わると、装飾文字師の出番である。書記が空けておいた数行分の場所に、人物もしくは文様で美しく飾られたイニシャルを描き入れるのが彼の仕事だ（図版7）。さらには書記の指示に従って、章が変わる箇所などに、赤や青のインクで大文字を入れていく。書記は大文字を入れる場所の欄外に印をつけておくのだが（図版8、25）、カッセル版『ヴィレハルム』ではその印は場所を指し示す手の形になっている（図版9）。マネッセ写本では大文字で詩節のまとまりを示し、その色を変えることによって新しい詩の始まりを表す（図版8）。比較的簡素な写本の装飾はこの程度だが、豪華写本となるとこの後に挿絵が加わる。その仕事の詳細については、未完成の写本が多くの情報を与えてくれる。たとえばカッセル版『ヴィレハルム』写本では、書記は挿絵のために四二五か所の空白を用意したが、実際に描かれたのは三〇枚だけで、一八枚が描きかけのまま残っている。作業は順番に行なわれたらしい。まずひとりが鉛筆でスケッチを描き、次の職人が色を塗るのだが、その際に顔の造作の下描きは消してしまう。最終段階で顔に表情、衣装に襞が入り、背景や建物が細かく描かれる（図版9、31）。

絵の内容を自由に決める権利は装飾画家にはなかった。絵はテキストを説明するものなので、内容について指示を与えるのは書記だった。カッセル版『ヴィレハルム』写本には、絵が描かれなかった箇所の多くに書記による指示が残っている。書記の思いを実現するのは、ときとしてきわめて難しかったと思われる。「レンネヴァルトが棍棒を置き、騎士たちがそれを試そうとし、伯がそれを膝の高さまで持

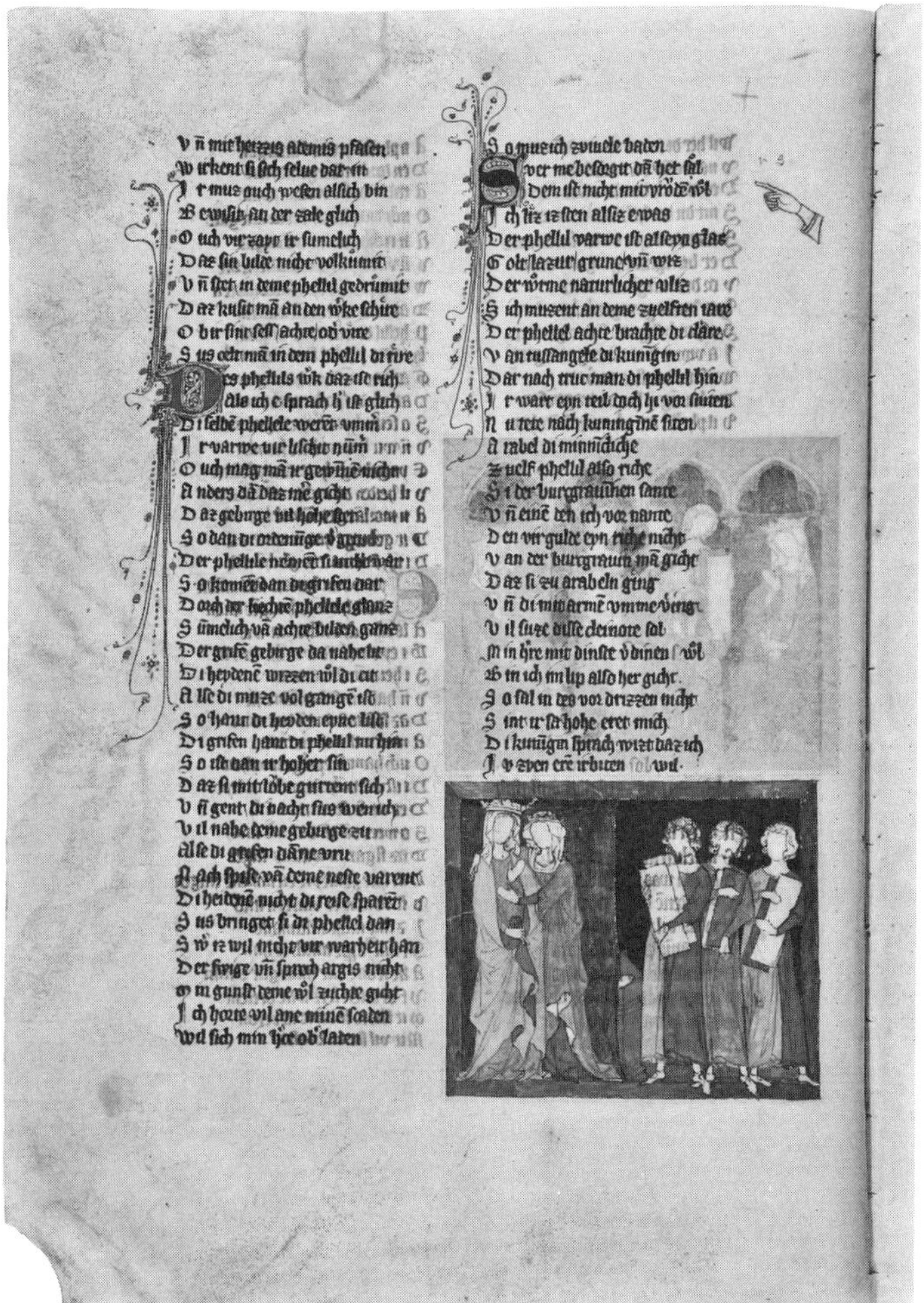

9　カッセル版『ヴィレハルム』写本（カッセル大学図書館、2° Ms. poet. et roman, 1, fol. 41v、1334年）。城伯夫人に贈り物をするアラベル。ミニアチュールにはまだ顔が描き込まれていない。装飾文字師に大文字の色替えを指示する手が見える。

ち上げる（カッセル版『ヴィレハルム』一三二葉表）」様子をどうやって絵にしたらよいのだろう。

こんな指示もある。レンネヴァルトが強く締めつけたのでバルドゥインの口から血があふれ出て、バルドゥインがレンネヴァルトに降参し、レンネヴァルトは彼を立ち上がらせ、ヴィレハルムにどうしたらよいか尋ねる（一七三葉裏）。物語の流れを一枚の絵に描き入れるテクニックがあったとしても、この内容を小さなスペースの中に入れ込むのは、どう考えても無理ではないだろうか。

カッセル版『ヴィレハルム』写本に限らず、挿絵が連続する物語として構想されていたことは間違いない。しかしこの絵物語は、漫画の場合と同じように、「ティトゥルス」と呼ばれるキャプションが読めて、物語を聞き知っている鑑賞者にしかわからないようにできている。挿絵にはその他にも重要な機能がある。テキストを区切り、章の内容をまとめ、物語の流れをひと目でわかるようにして、解釈の助けとなるのである。

## 3　写本製作の場

精力的に活動する修道院にとって本は贅沢な調度品ではなく、教育義務を果たし、説教をし、聖書研究を行なうために必要不可欠な道具だった。聖アウグスチノ修道会士で、霊的生活についての著作があり、自ら四度も聖書の写本を完成させたトマス・ア・ケンピスは言う、「本のない修道院は財なき国家、兵なき砦、器なき調理場、食事なき食卓、草生えぬ庭園、花咲かぬ草原、葉の落ちた木」。それゆえ本を保管する図書室と写字室は、常に修道院の中心だった。しかし写本製作における修道院写字室の独占的地位は、十二世紀以降揺らいでいった。公文書や法律文書が急増したため、皇帝や国王の宮廷尚書局、さらには諸侯の宮廷や都市の尚書局にまで仕事が回ってきたのである。十三世紀になると世俗文学の需要が高まって書記工房が商売として成り立つようになり、書記も十分な報酬がもらえるようになった。この初期出版業に関して信頼するに足るデータは残っていないが、その製品からおおよその輪郭を描くことができる。十五世紀になると書記工房は、史料の中にもたびたび登場するようになる。

### 修道院写字室

修道院写字室と図書室の重要性は、最古の修道院平面図である「ザンクト・ガレン修道院図」にすでに明らかになっている。両者は二階建ての上下に配置され、修道院内で最も聖なる場所である聖堂内陣の、聖ガルスの墓の北側に位置している（図版10）。これは八二〇年頃、ライヒェナウ修道院長ハイトーからザンクト・ガレン修道院長に「検討用」に――と献辞の中で強調されている――贈られた詳細な平面図で、「カロリング朝建築の唯一の記録[15]」とされている。とはいえ実際に建てることを目的とした設計図ではない。修道院の理想型を表現するいわば芸術作品として、見る者を瞑想へと誘うよう構想されているのである。写字室には、六枚の大窓の下に机が七つ、さらに部屋の中央に机がひとつ配置されている。書くために必要な明るさは確保されているが、この場所は写字室としてはいささか不便である。材料を使えるように柔らかくし、かじかんだ書記の指を温めることのできる暖房室から遠すぎるのだ。実際の修道院では写字室は、修道士の寝室の下に置かれる暖房室（平面図でもそのような位置にある）のそばにあった。写字室自体には、修道院のほとんどの部屋がそうであるように、暖房がなかった。羊皮紙はひどく敏感な「生きている素材」で、温度や湿度の変化に反応して丸まったり、伸びたり、縮んだりしてきれいに書けなくなるので、写字室を暖めることは禁じられていたのである。

九世紀のザンクト・ガレン修道院に、当時最高の質の高さを誇る写字室と絵画学校があったことは間違いない。この修道院はフルダ、ライヒェナウ両修道院と並んで、十一世紀に至るまで写本製作において指導的な役割を果たしてきた。そのことは、書記の名を冠した『ヴォルフコツ詩編』（九世紀前半）と『フォルヒャルト詩編』（九世紀後半）、『黄金詩編』（九〇〇年頃）、『エヴァンゲリウム・ロングム（縦長の福音書）』（九世紀末）など、どれも豪華なイニシャルと彩飾画、短縮形なしに念入りに綴られた文字、幅広く取られた行間をもつこれらの写本を見れば、一目瞭然だろう。ザンクト・ガレン修道院には七〇〇年から一二〇〇年に作られた四八〇もの写本が残っているが、そのほとんどがこの写字室で製作されたものである。修道院平面図では机が七つ、つまり七人の書記が働くことになっているが、実際に

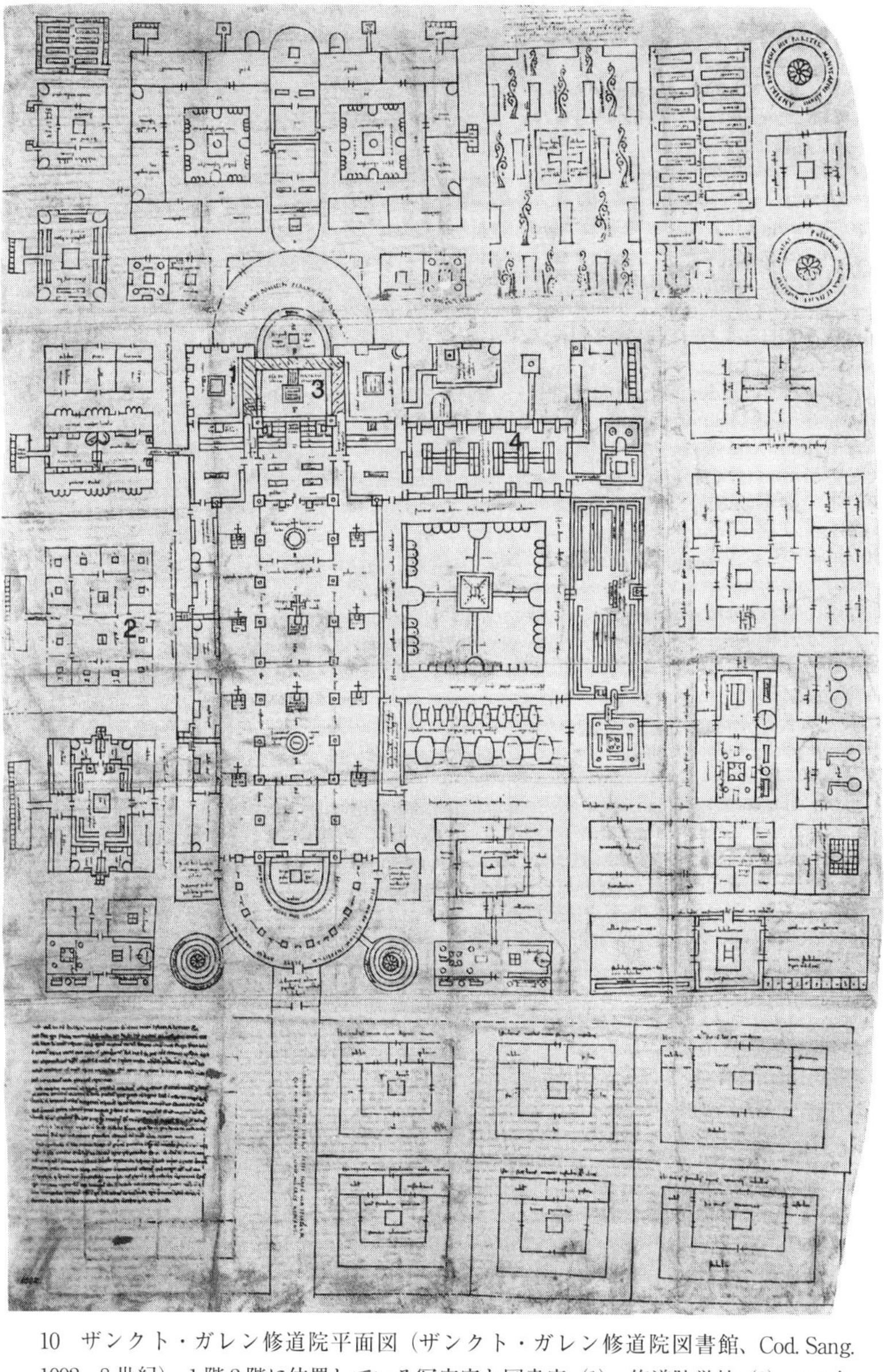


10　ザンクト・ガレン修道院平面図（ザンクト・ガレン修道院図書館、Cod. Sang. 1092、8世紀）。1階2階に位置している写字室と図書室（1）、修道院学校（2）、646年に亡くなった修道院創立者聖ガルスの墓（3）、修道士たちの寝室（4）。

はずっと多くの書記たちがここで仕事をしていたのだろう。史料によれば、ひとつの写字室で働く書記の数は多いところで六〇人におよび、そのなかには俗人の職業書記もいたという。修行中の若い修道士は助手として羊皮紙を研磨したり、絵具やインクを用意したり、簡単なテキストを書かせてもらったりした。長いテキストの場合、数人の修道士が共同で書写した。

写字室の長は通常「アルマーリウス」と呼ばれる司書で、その役割は本の保管、目録化、修繕、貸出などであった。司書は慎重に――と十二世紀初頭の図書室規則にある――借出者の名前と本のタイトルを記録し、担保を取り、とくに貴重な写本の場合、修道院長の許可を得なければならなかった。加えて羊皮紙と書記道具を管理し、外部の職人に給料を支払った。彼は材料を分配し、一人ひとりに仕事をあてがい、訂正し、全体をまとめる。誰もが彼に絶対服従する。与えられたテキストの文言を変えてはならない、羊皮紙、インク、羽根ペンを選り好みしてはならない、仕事中にしゃべってはならない、修道院長、副院長、司書、書記以外は写字室に出入りしてはならない（サン・ヴィクトル修道院規則　第十九章）。ときおり聞こえるのは羽根ペンがきしり、羊皮紙がかさかさと擦れる音、書記が書写しながら蜂の羽音のようにぶつぶつとつぶやく音のみ、写字室はそのような瞑想と静寂の仕事場でなくてはならない、と中世の証言者は語っている。

しかしときにはこの沈黙と恭順の掟をつい忘れてしまうような、招かれざる客の訪れもあったらしい。アウグスティヌスの著名な作品のひとつ『神の国』の写本に、内容とは関係なしに入れられたユーモラスな挿絵が、その様子を描いている（図版11）。一匹のネズミが修道士ヒルデベルトの怒りを買っている。仕事の最中だったらしいヒルデベルトは左手にナイフを持ち、書写台にはインク壺と羽根ペンが二つずつ置いてある。しかし今しがた使っていたペンは耳の上に挟まれている。彼は右手のペンを海綿に持ち替えて、テーブルの上でご馳走にありついているネズミに投げつけようとしているのだ。彼が

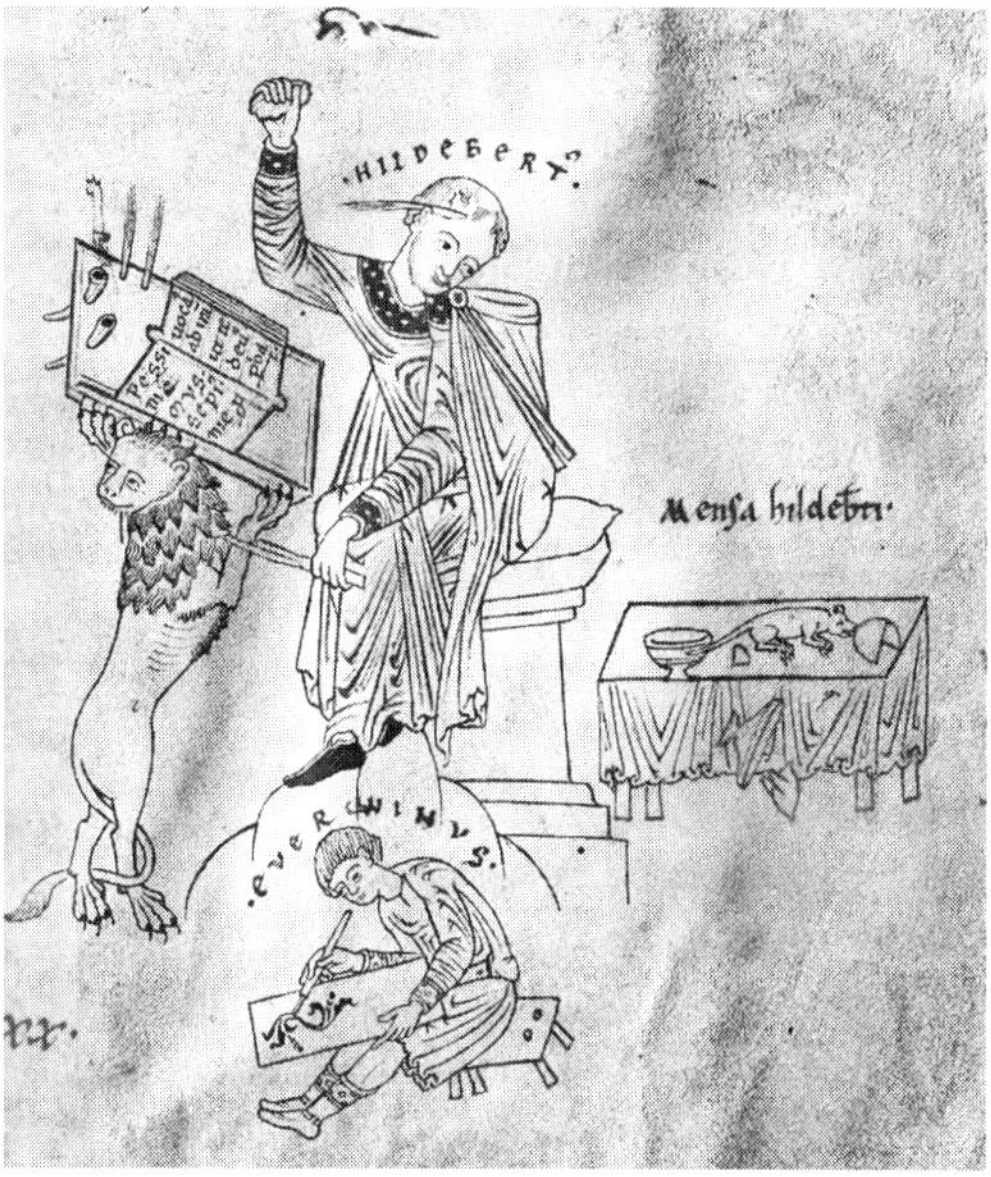


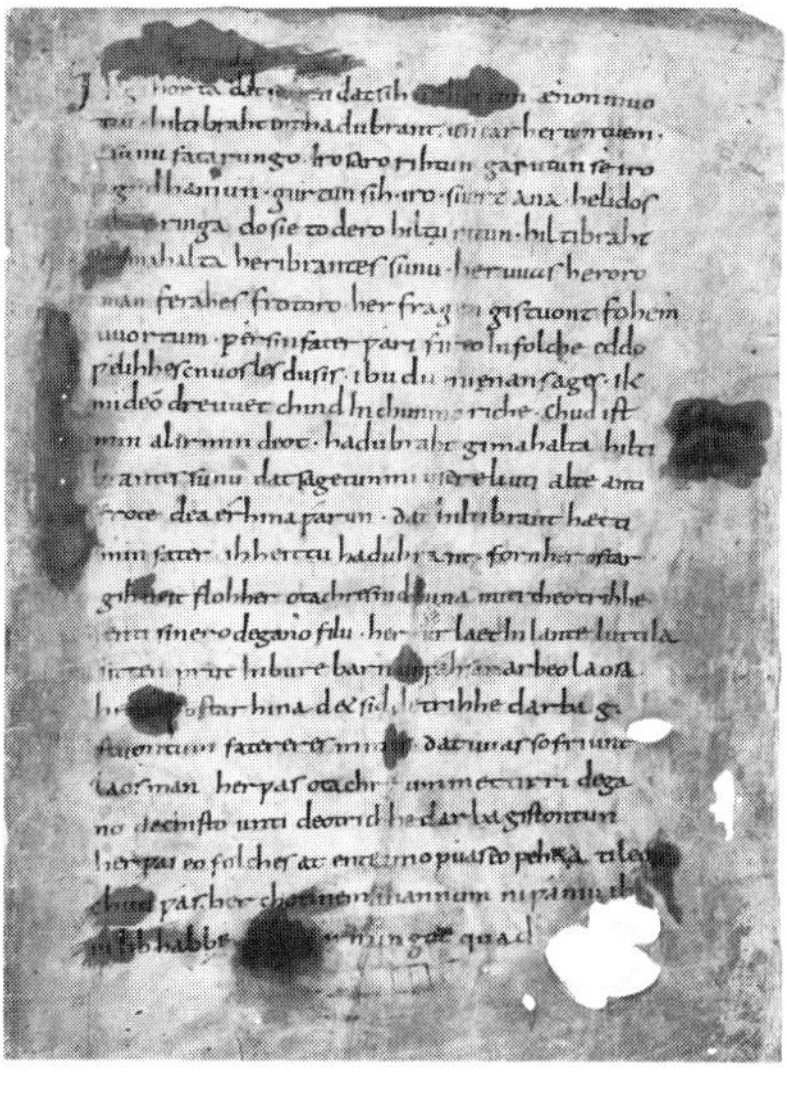

上：11　アウグスティヌス『神の国』、（プラハ大聖堂付属図書館、Ms. A XXI/1、fol. 153r、1140年頃）。写字室のユーモラスな光景。書写台の上には赤と黒のインク壺、羽根ペン、ペン先を削るナイフ。羽根ペン一本は書記の耳の上に挟まれている。書記の足元には蔓草模様を描く見習い。

右：12　最古のドイツ英雄詩『ヒルデブラントの歌』（カッセル大学図書館、Ms. theol. 54、fol. 1r、820年頃）。フルダで製作された宗教的な写本の外側部分に、二人の書記がカロリング小文字体で書写した。

発したであろう罵《のの》り言葉は、開いた本に記されている。「このろくでなしのネズミめ、何度私の怒りを買えば気が済むのか。神に根絶やしにされてしまえ」。書写台を支えるライオンは困ったように後ろを向き、見習い書記のエフェルヴィヌスは知らん顔で蔓草模様に熱中している。

修道院写字室で製作されていたのは聖書、教父の著作、典礼本、詩編などの宗教的な本がほとんどで、ごく少数の俗語を除いてラテン語で書かれていた。世俗文学は――そもそも存在そのものが希少なのだが――十二世紀に至るまでページの余白埋めでしかなかった。しかしそのような手慰みの書き込みが、ドイツ文学史にとって重要な意味をもった例がある。八〇〇年頃フルダ修道院の二人の修道士が、空いていた写本第一葉の表、最終葉の裏、そしておそらくは現存していない裏表紙に、最古のゲルマン頭韻詩『ヒルデブラントの歌』を書き込んだのだ（図版12）。なぜそのような行動に出たのか、理由はわからない。しかし当時口承で歌われていた英雄詩を文字に記してみようという彼らの思いつきがなければ、ヒルデブラントとハドゥブラント父子の悲劇的な戦いの物語は後世に伝えられず、初期中世の俗語文学のありさまを示す重要資料は永遠に失われていたのである。

十二世紀も半ばを過ぎると、修道院写字室は世俗的な内容の写本にも興味を示し始めたようだ。宗教的著作や聖人伝と並んで、アイルハルト・フォン・オーベルゲ作『トリストラント』や『トリーア版フロイリス』といった恋愛物語写本も製作された。[16] 中世の修道院は世俗の楽しみをすべて拒絶した場所ではなかったものの――ゲーム盤やカルタが修道院のトイレから見つかっていることからもわかる――、色恋の物語写本が修道院で読むために作られたとは考えられない。これはおそらく俗人からの注文によるもので、このような仕事が修道院にとって実入りの良い収入源となっていたのだろう。

## 宮廷尚書局・都市尚書局

世俗の尚書局でもその創生期から、修道院で宗教教育を受けた書記が働いていた。しかし徐々に世俗の権力者が文字というメディアに注目し、自らの目的のために使うことを考えるようになっていった。文書に内在する権力に気づき、それを徹底的に利用した最初の世俗諸侯は、ザクセンのハインリヒ獅子公であった。彼は、一一四四年以降その存在を確認できるブラウンシュヴァイク宮廷の尚書局に多くの文書を製作させた。文書は時が経つにつれて、目に見える支配者の身振りになり代わって法を執行するようになり、こうしてこれまでの慣習法が成文法へと変わっていった。文書は、複数世代にわたる追跡調査を可能にし、それによってある一族の社会における地位を確実なものとするため、本の形にまとめられた。こうして尚書局は貴族にとって、そして市民にとって、その統治の中枢となったのである。尚書局はもとより文学活動のためにあったわけではないが、作家や文芸愛好家のためのインフラをも用意したといえる。

## 書記工房

写本製作をプロとして請け負う工房が現れるのは、中世も末のことである。とくに有名なのは一四二七年から一四六七年までアルザス地方のハーゲナウ（現フランス領、アグノー）で店を開いていたディーボルト・ラウバー工房で、得意としていた挿絵入り写本を八〇点近く残している（図版13）。

異なる筆致、描画スタイルが混じり合っていることから、分業体制の整った大きな工房であったことが推測できる。緊密な協力関係からして、写字室と画家のアトリエはおそらく空間的にも隣接していたのだろう。ラウバーは注文製作を主としていたわけではなく、スタンダードな作品をあらかじめ作っておいて、買い手の好みに合わせて補充したり、調整したりしていたのだと思われる。豪華写本だけは注文に応じて製作された。修道院写字室同様、ここでもよく知られた古いテキストが書写されたが、取り扱うジャンルは研究・教育目的のものだけでなく、アーサー王と円卓の騎士物語、小話、笑話、教訓話、聖人伝、はたまた祈禱書、韻文聖書、占術書、医学書、法律書、博物誌など、需要に応じて幅広かった。版面やテキストと挿絵の配置に関していえば、工房の作品は写字室のそれとは異なり、すべて独自に作り上げた共通のレイアウトを使用しており、その結果、より効率的な仕事が可能になったと考えられる。さらには工房長自らが編集担当として、ひとりでミスの訂正をしていた。つまり完璧な出来上がりをめざしていたのではなく、あくまで値段に見合った仕事を心がけていたといえる。ラウバーが写本製作で獲得したかったのは神の恩寵ではなくお金で、そのために製品を熱心に宣伝広告（これも写本）に載せている。工房の製品のうち文学作品は四五タイトル、ジャンルも多岐にわたっている。ラウバー工房のありさまは、本が崇敬の対象から商品へと変わってしまったことを示しているといえよう。

十五、六世紀には、高まりつつある本の需要に便乗して、小遣い稼ぎをしようと考えるアマチュア書記が数多く現れた。一方でまた、かつて自分の図書館を作ろうと考えた司教ベルンヴァルトが神学書を書写したように、学問や文学に興味をもって写本を製作する者もいた。

## 4 書記

読み書きができる人間が高い評価を受けていた時代でありながら、大多数の書記の名前はわかっていない。重要なのは作品であって、それを作った人間ではないのだ。そうはいうものの三万人以上の名前が伝えられたのは、同時代の人々の賛辞や批判、そして作品の陰に隠れるのではなく自らも世に出たいという書記自身の欲求の結果であった。吹き出し、イニシャル、テキスト末尾の奥付、つまり内容とは直接関係のない場所に、彼らは仕事を請け負った動機、成立場所・時代、喜びと不満、注文主や自分の名前を思いのままに書き記した。個人を特定する伝記的事実までわかるケースは少ないし、記述から彼らの自己認識、仕事のやり方、社会的信望について一般的な見解を導き出すこともできない。しかし修道士書記と職業書記の違いや、初期から後期中世にかけての時代的な変化は見て取れるだろう。

### 修道士・修道女

修道院にとって書写は単なる技能ではなく、本質に関わる仕事つまり神への奉仕であった。カルトゥジオ会規則にある「書記とは手による説教」という文言は、中世にはよく引用されたが、これは、書かれた言葉が話された言葉同様にキリストの教えを伝え広めるということを意味した。僧房がどんなにみすぼらしくとも、羊皮紙に筆記するための道具――チョーク、軽石、ペンナイフ、字消しナイフ、鉄筆、重り、穴開け針、定規、書記板、ペン――は必ず備え付けられていた。カルトゥジオ会グランド・シャルトルーズ修道院長グイゴ・ド・シャステルは次のように言う。「神の言葉を口では宣べ伝えることのできないわれわれは、それを手によって行なう。われわれは書物を筆写するたびに、真理を告げる者を作り出すのだ（シャルトルーズ修道院慣習律、第二八章三―四節）」。

実際、「手による説教」は通常の説教より優れている。というのも――とヨハネス・トリテミウスは『写字生の賛美について』の中で述べる――「説教者は目の前の人たちに語りかけるだけだが、写字生は未来の人間にも説教をする」[17]。つまり文字は書く人の身体から離れてもなお存在するので、写字生は死後も本の中で説教者の役割を果たすが、声を使って伝える説教の場合、説教者の死は説教そのものの消滅を意味する、というのである。聖人や聖書の登場人物が書き物をする姿で描かれる挿絵が数多く存在しているという事実が、書写という行為の偉大さを証明している（図版13）。そして書写に優れていたのは、上述の司教ベルンヴァルトだけではない。高位聖職者の伝記の多くは、その人物が行なった書写および画業に重きを置いている。十一世紀の修道院生活に関する膨大な資料を『ザンクト・ガレン修道院史』に書き残したエッケハルト四世は、修道院長サロモン（在位八九〇―九一九）が『縦長の福音書』に自らの手でイニシャルを二つ描き入れた、と伝えている。名前が知られている最古の書記ヴィニタールは、七六五から七六八年にザンクト・ガレン修道院の首席司祭を務め、院長に次ぐ地位にあった。彼は九つの写本を手がけたが、そのうちの三つは自分ひとりで書写し、三つは羊皮紙の寄贈者として名前が挙がっている。彼は一時期、カール大帝の命を受けたアルクィンの「書記団」の一員として、傷みの激しい写本の修復や書き直しに携わっていたとも考えられている。アルクィンは手紙の中である人物のことを「ガリケルルス（ガレンの小さな人）」と呼んでいる。証拠はないが、これがヴィニタ－

ルを指しているという説は魅力的だ。ヴィニタールは「写字生が鈍い頭で積み上げた茨（書き間違いのこと）」を写本から消去する苦労を詠んだ詩の中で皇帝の政策について触れ、文献学的に正確な写本を作らせようというその努力に敬意を表す[18]。

戦場において刃向かう者を打ち負かす勇者／王カールよ、その心の煌めきは誰にも劣らず／すべての学問に通じる王は、書物に忍び込む茨をも／見逃すことなく、みごとに正したのだ（ウィーン、オーストリア国立図書館、七四三番）。

13　ドイツ語版旧約聖書（ハイデルベルク大学図書館、Cod. Pal. germ. 19、fol. 141v、1441–1449 年）。ディーボルト・ラウバー工房作の写本。メガネをかけたモーセがレビ記を書いている。角が生えているのは、ヒエロニムスがヘブライ語の qeren（輝く）を「角を生やした」と誤訳したためである。

ヴィニタールの書く文字は個性的で癖があり、恣意的に短縮形を使い、単語の間にスペースを入れない。しかし年とともに、読みやすい字を書こうと努力をしている跡は見て取れる。そして彼は公文書にも自身の著作にも「ヴィニタール」と誇りをもって名を記している。彼は単に書写する者ではなく、高い教養をもつ知的リーダーで、その「手による説教」は聖書文献学の規範となった。

聖なる書物の書写は、それを読む者だけでなく、書写した本人の役にも立った。というのも書写という行為は、昼夜を問わず修道院規則を遵守することを書記に求めるからである。書くためには高度な精神的集中、身体（とくに腕）の正しい姿勢、安定した手の動きが必要で、それにより身体と精神が鍛えられる。書写をしていると聖書のテキスト、教父による注解、さらには教会暦の流れが頭に刻まれる。書記は目から耳から言葉を吸収し、それを再び手から流れ出させる媒体、メディアなのである。表面を削られた羊皮紙のようにしみひとつなく、弧を描く羽根ペンのように道具として機能し（コンラート・フォン・ムーレ『動物の性質について』）、それでいて修道士の第一の美徳である謙遜を心がけねばならない。それゆえ修道士、修道女は写本の中でたいてい自らを「罪人」と称し、写本を神か聖人にへりくだって捧げ、読者には代願の祈りを忘れないよう頼む。ところが書記が、ヴィニタールのように名前を名乗ったとたん、この慎み深さは自負に豹変する。「誇りとするものがあってはならない」というパウロの教え（『ガラテア人への手紙』六―十四）に従い、卑しい私を自称しはするものの、無名の同僚を差し置いてひとりアイデンティティを主張し、自分の仕事に目を向けさせるのである。

罪人にして功少なき司祭ヴィニタールが苦心して買い取りあるいは施しを受けて入手し、また自ら労をとって書き上げたこの書物が完成するにあたり、神とキリストに栄光あれ。この書物の中に彼の手によらぬ文字、長音記号はひとつとしてなし（ザンクト・ガレン修道院、一三三八番、四九三ページ）。

これはへりくだった人間の言葉ではない。彼は自分の非凡な才能を十分に自覚しているのだ。

修道女が高いプロ意識をもった書記として言及されることも多い。そのことから本の製作が女子修道院でも行なわれていたことがわかる。一一五〇年頃に製作された説教集写本の中で、Dのイニシャルにはめ込まれた修道女の肖像が「罪深き女、グーダがこの本を書き、絵を入れた」と記された巻物を持っている（図版14）。書記と画家をひとりでやっていたというのも驚きだが、さらにびっくりさせられる

14　説教集（フランクフルト大学図書館、Ms. Barth. 42、fol. 110vb、中部ライン地方、12世紀後半）。書記兼画家のグーダがイニシャルDの中に自らを描いている。手に持つ巻物には「罪深き女、グーダがこの本を書き、絵を入れた」と記されている。

のは修道女が自分の芸術的才能を誇り、作品に言葉と絵とで署名していることである。また、グータという名の修道女は修道士ジントラムと共同作業をしている。彼女が書写し、ジントラムが絵を描いたのである（図版15）。一一五四年の写本の献辞ページには、本を献呈された聖母の左右に二人が描かれている。巻物には彼らの名前、序には彼らの仕事の目的と、恩寵を期待する旨が記されている。修道院生活における書写作業の義務は、成し遂げた仕事に対するプライドと相反しないのである。

しかし十二世紀の最重要詩編写本のひとつを完成させたエアドウィンほど、そのプライドを前面に押し出した書記はいない[19]。彼は神の前にへりくだり、仕事が首尾よく完成するよう神の助力を請う（『エアドウィン詩編』、ケンブリッジ大学図書館、R一七・一、二六二葉表）。しかし書写台に向かう自分を描いた挿絵の周囲に配された文章で、彼は自分が書いてきた「文字」を相手にあからさまに自慢する（二八三葉裏）。

私は書記のなかの第一の者、私への賞賛も私の名声も絶えることはない。

その仕事と才能のゆえに時を超えて生き延びるでしょう、と「文字」は彼に賛同する。これほどの自画自賛が謙譲の精神を義務とする修道士の口から出るのは驚きで、ひょっとするとエアドウィン自身ではなく、後の修道士たちが彼の死後この賛辞を書き入れたのではないかとも考えられる。しかしこのように自慢たらたらに、修道士の誓いに反して語る「私」が想定されているのは、修道院において個人の創造性が認められていただけでなく、高く評価されていたからだと言えよう。書記は男女を問わず修道院の知の最先端をいくリーダーであって、無定見な追従者ではなく、書記技術は本人、そして同時代人にとって名を挙げて称えられるべき功績であったのだ。ザンクト・ガレン修道院長エッケハルト四世は、

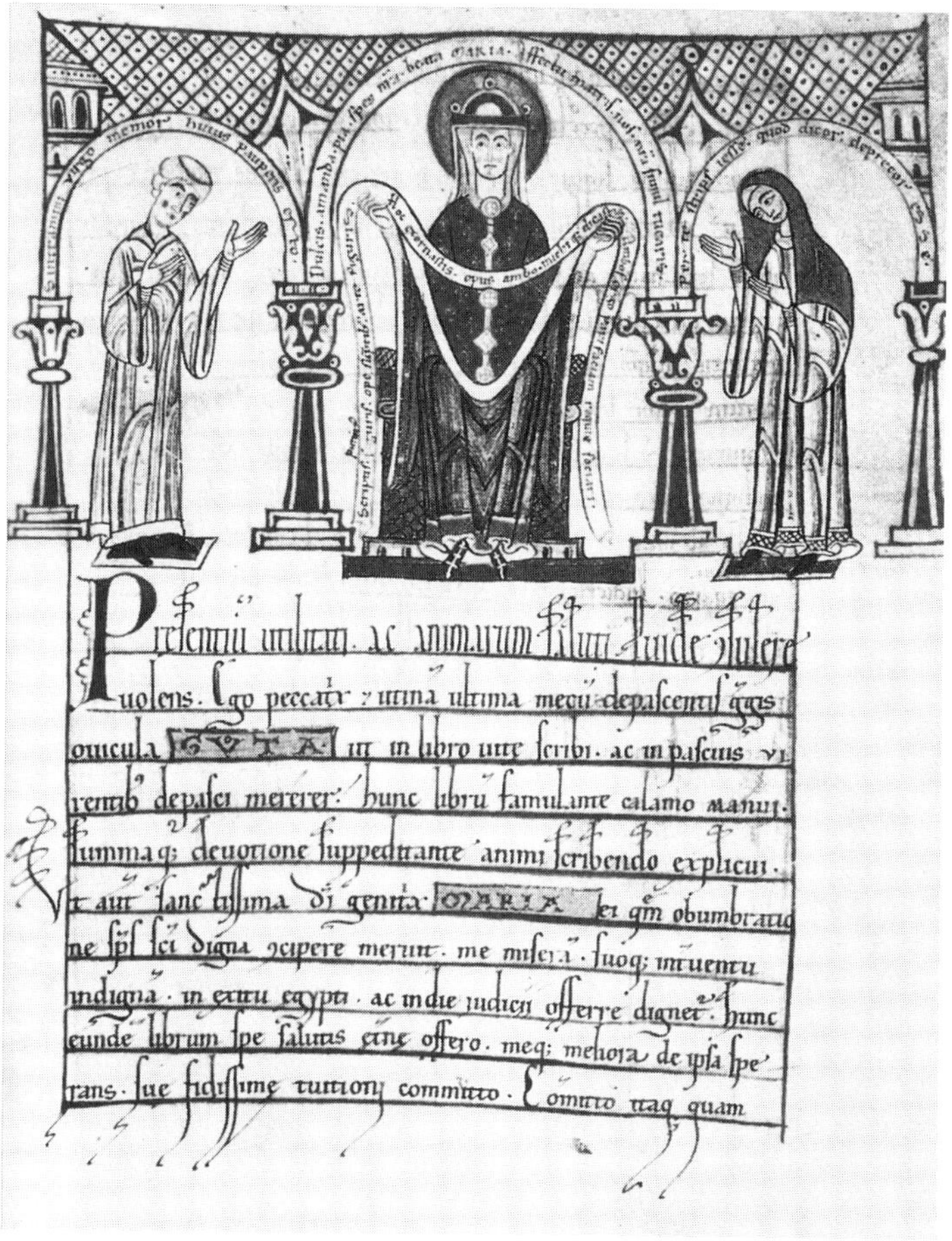

15　グータ・ジントラム写本（ストラスブール大神学校図書館、Cod. 78、fol. 4r、マールバハ、シュヴァルツェンタン修道院、アルザス地方、1154年）。ジントラムとグータの頭上の巻物には、二人の間に君臨する聖母マリアの心に留めておいてもらえるよう、また名前（グータ）の通り善人になれるよう願う文言が書かれている。美しく仕上がった本への褒美として、マリアは二人に永遠の至福を約束している。

書記ジントラムの「指」がアルプス以北のすべての場所で賞賛されたと記し、彼によって書かれた写本の多さ、字体の優雅さ、ほとんどミスのない書写に驚嘆し、なかでも『縦長の福音書』はジントラムの技が最高度に発揮された作品だと評価する（『ザンクト・ガレン修道院史』）。しかしその技が生み出したのはあくまでキリスト教のテキストであり、特別な作品ではあっても、やはり神を称えるという書記本来の目的を逸脱してはいない。このように個人的な自負に支えられる創造性と、個人を無にした神への奉仕の間のせめぎ合いの中で、修道院書記は仕事をしていたのだ。そんな彼らも中世末期になると徐々に職業書記へと変わっていき、世俗の主人に仕えて書記業で給料をもらうようになっていく。

## 職業書記・アマチュア書記

俗世界においてどんどん密になっていく文書のやり取りを支えたのは、尚書局および都市の書記だった。彼らの職務は都市法に厳密に定められていたが、それは書記という仕事の意義を示すためだけでなく、書記がその知見と能力によって行使するかもしれない影響力をコントロールするためでもあった。彼らは市の文書をていねいに書き記し、市参事会の公布および選挙結果を記録し、納税告知書を交付し、都市帳簿を保管し、参事会の要請に応じて過去の決議や判決を読み上げる。はっきり禁じられているのは、政治的なポストに就くことと都市の条例や決議を複写することで、そのようにして都市の書記は、文書に関わる重要な管理者であっても、その地位から何ら政治的利益を受けられないよう定められていた。都市および諸侯の尚書局書記は通常、大学教育を受けており、幅広い文学的知識ももっていたので、外交使節に同行したり法律顧問を務めることもよくあった。彼らの多くが副業として教師をしていた。平均を上回る報酬を得ていたことからも、彼らに対する評価の高さがうかがえる[20]。

このように教養エリートである書記は、フィクションの文学にも明らかに興味をもっていた。何人かの書記は詩人としても名を残している。たとえばドイツのミンネゼンガー（叙情詩人）ルドルフ・デア・シュライバー（書記ルドルフ）もそのひとりで、マネッセ写本の肖像画には贅沢な衣装に身を包んだ立派な姿で、書記たちを働かせ、使者に封印された手紙を渡す尚書局の長として描かれている（三六二葉表）。浩瀚《こうかん》な教訓詩『デア・レンナー』の作者で教師、書記、詩人のフーゴ・フォン・トリムベルクは、二〇〇冊の本を集め、一二冊を自ら執筆したと述べている。愛書家だったというわけではない。「教師というものがそうするように」のちのち本で糊口をしのぐために手に入れたというのである（一六六四五行以下）。アイゼナハで書記を務めたヨハネス・ローテは教訓本、法律本、年代記などを書いている。その他、文学作品のパトロンとして名が挙がる書記も多い。

叙事詩や歌謡の写本のうちのどれが、またはいくつが尚書局で製作されたのかはよくわからない。確認できるのはごく少数のケースで、たとえばマネッセ写本のなかでハートラウプの詩を書写したのは尚書局書記のひとりだと推定できる。というのも同じ筆跡で書かれたチューリヒの市法《リヒテブリーフ》の写本が存在し、こちらは確実に尚書局で書写されたと考えられるからである。

貴族は早くから尚書局書記を使って、自分の文学蔵書を増やしていたと思われる。詩人たちが有力諸侯と結んだ多くの契約関係がそれを物語っているが、信頼できる証拠はこの分野でも中世末期にならないと出てこない。皇帝マクシミリアン一世は、優秀な書記であり税官吏でもあったハンス・リートを数年間その職務から解放し、古い英雄詩や小話、騎士物語などをひとつの写本にまとめて後世に伝える仕事を委託した。こうしてできあがった『アンブラス英雄詩写本』は完璧な尚書局書体で書かれており、中世写本芸術の白眉として、また中世ドイツ文学の最も重要な資料として知られている。

都市や諸侯の宮廷での職に就かず、注文受注だけで仕事をしていたのは工房の書記たちである。書記工房が生まれた十三世紀前半には、彼らは尚書局や修道院の書記同様に無名の存在だった。十四世紀になって名を名乗り、自身についての情報をそこかしこにちりばめるようになるのは、書記業だけで生活していくために作品の中で自分の宣伝をしなければならなかったためだろう。とはいえ名前が知られているのはただのしがない書写職人ではなく、工房の代表者、経営者だけである。そういった人物に関しても、多くは謎に包まれている。すでに紹介したディーボルト・ラウバーは自ら書記、教師と名乗って、一四四〇年代に主として文学の写本を製作し、また旅人に厩《うまや》を貸していたことが記録に残っており、六〇年代以降は書写者として登場する機会が増えてくる。彼に関する記録は一四七一年のものまで残っているが、どのような生涯を送ったのかは、やはりよくわからない。

女性の書記も記録に残っている（図版4）。十三世紀末のバーゼルでイルヴィーナという女性が、公文書の書写に対し給金を支払われている。夫の死後、家業を継いだ女性もいた。書写をマスターするには十分な教育と長い時間の鍛錬が必要なので、このような場合、女性は夫の存命中からすでに仕事に関わっていたと推測される。はじめから書記を志す女性、さらには法廷や参事会に雇われていた女性書記もいた。最も有名で文学活動においても重要な役割を果たしたクララ・ヘッツラリンは、最初は父、後に兄を手伝って家業の公証人役場の書記を務め、そのかたわら多くの本を書写した。彼女の署名入りの写本が八つ残っており、そのなかには彼女の名を冠して『クララ・ヘッツラリンの歌集』と呼ばれる、詩や笑話などを収録した有名な集成写本もある。テキストを集めたのが彼女かどうかはわからない。しかしクララの写本が都市の文化活動を伝える重要な文献であること、そして都市の中で女性書記が男性書記と同等の高い評価を受けていたことは確かである。

## 書記の苦労

羊皮紙上の文字が規則正しく軽快で、優雅であっても、それらを書くのは楽で気持ちの良い仕事ではなかった。嘆きの声がよく聞かれる。「指三本で書き、身体全体を痛める」というのはよく知られた言い回しだ。読者に心洗われる体験をさせるためにいかに苦心したか、十二世紀『ベアトゥス黙示録注解シロス写本』の書記が詳しく述べている。

文字を書くすべを知らぬ者は、それがいかに苦痛を伴うかわからぬだろう。詳しく聞いてみたいというなら、教えてやろう、この仕事がどれほどつらいかを。目はかすみ、背は曲がり、あばらと腹はつぶれ、腎臓が悲鳴を上げる。こうして全身が痛むのだ。

「ペン（ラテン語でペンナ）」と「苦痛（「ペナ」）」は掛詞のように使われた。ペンを持って前屈みになり、身じろぎせず仕事をすれば腕が疲れ、痺れてくる。写字室の湿気と寒さで指がかじかめば、また高齢で手が震えるようになれば、字は書きづらくなる。蠟燭《ろうそく》やランプの揺らめく明かりは、暗い日にはたいして役に立たない。オーストリアの教会保護者アルブレヒト・デア・コルベが一三八七年、齢六十七にして「多大な労苦とメガネでもって」説教写本を書き記したと述べるように、年配の書記がメガネを必要としたのも当然のことだろう。[21] 十三世紀にベリル（緑柱石、ドイツ語でメガネを指す「ブリレ」の語源）を研磨して作られて以降、瞬く間にメガネは文字を使う人間にとって欠かせない道具となった（図版16、13）。一三〇五年にはイタリアのドミニコ会修道士が、発明二十周年を迎えたメガネを、この世に必要不可欠な素晴らしい技巧品のひとつであると称える説教をした。ルーペのように文字の上に置いて使う「リーディング・ストーン」は以前から存在していて、『新ティトゥレル』（一二七〇年頃）に「文字を大きくする」ものとして初めて登場し、またほぼ同時期にデア・アルテ・マイスナーによって、「明るい鏡」にたとえられている。メガネという新しい道具が読み書きする人たちにどれほど重宝されたかは、ヴィーンハウゼン修道院の教会の床下から見つかった十四世紀の複数のメガネからわかる。この現存する最古のメガネなしでは、修道女たちは礼拝のお勤めができなかったのだろう。その貴重な道具をうっかり落として、床板の隙間から二度と手の届かない床下に入ってしまったときの、彼女たちの落胆は想像するに余りある。

16　コンラート・フォン・ゼスト作、ヴィルドゥンゲンの祭壇画（バート・ヴィルドゥンゲン市教会、1403年）。本を読む使徒が掛けているメガネはドイツにおける折りたたみメガネの最古の図像。二つのレンズの枠を鋲で留めたもの。

世俗の職業書記はとくに、テキストの終わりに、仕事道具である手が健やかであるよう祈った。「ここに詩編は終わる。神が書記の手をお守りくださいますよう」[22]。十一世紀の修道士書記、レーゲンスブルクのマリアンが夜にランプなしで仕事をしているとき、左手の三本の指が代わりに輝いたという伝説は、快適な職場環境への憧れを表していると言える[23]。

本が完成した安堵感からか、作品の最後には多少なりともコミカルな、そしてまた型どおりの嘆息が聞かれることも多い。「旅路の果ての港に入る船乗りのように、書記も最後の行で歓迎される（『ベアトゥス黙示録注解シロス写本』）」。最終行で苦しみは喜びに変わり、手の舞い足の踏むところを知らず、書記は酔い、ペンの代わりに可愛い乙女を側に置きたくなり、大胆にもこんな祈りのパロディを作ってみる。

ああ神よ、願わくは汝の慈しみによりて／我らに頭巾と帽子／マントと上着／山羊と鹿／羊と牛／多くの女を与えたまえ、子供はなしで（ハイデルベルク大学図書館、ドイツ語、二十番、二四六葉表）。

読者にはページをていねいにめくる、文字を指で触らないといった注意深さが要求される。「大地の収穫を雹《ひょう》がだいなしにするように、能なしの読み手が本と文字を駄目にする（『ベアトゥス黙示録注解シロス写本』）」のだから。書記の苦労を思うことなく、本を手荒に扱い、さらには盗み出す者に災いあれ。愚かな敬虔なキリスト教徒にはふさわしくない願いだが、そんな輩に永遠の劫罰が与えられんことを。彼らのふるまいはまさに、写本の奥付に記された詩行が暗示する、紙魚《しみ》の無知蒙昧な貪欲さと同じである。

文字の中に棲んでいるが、文字は知らない／本の中に棲んでいるが、知識は得られない／詩の女神を飲み込みながら、知恵は身につかない（『ベアトゥス黙示録注解シロス写本』）。

## 書記に与えられる物質的、精神的報酬

職場がどこであれ、報酬を期待しない書記はいない。しかしどのような報酬を期待するかは、場所によって異なる。世俗の人間はまず第一にお金を目的に書いたが、修道院の人間が求めたのは神の恩寵だった。

グータとジントラムは序で、この仕事を同僚の修道士たちのため、そして自分たちの魂の救いのために完成させたことを述べ、この本を献呈した聖母マリアの庇護に身を委ねた。マリアとの結びつきの強さをアピールするために、書記のグータはマリアと自分の名をキャピタル体で書き、下地に色をつけた。マリアが手に持つ巻物には「私を名前の通り善人（グータ）にしてください」と書かれているが、マリアは美しく仕上げられた本に対する報いとして頭上で「天上の安息」、つまり永遠の至福を与えることを約束している（図版15）。

書写とは書く人の名声を高め尊敬を集めて、しかも死後もそれが消えることのない、報い多き仕事である。あまり評判のよろしくない修道士が、本を書写したことがあるという理由で悪魔の手を逃れたという伝説もある。四世紀の神学者ナジアンゾスのグレゴリオスは、神への捧げ物として書かれた自分の著作を書写した書記のために、「本に書き入れた印の数だけ、罪を免じてやってください」と祈った[24]。修道士書記のスウィヒェルが同じように臨終の床で神の恩寵を願った様子が、一一六〇年頃の写本挿絵に描かれている。「神よ、哀れな書記を憐れんでください、罪の重さを量らないでください。善行はわ

ずかとはいえ、罪より多からんことを」、その願いは聞き届けられた。彼の善行の象徴である本が天秤を大きく傾けて悪魔は退き、書記の魂は天使に委ねられたのである（図版17）。神のために自らの手で本を書写したのだから、神の手で「命の書」に名前を書き入れられたい、というたびたび表明される願望が、スウィヒェルの場合成就したわけだ。聖俗を問わず多くの書記が奥付に代願の祈りを記したが、世俗の書記が期待していたのは精神的な見返りだけではなかった。「よい仕事が成されたときは、書記に大いに報酬を与えるのがふさわしい[25]」。報酬の額はさまざまで、官庁に勤めている書記は年一五〇から二〇〇グルデンと、快適な暮らしをするに十分な額をもらっていた。職業書記は注文の多寡によって

17　セビリアのイシドールス『語源』プリューフェニンク写本（ミュンヘン、バイエルン州立図書館、clm 13031、fol. 1r、1160–1165 年頃）。臨終の床にある修道士スウィヒェルが書いた本が彼のすべての罪を埋め合わせ、悪魔は逃げ去り、天使が彼の魂を受け取る。

収入が増減する生活を送らなければならなかった。大金が稼げるのは、大きな工房を所有している者だけだった。しかし中世後期に書物の需要が高まると、そこで働く書記たちも十分に食べていけるようになった。アマチュア書記でさえ少なくともときおりは、この仕事でなんとか生計を立てていくことができた。

## クリエイティブな書記

ひと言で「書記」と言ってもさまざまで、ひとくくりにすることはできない。ほとんどミスを犯さない優秀な書記、ミスばかりめだつ無能な書記、原典を忠実に書写する者もいれば、比較的自由に書き換えながら仕事を進める者もいる。いくつかのテキストをまとめてひとつの作品に仕上げる書記、テキストと挿絵のレイアウトもこなす書記、絵を描くこともできる書記、テキストに独自の視点をもって介入し、その結果まったく新しい作品に仕立て直してしまう書記もいる。この多種多様な者たちがみな、「書記」の同業組合《ツンフト》に所属しているのだ。一二五〇年頃ボナヴェントゥラは次のように記している。

書物には四つの作り方がある。ある者は何かをつけ加えたり、書き換えたりせずに書写するので、「書記」と呼ばれる。ある者は何かをつけ加えるが、自分の考えは入れないので、「編纂者」と呼ばれる。ある者は書写しながら自分の考えも入れてくるが、あくまで元のテキストが主で、それを解説するために自分の言葉を使うので、「注釈者」と呼ばれるが、「作者」とは呼ばれない。元のテキストと自分の考えの両方を書くが、自分の考えのほうが主で、他人の考えは自分の考えを証拠立てるために入れてくる、そのような者は「作者」と呼ばれる（『命題集註解』）。

書写と創作の境界は曖昧で、ゆえに中世ドイツ語では「書写する（schriben = schreiben）」と「詩作する（tihten = dichten）」は同意語であった。そういうわけで、聖俗を問わず「作者」は、「書記」が自分の作品に手を入れるのを恐れた。聖書、典礼書、教父の著作など、ラテン語で書かれた聖なる書物の文言は不可侵であると考えられていたが、俗語で書かれたテキストはそこまで尊重されていなかった。作者自身が、必要な場合は書かれた文字を「正しく並べ替え、もしくは本から削り取る（ヴァルター・フォン・ライナウ『マリアの生涯』一七九一—一八〇行）」よう要求することもあったが、書記や読者の恣意的な変更に対するおそれが語られるほうがずっと多かった。ハインリヒ・ゾイゼは勝手気ままに自分のテキストに文言をつけ加えたり削ったりする「無学な書記」について嘆き（『ドイツ語著作集』序）、アイケ・フォン・レプゴウはそれと同じことを自分の著作『ザクセンシュピーゲル』に対して行なおうとする者はらい病にとりつかれよと呪い（韻文序二二〇行以下）、フーゴ・フォン・トリムベルクは「書くべきでないことを書く」書記の「無思慮」を嘆きつつも、この世に完璧があろうはずもないという悟りに達する（『デア・レンナー』二四五二〇行以下）。そしてアルブレヒト・フォン・シャルフェンベルクは『新ティトゥレル』の中で読者に、間違った詩行は原典の作者ヴォルフラム・フォン・エッシェンバハのせいではなく、書記の至らなさのゆえであると弁明した。

ヴォルフラム殿に罪なし／正しいものをねじ曲げたのは書記（アルブレヒト・フォン・シャルフェンベルク『新ティトゥレル』四九九歌節）。

いったいなぜ書記はテキストを書き換えてしまうのだろう。単なる力不足、不注意もしくは無関心からかもしれない。しかし何かしらの構想があることも多いのだ。たとえばあるユダヤ人書記は、ハルトマン・フォン・アウエ作『イーヴェイン』を書写する際、「神」という言葉は残したが、「キリスト」「聖霊」「聖人」といった言葉はすべて削除した。[26] またドイツの貴族ヨハン・ヴェルナー・フォン・ツィンマーマン父（一四二三―一四八三）の書記ガブリエル・ザトラーは、ルドルフ・フォン・エムス作『善人ゲールハルト』写本で、故意にテキストを書き換えて新しい独自の作品を創作するのではなく、いわば「解体の手法」によって物語の意味を変えた。[27] 韻の誤りを正したり、新しい語形を使ったり、理解不能な言葉を置き換えたり、与えられたレイアウト内にテキストを入れ込んだりといった変更は、形式上の要請によるものだった。財政的問題もしくは読者の好みの変化から、ヴォルフラム・フォン・エッシェンバハの『パルツィヴァール』が『新パルツィファル』に編集され、ラポルトシュタイン写本に書き記されたように、大作の簡略版への書き換えが行なわれた。この仕事を請け負ったのは単なる「書記」ではなく、ボナヴェントゥラが言うところの「編纂者」もしくは「作者」に分類される人々であったに違いない。

とはいうものの単なる「書記」も、原典を読んで記憶し、心の中で口述して、それを羊皮紙に書き記すという仕事によって、テキスト制作者と受容者の仲立ちをした。彼らは機械的にではなく自主的に、ときに独断でクリエイティブに仕事をすることで、文学伝承の歴史の重要な担い手となったのである。

## 書写の速度

一冊の本の書写にどのくらいの時間がかかるかは、本のページ数、サイズ、芸術的創作意欲の有無、書体と文字の質によって決まる。カロリング朝のテキストを見る限り、書記は一日に一ページ二五行を最大七ページ書写できた。ティモシーという名の修道士は一四〇〇年に、一日二〇〇字しか書けないと告白している。このペースでは仕事が速い書記だったとはとうてい言えないが、この時代、一日に用紙二、三枚、最大六ページを埋められる書記はほとんどいなかったと思われる。つまりカロリング朝時代から六百年間、書写のテンポはおおよそ変化しなかったのだ。写本の奥付に正確な数字が記されることがある。『ラポルトシュタイン版パルツィファル』の編纂者フィリップ・コリンは、同僚一人と二人の書記（名前はヘンゼリンとフォン・オンハイム）とで「五年強（一三三一―三六年）」に大判サイズ三二〇ページの作品を書いた、と述べている。この年数は書写だけに費やされたのではなく、ヴォルフラム・フォン・エッシェンバハ作『パルツィヴァール』、クレチアン・ド・トロワのフランス語詩行の翻訳、フランス語による続編の翻訳、自身による補足および恋愛歌などからなる複合体を作り上げるのに必要な時間も含まれていた。インスブルックのヨハネス・ゲッチェルなる人物は、一三九三年四月二十二日から七月四日までの間に小話、寓話、宗教詩を二一三枚にわたって書いたと述べている[28]。ほぼ百年の後、ディーボルト・ラウバー工房が、少なくとも二十年を費やして豪華な絵入りドイツ語聖書五巻本を製作した。ハンス・リートは一五〇四年から一六年までの十二年をかけて、大判四八六ページにおよぶ『アンブラス英雄詩写本』を完成させた。だが、以上のようなデータを基に他のプロジェクトの製作日数を計算するのは難しく、またどの程度その仕事にかかりきりになったかも判断できない。とはいえ、さまざまな種類の職人や芸術家の助けを借り、原材料と文才と知的教養をもってしても、本が完成するまでには長い時間を要したということだけは確かである。現在に至るまでに、そのうちの多くが失われてしまったことだろう。しかし、それでもなお驚くほどの数の写本が現存しているという事実は、中世の人々が本にかけた情熱のほどを示していると言えよう。

## 5　本の外見

書写が終わり、羊皮紙が折られて順に重ねられたら、いよいよこれを正式に本として束ね、内容にふさわしい外見を与えるという、最後の手順が始まる。人々が欲しがるのはビラやパンフレットではなく、内容にふさわしく見た目も重々しい「本」なのだ。裏表の表紙に守られてどんな宝がその中に眠っているのか、本の姿形はそれを予感させるようでなくてはならない。

### 綴じ

まず製本工は羊皮紙を最終的に折りたたみ、その折丁を正しい順番に並べてプレス機に入れ、しわを伸ばす。次に羊皮紙を重ねて製本台に乗せ――アンブロジウス写本の挿絵（図版1）に最古の図がある――、背バンドに綴じ付ける。本の背にできる結び目を覆うために、背に羊皮紙の帯を貼り、さらに表紙の内側を羊皮紙で補強する。その際によく使われたのは、内容が時代遅れだったり、文字がもう読めなかったり、知らない言語で書かれていたりして、もはや不要と判断された「反故」の羊皮紙だった。こうした目的で使われたために多くの写本が失われ、そのうちのほとんどは永遠に消え去ったのだが、偶然に発見された断片もある。一九九九年には、十七世紀の会計簿の背表紙から、おそらくは失われた

『ニーベルンゲンの歌』写本の一部であったと思われる『ニーベルンゲン哀歌』の断片二つが見つかった（アムベルク国立公文書館、断片ＡＡ、写本・断片七四）。また二〇〇三年にはマインツのインキュナブラ（初期印刷本）の見返し紙として『ニーベルンゲンの歌』写本の断片が使われた痕跡――にかわに鏡文字として残ったテキスト――が見つかった。[29] 同じ写本の断片は一八一六、一九〇九、一九八八年にも見つかっている。最古の中世ラテン語物語である『ルオトリエプ』も同様で、写本は別の本の背表紙を補強するために切断されてしまったが、十九世紀になってそれら多くの断片が再び日の目を見て、地味な紙箱の中ながら「バイエルン州立図書館ラテン語写本一九四八六番」として大切に保管されている。

## 表紙と装丁

最後に、綴じられた本に表紙がつけられる。よく使われるのは全体もしくは部分を皮で覆った板で、その重さで羊皮紙を押さえ、金具とともに羊皮紙を湿気による波打ちや縮みから守り本の形を安定させる（図版1）。皮表紙にはよく型押しの文様が施された。典礼本には豪華な表紙がつけられた。貴重なテキストは荘重に包まれなければならないというわけだ。象牙のレリーフ、オリエントの七宝焼、アラビアの守り石、貴金属宝石類が見る者の心に啓示を与え、神の御言葉に霊的オーラをまとわせる。はめ込まれた聖遺物は聖なる言葉に聖なる身体を与え、その意味を開示する。キリスト教関連の本であっても、公の場に展示されるより個人的な用途で使われる度合いの高いものほど、表紙は地味になったが、装飾がまったくなくなることはなかった。逆に、豪華な表紙をつけるにふさわしいと徐々に考えられるようになっていったのは世俗写本だった。初期近世になると表紙の豪華さは内容ではなく、所有者の財力と比例するようになっていく。もしかすると、みごとな刺繡に包まれた会計帳簿（図版18）は、持ち

18　金貸し業者の会計帳簿、表表紙（ミュンヘン、バイエルン州立図書館、Cgm 8860、1600年頃）。豪華な刺繍の表紙が中に記された貸し借り、収入・支出の数字を守っている。これを見れば、持ち主にとって金銭がどれほど大事だったかがわかる。

主の金貸し業者にとっては神聖なものだったということなのかもしれない。

　絵画、木板画、石彫、木彫などにたびたび描かれており中世後期にはかなり好まれたと思われるわりに、現存数が少ないのが「ガードルブック」である。これは綴じた折丁を皮もしくは布の袋に入れた小型版の本で、帯に結んで上下逆さまに吊し、折あるごとに持ち上げて読んだのである。

## 6　写本の値段

詩人たちは写本の値段については秘して語らず、手がかりが記されることも稀である。また仮に金額が示されても、問題の解明にはほど遠い。フィリップ・コリンは『ラポルトシュタイン版パルツィファル』のエピローグで、自分と仕事仲間たちは二〇〇ポンドを得たが、これは馬上槍試合に使われる馬一頭に値する、と述べている。しかし当時の相場からいって、この見積もりは怪しい。そもそも二〇〇ポンドは銀貨なのか銅貨なのか。銀貨であればコリンは大金持ちになっていただろう。銅貨であれば（おそらくこちらだろう）生活の糧は得られても金持ちとまでは言えなかったはずだ。またこの計算では、原材料費と職人の工賃が考慮されていない。原材料の値段に関する情報は、残念ながら非常に少ない。例を挙げると、カルトゥジオ会修道士からの羊皮紙代請求に対し、イングランド王は一〇マルクを与えている。また一二九八年パリの記録では、加工前の皮九七二ダースが一九四リーブル一八スー、つまり一枚四ドゥニエというかなりの額で買い取られ、さらに毛の除去に二四リーブル六スー、皮の選定人に六〇スー、価格査定人に一〇スーが支払われた。[30] 他の記録を見ると、挿絵のための金箔と並んで、羊皮紙への支出が多かったことがわかる。[31] しかし比較対照すべき確実な数字が残っていないので、羊皮紙の実際の値段を推定するのは難しい。とはいえ羊皮紙は原材料としてすでに価値があり、貴重品として保存管理されていたことだけは確かである。

中世後期の書記が自ら材料調達に当たっていたことは、書記がハインリヒ・デア・タイヒナーの著作に対して送った請求書からわかる。書記は二ポンド六〇ペニヒを立て替えているので三ポンド頂戴したいと書いている。純益はさほど多くない。製作費について詳細に記録を残しているのは、十五世紀前半に書記業で一家を養っていたアウクスブルクの商人兼年代記作家ブルクハルト・ツィンクである。彼は週に四八枚を書き、一二枚につき四グロッシェン（＝三〇ペニヒ）を稼いだ、つまり彼の週給は少なくとも一二〇ペニヒだったということになる。二つ折り版五〇〇枚の聖書であれば、十週間働いて八・七五グルデンもらう計算になる。とすると材料費込みでこの聖書は一二グルデンほどの値がつけられるだろうか。これと同じ額を一四六六年、もうひとりのアウクスブルクの年代記作家ヘクトル・ミュリヒが、まだ製本されていないドイツ語印刷聖書に支払っている。ということは写本の値段は初期印刷本の値段とほぼ同じということになる。人気のドイツ語挿絵入り本は高かった。とある聖人伝は一グルデンで売られていたが、皇帝マクシミリアン一世の生涯を脚色し、ふんだんに挿絵を入れた印刷本『トイアーダンク』は一冊二グルデン三シリングもした。そのような贅沢品は庶民にはとても買えないと思われるかもしれないが、十五世紀のある女性が、一年間にミュリヒとほぼ同額を聖書の代金として支払ったという記録が残っている。(32)

中世後期には会計帳簿や、本の製作をめぐって交わされた契約書などからも情報が得られる。そこには点数だけでなく、羊皮紙製作とその仕上げ、インクと絵具、金具、表紙の皮、書写、挿絵など、代金の細かい内訳が示されている。そして納期までに完成しなかった場合の罰則条項も盛り込まれている。ただし体系的な帳簿記録は見当たらない。

製作場所や品質によって値段に大きな差が生じたことは確かだ。ディーボルト・ラウバーが、市参事会で自分に便宜を図ってくれるなら書写代はただにして挿絵代のみ請求する、と注文主に提案をしていたことからすると、(33)もともと書写代は挿絵代より安かったと判断してもよいのかもしれない。挿絵入り写本はテキストのみのものよりはるかに高価だった。修道士には給金を払わなくてもよかったため、修道院で製作された写本は商業的な書記工房で作られたものより安価だっただろう。とはいえ修道院が写本製作を商売として行なっていなければの話である。コストを安く抑えたいなら、貴族の宮廷や都市の尚書局に雇われて、すでに給金をもらっている書記に書かせるのが一番確実だったと思われる。

いずれにせよ写本製作は、注文主や購入者の属する社会の経済基盤が確立され、かつ彼らに十分な財力があって初めて成立する事業であったことは間違いない。

## 7　保管とアーカイブ化

中世後期に至るまで本や文書は、表紙の重さが羊皮紙の変形を押さえるように、書棚、チェスト、書見台に寝かせた形で保管されていた。今日的な図書館が成立したのは中世後期のことで、それまでは写本はたいてい、それが必要とされる場所、読まれる場所に置かれていた。聖書は教会に、典礼書は聖堂内陣に、娯楽書は私室や大広間にといった具合である。しかし内容、材質ともに貴重な写本は人々の欲心をかき立てたし、それは神に仕える修道士も例外ではなかった。一〇六五年にザンクト・ガレン修道院で製作された典礼書（ザンクト・ガレン修道院図書館、三七六番）には、聖人への献辞に加えて盗人への警告が記されている。「この書物を尊いガルスよ、あなたに永遠に捧げます。これを盗まんとする者には悪しきことが起こるであろう」。将来現れるかもしれない盗人に、地獄に落ちよと呪いをかける写本もあった。しかしより確実な方法は、表紙の上か下かに鎖をつけて、書見台の下もしくは書棚の中の鉄の棒に輪で固定することだった。こうすれば本は、その場では読めるが持ち出しできなくなる。中世も終わりに近づき、本の需要と製作が増加した結果、場所を節約するため本を書棚に立てて保管する新しい方式が生まれても、鎖でつなぐという盗難対策は引き継がれた。最も有名なのはヘレフォード大聖堂の鎖付図書館で、一六一一年から一八四一年にかけて鎖で固定された約一〇〇〇冊の本が、今もそのままに残っている。書棚から本を取り出し、開閉式の書見台に置いて読めるように、巧妙なシステムが採用されている。本を開く際にひっくり返さなくてもよいように、また鎖が絡み合わないように、本は現在のように背表紙ではなく、前小口を手前にして立てられているのだ。鎖は開閉式書見台の上の鉄の棒に取り付けられており、書棚の外側に写本一つひとつのタイトルと置き場所が記されている（図版19）。

19　ヘレフォード大聖堂、鎖付図書館。中世から18世紀に至るまで、鎖は本を盗難から守るために好まれ、またよく使われた手段だった。ヘレフォードでは千冊もの本がいまだ鎖でつながれているのを見ることができる。

## 8 印刷術という革命

本というメディアにとっての革命といえば、なんといっても印刷術の発見である。巻物から本への移行が中世という時代の始まりを告げたとすれば、活版印刷はその終わりを宣言したといえる。印刷術は長らく、あるひとりの人間の天才的なひらめきによって生まれたと信じられてきたが、実際には新しい技術を求める本の職人たちの組織的な探求の成果だった。開発は十四世紀に始まり、活字の発明はその最初の頂点かつ最終到達点であった。書き記されたテキストに依存する経済や政治の新たな形態、そして中世後期に高まってきた知に対する社会的な需要は、もはや個々に書写するという方法では満たされなくなり、文字情報を効率よく複写する手段の出現が待たれていたところでもあった。まずは木板画の技術を応用した木版印刷が有望だと思われた。板にテキストや挿絵を左右逆に彫り、着色して紙に摺《す》る。板に彫り紙に摺る作業は、手による書写と時間的にはほとんど変わらなかったが、木版印刷には、一枚の版木から何枚もの一枚刷りや木版本を製作できる利点があった。技術的にはまだ不十分で、柔らかい版木はすぐすり減ってきたし、摺りあがりの質はさほどよくなかった。版木のミスを修正したり、一度彫られたテキストを書き替えることもできなかった。マインツの都市貴族ヨハネス・ゲンスフライシュ、またの名をヨハネス・グーテンベルクは木版に代わるものを探し、より堅固な素材として金属に行き着いた。文字を一つひとつ反転して鋳造した活字を版上へ自由に並べて単語、文、ページを作るので、変更や差し替えもできる。また同時にネジ式の手引き印刷機も導入され、短時間で同一テキストを多数刷り上げることが可能になった。グーテンベルクが自分の発明品を世に出すまでには、何年にもわたる実験、改良、洗練が必要だった。となれば、印刷されたテキストが高い売り上げを見込めるものばかりだったのも不思議ではないだろう。断片のみ残っている、最後の審判をテーマにした詩は、世界の終わりの到来を恐れた当時の人々の心を捉えたことだろう。アエリウス・ドナトゥスのラテン語文法書は初等教育の教科書だったし、贖宥状《しょくゆう》は教皇カリストゥス三世が対トルコ十字軍の費用を捻出するために刷らせたものだった。一四五三年のコンスタンティノープル陥落を伝えたトルコ暦は、マスメディアのはしりだといえる。しかし新たな規範となりグーテンベルクの名声を不動のものとし、メディアの交替を決定づけた最重要作品はなんといっても、一四五二年から五四年にかけて一八〇部(三〇部は羊皮紙、残りは紙に)印刷されたラテン語の『四十二行聖書』だろう(図版20)。活字、装飾文字や彩飾木板を用いたグラフィックデザインは、明らかに写本を模範としている。本は、印刷されたのではなく、あくまで手で書かれたように見えるのがよいとされていた。ミスもかすれも修正もなく、均一で美しく、後に教皇の座にのぼりつめた高名な学者エネア・シルヴィオ・ピッコローミニが言うように、メガネなしでも苦労せず読める印刷本は、画期的だった。ただしその耐久性に関する疑いの念も強かった。修道院長を務めた人文主義者ヨハネス・トリテミウスはこう述べる。「文字は羊皮紙に書かれれば千年は生き残る。しかし紙に印刷されたものはどのくらい長持ちするだろうか。紙の本は二百年ももてばよいほうだ[34]」。彼は間違っていた。紙の本は数百年を生き延びたし、そのような誹謗の声が印刷本の快進撃を抑えることはできなかった。この発明の影響力の大きさから、グーテンベルクは二〇〇〇年に「ミレニアムの人」に選ばれ、その名前は時代の代名詞となった。一九六二年にマーシャル・マクルーハンが、印刷テキストが支配的メディアであった数世紀、二十世紀に登場するデジタル・メディアが、

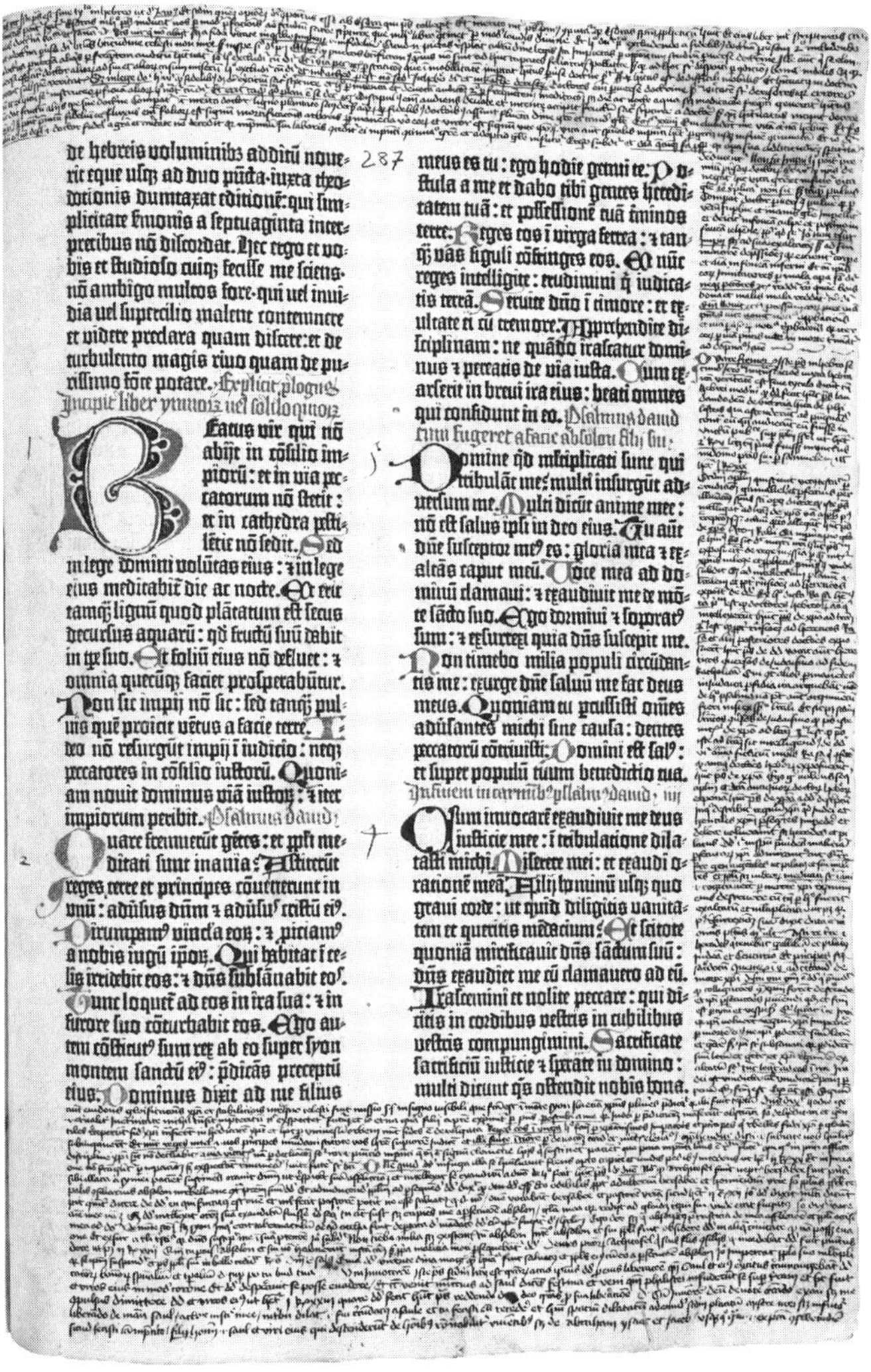

20　グーテンベルクの四十二行聖書（カッセル大学図書館、1454年）。印刷本は写本と同様に後から彩色され、挿絵がつけられた。本は印刷ではなく、あたかも手書きされたように見えなければならなかった。

それに完全に取って代わらないまでも競合してくる以前の時代を、「グーテンベルクの銀河系」と名付けたのだ。

印刷術と共に起こったのは本製作の根本的な変化だけではない。本の使用法、機能、形態も刷新された。本はもはや支配層だけのものではなく、ある程度の購買力をもつすべての人が手に入れられるものとなった。必然的に、地位を誇示するものとしての役割は小さくなり、本は個人の趣味嗜好に沿うように作られるのではなく、利益を追求する経済社会の法則に従う商品となって、非個性的な大衆をターゲットとして市場に出された。内容や発行部数は大衆のニーズが決定した。にもかかわらず十六世紀初めまで本の出版点数が一〇から一五パーセントしか伸びなかったのは、本を所有することを当然と考える識字層の数があまり増えなかったからだろう。より広範な人々が印刷物に触れるようになるには、新たなジャンルの登場が必要だった、それがビラ、パンフレットの類いである。わかりやすい挿絵を添えた一ページもしくは数ページのパンフレットには、気の利いた小話、不思議な事件、政治や宗教の最新情報が載っていた。宗教改革者（なかでもマルティン・ルター）、そして受けて立つカトリックの側も、この新しいメディアのもつ煽動的な宣伝効果にいちはやく気づき、論争と誹謗中傷の場として大いに利用した。宗教改革の最初の十三年間に、推定で一万部のパンフレットと一〇〇〇万枚以上ものビラが、書籍行商人、印刷業者、その他志を同じくする者たちの手によって民衆の元に届けられ、朗読、解説された。宗教改革がまたたく間に広がり、成果を上げたのは、広範囲に情報を行き渡らせるこの新しいメディアのおかげだと言っても過言ではない。それは己の信条のために闘う人間とその読者層を、時間と空間を越えて結びつけたのだ。

中世の文化は確かに書記文化ではあったが、口承の文化も併存していた。しかしいまや知は完全にそれを伝える人間個人から解き放たれた。それとともに知の容量は飛躍的に増加した。つまり「人が考え出し、口にできることはすべて」(ガスパリーノ・バルツィッツァ『正書法』一四七〇年)すぐさま紙の上に固定されたのである。(35)しかし量が増加したからといって思考の質が向上するわけではなく、おまけにずさんな仕事をする印刷業者も多数いた。奴らは邪神の手先だ、と『阿呆船』の中で作者ゼバスティアン・ブラントは罵る。奴らは儲けにしか目がなく、必要な修正を怠り、大嘘を広め、大衆のことばかり考えてテキストの価値を顧みない。

邪神は大きな船に乗り/使者を周囲に派遣して/虚偽を全土に告げ知らせ/虚偽の教えや信仰は/日ごとに勢力ましていく/それを後押しする本屋/書籍を火中に投ずれば/不正も虚偽も燃えようが/儲けばかりに気を取られ/あらゆる国から本集め/訂正すること考えぬ/虚偽の学問研究し/本は作るが改めず/同じ版を繰り返す/それは何かの悪だくみ/自業自得の出版屋/国外出奔しかたなし(『阿呆船』一〇三章七二行以下)。

しかし大量の知を体系的にアーカイブ化しなければ、後の世代に引き継ぐことができないのも確かである。これは、際限のないデータの網に巻き込まれ絡め取られて、知の基盤を失いかねない現代のデジタル知識社会が直面している危険性にも通じるところがある。初期近世はこの課題に対し、図書館の造築、綿密な蔵書カタログ、学問ジャンルごとの体系的な本の配架と百科全書の編纂で応えた。ポストモダンの世界は検索エンジンを駆使して、二進法で暗号化されて姿を消した知をモニターに再び呼び出し、解読する方法をとった。規模こそ違え、三度のメディア変革——口承から写本、写本から印刷本、印刷本からデジタルメモリー——には、同じような現象、問題、戦略が見られたのである。

# 第二章　注文製作

## 1　文学の中心地

十二世紀以前のヨーロッパ文学は、修道院と聖職者に占有されたラテン語の世界だった。その博識と書記能力、そして（宗教的な）詩作活動が合わさって文学を発展させていくなかで、後に俗語文学が書記化されていく際に模範とすることになる雛形が作り出されていった。中世初期の段階で、俗語の歌が歌われ、俗語の物語が語られていたことは確かだが、それが羊皮紙の上に書き記されることはごく稀で、もし書かれるとすればそれは、ラテン語による宗教的作品の写本に空きスペースが生じた場合にほぼ限られる。聖職者が文化教養を独占している限り、俗語の世俗文学は宗教的テキストを記した写本の見返しや余白の埋め草としての、文字通り「周辺」現象でしかなかった。英雄叙事詩『ヒルデブラントの歌』、謎めいた響きの『メルゼブルクの呪文』、西フランクの国王で八八一年にノルマン人を撃破したルイ三世を称えて無名の修道士が詠んだ『ルートヴィヒの歌』などがそれにあたる。意図して計画的に集録されたものではないこれらの作品が文学史上にその名を留めるのは、まさに幸運の賜物だというしかない。このような状況はしかし、十二世紀に世俗の領邦勢力が地盤を固めるのに伴い、劇的に変化したのである。

## 世俗の宮廷と宮廷社会

「旅する宮廷」というのは、初期中世において通常の支配形態だった。正統な支配権力は、それを担う人間の肉体的存在で顕示された。ゆえに臣下が君主の元にお願いにあがるのではなく、判決を下したり聖俗の封臣と交渉するときには君主が臣下の元を訪れるのだった。君主はもちろんひとりでは出歩かず、宮廷の面々を引き連れて移動する。推定によると、王に付き従っておよそ一〇〇〇人の集団が、もてなしの義務を負った城、司教座教会、都市のネットワークを渡り歩いた。ひとつの場所を中心として管理を強めていくという、修道院ではすでに取り入れられていた支配の形態は、このような状況下では不可能だった。変化が起こったのは十二世紀半、ザクセンのハインリヒ獅子公がブラウンシュヴァイクの宮廷を支配の中心と定めたのが最初で、一一七〇年にはバーベンベルク家がウィーンを本拠地とし、テューリンゲン方伯家がそれに続いた。この流れで各地に宮廷が次々と生まれ、制度的支配の中心地となり、後の領邦国家の重要な基礎を築くことになった[36]。この宮廷建設は、俗語による世俗文学の新たな成立という結果をもたらした。というのも宮廷という場所で初めて、書記と画家には必要なインフラストラクチャーが、詩人と読者には出会いの場所が与えられたのだ。貴族の宮廷は単なる住居ではなく、大勢の人間が密に生活を共にする政治の場だった。ヴェルフ六世の命により編纂された『ヴェルフェン家史』は、ひとつ屋根の下に住む全員が属する「屋敷《ドムス》」と「宮廷《クリア》」を分ける基準を初めて示した。宮廷とはその地域の中心となる定住地で、そこは「伯もしくはそれに相当する地位の人物が、すべての宮廷官職、つまり内膳頭、献酌官、主馬頭、侍従、旗手を管理する、王侯然とした[37]」秩序をもつ場所でなければならない。つまり宮廷とは支配者の家族、親族、従者、下僕、侍女らを含めた「ファミリア」だけでなく、宮廷官職を担う高位貴族、ミニステリアーレ（家人）としておもに行政を担当する下位貴族、そして軍事訓練を受ける多数の若者が属する場であったのだ。貴族としての格に上下はあれど、彼らはみな「騎士」という同じ理想を掲げていた。「騎士」が単に馬に乗って戦う兵士を表していた初期中世とは異なり、このころになると「騎士」は、そう呼ばれる人物に宮廷的な生活様式と道徳的責任感をもった行動を義務づける称号へと変化を遂げていた。

さらに宮廷には礼拝堂が必要だった。そこには聖職者がいて日々の礼拝を司るとともに、教師もしくは医師としての仕事もしていた。

特に重要なのは複数の書記と公証人ひとりを抱える尚書局で、たいてい宮廷礼拝堂付きの聖職者がその任に当たっていた。宮廷はこのように多様な人材をもって複雑な支配体制、社会体制を構成しており、小規模ながら「世界」として機能していた。名声を求める者はみな、この場所に惹きつけられた。そこには政治的野心家、行動力に富んだ向こう見ずな騎士、そしてまた遍歴の芸人、曲芸師、語り部、詩人なども集まり、狂騒状態となった。ヴァルター・フォン・デア・フォーゲルヴァイデはこう歌う。

耳の病に苦しむ者に、忠告をしてさしあげよう／テューリンゲンの宮廷は、避けて通られるがよろしい／行けばまことにその者は、聾になるは必定だ／私といえば恭しく、皆さまに挨拶してみたものの／出て行く人波、入る波、夜も日も途切れず大騒ぎ（L二〇・四―八行）。

宮廷のモットーは「見る、そして見られる」。人々は華麗な衣装に身を包み、豪華な食事に舌鼓を打ち、優雅な祝宴を楽しみ、宮廷のマナーコードに従ってふるまい、それによって権勢と影響力を誇示した。身分の上下を問わず中世人が直面しなければならなかった日常の厳しい現実は、見せびらかされる富と贅沢の前にかき消された。喜びと高揚を最高の価値とする輝かしい世界、そんな宮廷の祝祭の中で、美しい生活への憧れはつかの間であれ満たされたのだった。またヒルトガルト・フォン・ヒュルンハイムは有名な君主鑑『秘中の秘』のドイツ語訳で、「敵の保護」「敵の撃滅」をともに「宮廷的」という言葉で表現した。このように「宮廷的であること」は、政治の世界でも中心的価値を担うキーワードとして使用されたのである。そして「本の技」を知る者、つまり詩人は宮廷で特別な尊敬を得ていた。というのも彼らはその著作によって主君の名誉ある行為を不朽のものとし、宮廷の文化的水準の高さを世に喧伝する役割を果たしていたのだ。[38] たとえばハインリヒ・フォン・フェルデケは叙事詩『エネイーデ』の中で、主人公であるローマ建国の英雄エネアスとラウィーニアの婚礼を語る際に、一一八四年に皇帝フリードリヒ一世（赤髭王）が開催した宮廷祝宴について言及し、作中の若きカップルが催した祝宴に匹敵する、とそれを持ち上げることで主君を礼賛し、宮廷のありさまを示し、騎士の理想を掲げて見せたのである。フィクションと事実、詩と真実の境界は曖昧だ。フェルデケは語る。エネアスの婚礼ほど盛大な祝宴は、私がこの目で見たマインツの祝宴をおいて他にない、そこでは皇帝フリードリヒの二人の息子の騎士叙任式のため一〇〇〇マルクもの金が散財された。今なお生きている人間のなかに、これより大きな祝宴を見たことのある者はいまい、かくも大勢の人間が集ったことはかつてなかった、皇帝フリードリヒはたいそうな名誉を獲得した、人は最後の審判の日まで嘘偽りを申し述べることなくその驚くべき出来事を語り継ぐことであろう、百年先も語られ、記されるであろう（『エネイーデ』三四七・一三行以下）。

フェルデケの作品は、皇帝の二人の息子が剣を帯びた、つまり公の儀式を経て騎士となったことを伝える最初の記録である。「騎士」とはもはや職業ではない。宮廷社会に属し、その理想を共有していることを示すために、すべての貴族が獲得をめざす名誉ある称号となったのだ。騎士叙任式のために開催されたこの祝宴が、特筆すべき出来事だったことは疑いない。年代記作者も、ワインに食事、そして進物がこれでもかとばかりにふるまわれたことを記している。年代記はさらに、宴の終わりの悲劇、つまり桟敷《さじき》が崩れ落ち、その下敷きになって多数の死者が出たという事件についても伝えている。しかしフェルデケはそのことには触れず、またこの宮廷祝宴の目的は単なる宴会の喜びや皇子の騎士叙任ではなく、皇帝の立場を明確な形で示そうという政治的計算が背後にあったことも、物語には書かれていない。皇帝は宴のかたわら帝国諸侯との会談を行なうことで、追放からようやく戻ってきた政敵ハインリヒ獅子公に対し、誰が正統な支配権を持っているのかを見せつける必要があった。このような目的を達成するためには、身分にふさわしくふるまう姿を人々に見せることが重要である。身分にふさわしいふるまい、これが宮廷社会のモットーだった。目に見えない内面の徳は、形象としてみなの目に見えるように表現され、認識される[39]。表象は中世の支配関係を理解するうえで、中心となる概念なのだ。そんななかで文学は、王冠や王笏といった支配の象徴と並んで、自己演出の確実な手段であった。というのも文学は過去の名誉ある出来事の記憶を留めるだけでなく、特定の方向へ導くこともできる。フェルデケが行なったのは、まさにそれである。彼は宮廷祝宴という史実に依拠しつつ、その一部分だけを切り取って、不幸な事件を忘れさせるような一種の仮想現実を提示して見せたのである。その際彼は、自分やその他の人々がこの出来事を目撃したと証言することで発言内容の真実性を高め、同時にそれを本として書き記すことによって、将来繰り返し呼び覚まされ、また新たに語り直されることになる記憶の物語を作り上げる。さらに古代ローマの物語と現在の出来事を結びつけることで、ローマ建国の祖であるトロイアの王子エネアスからフリードリヒ一世への皇統の継続を示して、効果的なやり方でシュタウフェン朝の帝位請求を正当なものと主張した。このように宮廷、宮廷騎士社会そして文学は複雑に絡み合い、影響し合っていたのだが、表象と自己演出の場としての宮廷が、世俗文学に格好の土壌を与えたことは言うまでもない。文学は新しい価値観や行動様式を広めるメディアであるばかりでなく、理想的な規範に則ったためざすべき世界を描くことにより、現実社会に影響を与える役割を果たしたのである。中世の文学世界は、政治や社会の発展と切り離されることは決してなく、常にそれに応答しつつ、生活の中にしっかりと足場を築いていた。それを証明するのが、ヴィーンハウゼン修道院のトリスタン・タペストリーのようにみごとな刺繡を施した壁掛けや、城や市庁舎の壁に描かれた物語絵など、日用品や家具などに描かれた、文学作品をテーマにした数多くの図像表現である。世俗の絵で空間を飾った最も古い例は、南チロルのロデンゴ城（ローデネク城）で十三世紀初頭に製作された「イーヴェイン・フレスコ画」で、もともと大広間として使われていた部屋の四方の壁にハルトマン・フォン・アウエ作『イーヴェイン』の物語が描かれ、騎士と名誉、支配権の獲得と喪失の危機、騎士の戦闘技術、「野人」に象徴される非宮廷的世界の排除、宮廷的な衣装と身のこなしなど、宮廷社会にとって最も重要なテーマを表現している[40]。物語の場面がこのように貴族の生活を取り囲み、理想的な生活様式で満たし、彼らの自己演出に必要な枠組みを与えている。文学の中の理想的な人物像に、彼らは自らの行動の指針を発見するのである（図版21）。

## 聖職者の宮廷

世俗文学への関心は、世俗の宮廷に限られたものではなかった。十一世紀バンベルクの聖職者がすでに、当地の司教の英雄叙事詩好き、吟遊詩人好きを嘆き、このような「宮廷文学」は野卑でキリスト者にはふさわしくない、と批判した。しかしいくら嘆いても無駄だった。世俗の物語を好んだのはバンベルク司教だけではなかったのだ。そのことは『ニーベルンゲン哀歌』の中に、『ニーベルンゲンの歌』を書き下ろさせたのはパッサウの司教ピルグリムだと記述されていることからもわかる。おそらく実在

21 ロデンゴ城にあるハルトマン・フォン・アウエ『イーヴェイン』のフレスコ画（一部）、1220/30年頃。ロデンゴ（ローデネク）城はプステリア峡谷の端にある。野人がイーヴェインに泉の冒険への道を教える場面。イーヴェインはこの冒険にみごと成功するが、それは危険に満ちた長い修行の旅の始まりに過ぎなかった。

のパッサウ司教ヴォルフガー・フォン・エルラが『ニーベルンゲンの歌』成立に少なからぬ役割を果たしたことが反映されたのであろう。ヴォルフガーはヴァルター・フォン・デア・フォーゲルヴァイデの歌も好んだらしく、会計簿にはヴァルターへの報酬が記載されている。この会計簿はヴァルターに関して残っている唯一の史料で、ヴァルター研究においても重要視されているが、同時に高位聖職者の世俗文学への関心を証明するものでもある。そもそも聖職者たちは、この世の贅沢を諦めていたわけではなかった。十二世紀の年代記作者は、フリードリヒ一世の側近でもあったケルン大司教ライナルト・フォン・ダッセルが「そのはかない肉体をみごとな仕立てのギリシア産絹織物とロシア産の毛皮で」飾り立てていると、不満げに述べている[41]。文学と歌手の朗唱は、宮廷の華麗な生活の一部だった。ライナルトの宮廷にはラテン語詩人アルヒポエータがおり、大司教の旅にも常に同行していた。ライナルトはドイツ語作品にも関心を持ち、『アレクサンダーの歌』を僧ラムプレヒトに創作させたと考えられている。ここに名前を挙げた高位聖職者は例外ではなく、聖職者階級は世俗の享楽にふけっているとたびたび非難された。宮廷的生活様式は聖職者の宮廷から排除されていたわけではなかったし、そこでは詩人もエンターテイナーとして歓迎されていたのである。

## 都市と市民

十二世紀には都市も飛躍的に発展した。人口の増加、手工業技術の革新、盛んな遠隔地貿易は数多くの都市を新たに生み出し、すでにある都市の機能を拡充させた。石造りの家屋が木造家屋に取って代わり、通りと広場が整備され、ツンフトが結成され、行政機関と条例が集団生活を組織的に管理していた。市参事会が政治に携わり、都市貴族や裕福な商人らと共に上流階級を、手工業者と商人が堅実な中流階級を構成し、学校、大学が教育のための条件を整えていた。経済的に豊かで強い自意識と高い教養を持つ市民たちと、彼らが集中して暮らしている都市という狭い空間は、文学の成立と普及にとって好条件を備えていた。都市では十分な支払いをしてくれる注文主と、作品を歓迎する民衆と、本を製作するための材料と書記が詩人を待っていたのだ。そこでの文学活動は、貴族の宮廷でのものと変わるところがなかった。都市文化と宮廷文化は対立するものではなく、互いに強く結びついていた。司教は都市に宮廷を構え、貴族は都市に家を持ってそこでの生活を楽しんでいたのだ。そして市民は市民で、宮廷風の生活様式を取り入れるのに躍起になっていた(42)。この都市文化と貴族文化の融合を、イタリアはボルツァーノ近郊のロンコロ城（ルンケルシュタイン城）で見ることができる。オーストリア公レオポルト四世の顧問官、代官を務めた市民ニクラウス・フィントラーは一四〇〇年頃、この城の三つの部屋の壁に三つの物語の絵を描かせた。ゴットフリート・フォン・シュトラースブルク作『トリスタン』（図版22）、ヴィルント・フォン・グラーフェンベルク作『ヴィーガロイス』、デア・プライアー作『花咲く谷のガレル』である。それだけではない。ファサードにはダビデ、アレクサンダー大王、アーサー王、カール大帝など王や皇帝たち、パルツィヴァール、ガーヴェイン、イーヴェインなど円卓の騎士たち、有名な恋人たち、英雄叙事詩に登場する伝説の英雄、巨人族、小人族など、フィクション、ノンフィクション取り混ぜた人物像が三人一組で描かれ、さらに大広間の壁を飾る宮廷の雅な生活の諸場面がこの文学的空間演出に花を添えている。ここには市民であるフィントラーが持つ伝統への傾倒、市民としての自意識、そして当時すでに没落しつつあると認識されていた貴族階級の正統な後継者であるという自負が、まさに目に見える形で表現されているのである。描かれた場面のモチーフはすべて宮廷文学から取られている。都市をテーマとした情景には関心がなく、また文学にも都市はまだ描かれていなかった。一方、演劇文化の発展は都市文化と密接に結びついていた。都市の広場は宗教劇、世俗劇の舞台として使われていたし、役者も観客も揃っていた。多くの都市では上層部が時節に合わせてプロの劇作家に台本を書かせ、市民を楽しませるだけでなく教化するという目的を持って、自ら盛大な上演を執り行なった。たとえば謝肉祭劇はカーニバルの狂騒がコントロールできなくなるのを防ぐため、受難劇や降誕劇は正しい信仰を守らせるため、（同）時代劇は政治的姿勢に影響を与えるために上演された。その際重要視されたのは、都市の力を示すことよりは、文学のモチーフを使って都市の秩序を安定させようという側面だった。

22　ロンコロ（ルンケルシュタイン）城トリスタンの間、西側壁画、1388年以降。イタリア、ボルツァーノ近郊。トリスタン連作の第6シーン。3つのエピソードが異時同図法で描かれている。中央は湯浴みをするトリスタン。その左でイゾルデがトリスタンの刀の刃こぼれから、彼こそが伯父モーロルトの仇であると知る。右では侍女ブランゲーネがトリスタンを殺そうとするイゾルデを止めている。

## 2 文学愛好家とパトロン

文芸を奨励するパトロンは、文学制作と深く関わっていた。中世の文学は後に買い手が見つかることを期待して書かれるのではなく、すべて注文制作で、まず「購入」され、それから制作された。その意味ではパトロンは、文学制作にとって作者と同じくらい重要だった。その状況をよく示しているのがカッセル版『ヴィレハルム』冒頭の挿絵で（図版23）、イニシャルの中のひざまずいて祈る人物が、楕円形の身光《マンドルラ》の中に座る審判者キリストに手を差し伸べている。ミパルティと呼ばれる左右の身頃の色が異なる衣装は主人公ヴィレハルムのものと同じだが、欄外の紋章からこの人物は、ゴシック小文字体を用いてラテン語で記された奥付に注文主として名前があげられている、ヘッセン方伯ハインリヒ二世であることがわかる（カッセル版『ヴィレハルム』三九五葉裏）。冒頭イニシャルの中のスペースは本来作者に与えられるものだが[43]、作者ではなく注文主のハインリヒがその中に入り、主人公と自らを重ね合わせ、「すべての知の源」という第一行の文言で神に呼びかけるこのテキストと自分が、強く結びついていることを表現している。ページ下部の欄外装飾の中で、書見台もしくは書写台に向かう男性が指し示す開いた本のページにも、この冒頭の文言が記されている。この男性が作者なのか読者なのかはわからないが、このページに表現される上下関係は見逃すわけにはいかない。作者も読者も、パトロンの意のままなのだ。パトロンの好意、文学の好み、財力がいつ、どの作品を書き、集め、書写するのかを決定

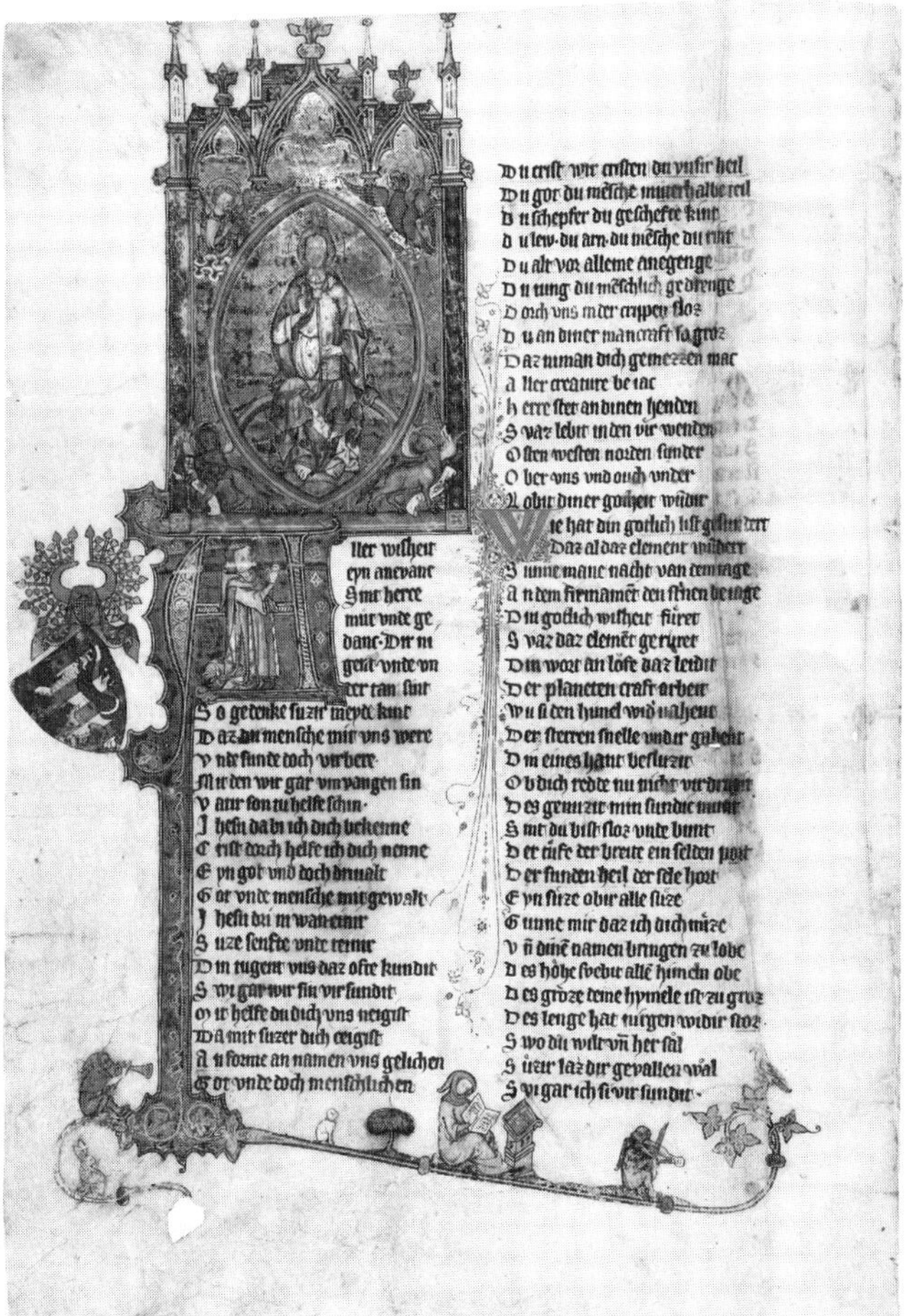

23　カッセル版『ヴィレハルム』写本（カッセル大学図書館、2° Ms. poet. et roman. 1、fol. 1v、1334年）。縦7行分を使ったイニシャルの中に、紋章のおかげで方伯ハインリヒ2世とわかるパトロンが、主人公ヴィレハルム同様にミパルティの衣装を身にまとって、マンドルラの中のキリストに跪いて祈りを捧げている。

する。自分の文芸奨励活動を宣伝したのはハインリヒ二世だけではない。高位・下位貴族、聖職者、市民、女性などさまざまな名が作品の中に記されている。通常は作者自身が、物質面、資金面での援助に対する感謝を込めてパトロンの名前を挙げるのだが、著名な人物の注文を受けたことで作者の名声が高まるという効果もあっただろう。

## パトロンの権利と義務

修道院の場合と違って、世俗の注文主の関心は、古くから知られたテキストの書写というよりは、目新しい流行のテーマ、そして物語というジャンルにあった。新しいテーマといっても、中世の作者は物語を自分で考え出すことはしなかった。彼らの仕事は新たな解釈で語り直す、表現を洗練させる、エピソードを補う、順序を変える、省略するなど、原典を改作することだった。改作する原典を見つけるのは注文主の仕事だった。円卓の騎士の物語を書くよう作者に注文を出すからには、基にして書くべき原典を作者に渡さねばならない。原典が写本の形で渡されるとは限らず、口頭で示されたと述べる作者もいる。ベルトルト・フォン・ホレは騎士物語『クラーネ』の中で読者に対し、「ブラウンシュヴァイク公ヨーハン殿が私にまことの物語を語ってくださった（二五行以下）」と明かしている。笑話『ウィーンの航海』の作者で、「フロイデンレーレ（幸なき男）」と名乗る人物は、いつも真実を語る信用できる人物、城伯ヘルマン・フォン・デーヴェンから基になる話を聞いたと主張している[44]。

しかしロマンスや歴史物など長い叙事詩ともなれば、原典となる写本が必要だっただろう。たいていそれはフランス語で書かれていた。ハインリヒ・フォン・フェルデケはフランス語の『エネアス物語』、ハルトマン・フォン・アウエはフランスの詩人クレティアンの『エレックとエニード』、ヴォルフラム・フォン・エッシェンバハは（自分では言わないが、間違いなく）クレティアンの『ペルスヴァル』やギョームをめぐる武勲詩を参照している。アーサー王物語はブルターニュ地方で生まれ、ギリシア・ローマの物語もドイツ語圏よりフランスに先に取り入れられていた。

欲しい原典をすべて手に入れるためには、「国際的」な人脈が必要だった。ドイツとフランスの権力者同士の結婚を機に、写本が受け渡しされることが多かったが、偶然が作用することもあった。ウルリヒ・フォン・ツァツィクホーフェンは、第三次十字軍遠征の帰路虜囚となったイングランド王リチャード一世の身代わりに人質として送り込まれたノルマン人貴族ユーグ・ド・モルヴィルから、旅の慰みに持参した『ランツェレト』のフランス語写本を手に入れたと語っている（『ランツェレト』九三三二行以下）。写本を持っている者同士、互いに情報を交換し、新たに作品を書かせるため写本を交換したこともあったらしい。たとえばテューリンゲン方伯ヘルマン一世は、ライニンゲン伯がブノワ・ド・サント＝モールの『トロイア物語』の写本を所有していることを知っており、それを基にドイツ語作品を書かせるために送ってもらった（ヘルボルト・フォン・フリツラル『トロイアの歌』九四行以下）。ヨーロッパ中の高位貴族が集う大規模な宮廷祝宴や、国際貿易の取引が行なわれる都市は、文学の「新刊」や原典となる外国語写本の中継地でもあった。

パトロンが原典を作者に渡すだけでは満足しないこともままあった。作品の形式や内容に関してはっきりとした意見を持ち、制作に積極的に関わってくる注文主は多かった。しかし作者が主導権を譲らないこともあった。たとえばタイトルを『黄金の宝石』としてはどうかというハインリヒ獅子公の提案は、学識ある作者に却下された。作者はこの書物が「（知を照らす）燭台である」という理由で『ルキダーリウス（光をもたらす者）』と名づけたのである。作者はテキストを韻文で書きたかったのだが、これは獅子公に禁じられた。公は「真実」を、つまりラテン語原典の忠実なドイツ語訳を求めていたのだ[45]。同じように獅子公の孫にあたるバイエルン公妃アグネスは、ラインボト・フォン・ドゥルネに『聖ゲオルク』を執筆させる際、彼の技量と希望にもかかわらず「文章を練り、絵空事で飾り立てる」ことを禁じた（四六行以下）。作者の残念な気持ちは作品の中に示されているが、二人とも逆らうことはしなかった。注文主は作品の文体に関しても発言権を持っていたのだ。

当然のことながら、注文主の好みが作品選びに反映された。多くの場合、「好み」は個人的なものではなく、時代の傾向だった。とはいえ、時代の流行がすべて取り上げられたわけではなく、特定のテーマや内容が取捨選択されたことが、注文主のプロフィールに浮かび上がってくることもある。たとえばテューリンゲン方伯ヘルマン一世。当代きっての領邦君主のひとりであるヘルマンにとって、文化活動と政治的権力闘争は緊密に結びついていた。彼は主要な三つの城――ヴァイセンゼー、ノイエンブルク、ヴァルトブルク――の改築に力を注ぎ、しっかりとした行政機構を駆使して領地を支配した。彼の庇護のもと、テューリンゲン・ザクセン絵画学校が豪華写本を製作したが、そのなかのひとつ『方伯の詩編』には、寄進者としてヘルマン夫妻の肖像が描かれている。

パトロンとしてヘルマンの名を挙げている詩人は多い。ヘルボルト・フォン・フリツラルはヘルマンから渡されたフランス語原典をもとに、彼のために『トロイアの歌』を書いたと記す（九二行以下）。『トロイアの歌』は、これまたヘルマンの支援により制作されたハインリヒ・フォン・フェルデケの『エネイーデ』の中ではごく簡単に触れられるだけだった、トロイア戦争について語る。作中にフェルデケの名が記されている（一三七九行以下）ことからみても、テーマの重なりは偶然ではないだろう。完全韻を使用している点でヘルボルトは形式的にもフェルデケを踏襲しているが、語りの文体はまったく別物である。『エネイーデ』を原典のひとつと考えていたとしても、ヘルボルトはフェルデケ作品の中でとりわけ重要な宮廷的シーンをカットし、代わりに事件を年代順に並べて、戦いのシーンを騎士的栄光とは無縁に情け容赦なく描写した。ひょっとするとヘルマン方伯が『エネイーデ』は情報不足だと判断し、それを補うための歴史作品を書かせたのかもしれない。ヘルボルトは要請をきわめて厳密に受け取り、注文主に特別なオマージュを捧げるため、テューリンゲンの紋章の紅白縞ライオンをギリシア軍の紋章とした（一三三一八行以下）。あるいはヘルボルトではなく、自分の家系のルーツがギリシアにあるとしたいヘルマン方伯のアイディアだったのだろうか。それは珍しいことではなかった。中世の有力家系の多くは伝説的祖先をでっち上げて自らの一族の威厳を「証明」し、支配の正統性を強調していたのだから。

ヴォルフラム・フォン・エッシェンバハの『ヴィレハルム』も同様に史実を基にしている。これもまたヘルマン方伯の肝いりで制作されたもので、後の世代の詩人たちもそのことを知っており、この仕事のおかげで方伯には天上の場所が与えられたと歌っている。

テューリンゲン方伯ヘルマンは／ナルボンヌのヴィレハルムの／フランス語版を見つけ／ドイツ語に書き表させた／それで天上に引き上げられた／方伯はその本の創造者／エッシェンバハのヴォルフラム殿に／原典をお与えになったのだから／ヴォルフラム殿がヴィレハルムについて／語れたのも方伯のおかげ（ラインボト・フォン・ドゥルネ『聖ゲオルク』三四―四三行）。

執筆だけでなく執筆させることも、多くの罪を帳消しにする賞賛に値する仕事であり、作品を作り出したのは作者ではなく注文主だと考えられていたわけである。

ヴォルフラムが『パルツィヴァール』制作中もテューリンゲンの宮廷との関係を維持していたことは、作中に挟まれるコメントからもわかる（三七九・一七行以下、六三九・一一行以下、二九六・二五行、二九七・一六行)。数多くの歌の中でテューリンゲン宮廷を賞賛したり、けなしたりしたヴァルター・フォン・デア・フォーゲルヴァイデも当宮廷の廷臣を自称しており、どんな官職かはわからないものの、少なくとも一時的にはこの地に滞在したことがあったと考えられている。

ギリシア・ローマ古典好みの方伯ヘルマンはさらにアルブレヒト・フォン・ハルバーシュタットに、オウィディウスの『変身物語』翻案を依頼した。この作品は残念ながら、十六世紀半のゲオルク・ヴィクラムによる改訂版でしか残っていない。もし仮に、古代ローマの内乱を詠ったルカヌスの『ファルサリア』写本の欄外に書き込まれた「H、神の恩寵によりテューリンゲン方伯およびサクソン宮中伯」(一葉表)がヘルマンの蔵書印だとするなら、ヘルマンは実際に古代ローマのテキストを所有していたということになる。(46) 方伯は格言詩と歴史物、とりわけ古典の素材に魅了されていた。当時大流行していたアーサー王物語には、ほとんど関心がなかったらしい。ヘルマンは十四世紀の『ラインハルツブルン修道院年代記』できわめて教養高き支配者と絶賛されているが、(47) それが文芸活動を奨励したからなのか、彼が選んだテーマが教養の高さを示していると言っているのかは判断しがたい。

ヘルマン方伯は一二一七年に亡くなった後も、作品の登場人物として生き続けた。最も気前の良い君主は誰かをめぐって詩人たちが歌で争う『ヴァルトブルクの歌合戦』では、物語の中心的存在だ。生死を賭けた戦いに挑むのはヴァルター・フォン・デア・フォーゲルヴァイデ、ヴォルフラム・フォン・エッシェンバハ、ラインマル・フォン・ツヴェーター、ビテロルフ、デア・トゥーゲントハフテ・シュライバー、ハインリヒ・フォン・オフターディンゲンといった有名無名の詩人たち。オフターディンゲンが戦いの口火を切る。オーストリア公に匹敵する気前の良さを持った君主を三人挙げられる者がいるなら、自分はこそ泥のようにお縄につこう、というのだ。丁々発止のやり取りの後、ついにヴァルターが機転の利いた問いでもってテューリンゲン方伯の勝利を確定する。騙されたと思ったオフターディンゲンは、ハンガリーの詩人クリングゾールを審判にと要請する。他の詩人たちはオフターディンゲンをアイゼナハの首切り役人に引き渡そうとするが、そこに方伯夫人が現れてみなの心をなだめ、オフターディンゲンはクリングゾールを迎えに行くことになる。歌合戦はここで、勝敗が決せぬまま終わる。

このフィクションにすぎない物語は、おそらくはヘルマンの子孫のひとりを文芸の奨励者として称えるために、歴史的事実として史書に取り入れられた。史実と文学は再び入り交じる。マネッセ写本においてクリングゾールは、『パルツィヴァール』に出てくる同名の魔術師の雰囲気を身にまといつつ、論争詩の作者として登場する。物語の登場人物が実在の詩人となり、また歴史上の人物が物語に取り入れられるのだ。ハインリヒ・フォン・オフターディンゲンはライバルたちとともに、ロマン派の詩人ノヴァーリスによって、自分の名をタイトルとした未完の教養小説（邦題は『青い花』）の主人公として甦った。そして一八五四年には画家のモーリッツ・フォン・シュヴィントが、この物語の舞台であるヴァルトブルク城の大広間の壁面に歌合戦の場面を描いた。現在年間一〇万人もの観光客がここを訪れ、ロマンティックな中世に心奪われている。

## 貴族の教養

いろいろな意味でヘルマン方伯は例外だっただろうが、大小の君主の多くが他国における文学傾向を熟知したうえで原典を貸し借りし、高度な専門知識をもってテキストへの積極的介入を行なっていた事実は、中世の貴族がみな度を超えた酒盛り、狩猟、肉体的欲望の発散に夢中で、勉学など時間の無駄と考える粗野で無教養な輩であったという、根強い紋切り型イメージとは相容れない。だがこのイメージは、中世においてすでに聖職者たちによって宣伝されていたものだった。彼らは当世の教養の衰退を嘆き、子供が当然のごとく読み書きができ——つまり学校教育がしっかりとなされ——大人たちが知恵を持って高潔な人生を送っていた、かつての黄金時代を褒め称える。

かつての良き時代には／子供はみな字が読めた／そのころ貴族の子供らは／賢かったが、いまはだめ／そのころ世界はすばらしく／嫉《ねた》みや憎しみなどはなく／技能と知恵のおかげで／誰もが名誉を享受した／君主らはみな教養高く／それゆえ賞賛されていた／いまや君主は賢くもなく／だから名声を得ることもない（トマジーン・フォン・ツェルクレーレ『イタリアの客人』九一七九―九〇）。

これは古き良き時代に対するノスタルジックな憧憬と、どの時代でも人々が抱く、悲しいほどひどい現実に対する嘆きである。支配者たちの驚嘆すべき教養を興奮気味に歌い上げる賛歌同様、額面通りに受け取るべきではないだろう。どちらもよく知られた常套句であり、たいてい特定の目的のために利用された。真実は対極的な常套句の中間にあるものだ。教育制度改革に熱心だったカール大帝のような人物でさえ、伝記作家のアインハルトによれば、読むには読めたが、書くほうは努力したにもかかわらずほとんどできなかった。中世末期まで多くの君主がカールと同様だったし、より低位の貴族ではなおさらそうだっただろう。そこから「粗野で学問嫌いで、衝動によってのみ生きている騎士」というイメージが生み出された。トマジーンのような聖職者が、そのようなイメージを持ち出すことで、自分たちが教養を独占していると喧伝しようとした結果、今日なお中世作品のリメイクや騎士物語では、繰り返しそのような、明らかに誇張された人物が描かれることになった。しかし教養はなにも読み書きの能力に限られるわけではない。貴族たちは——証拠はたくさんあるのだが——朗読を聞いて記憶することで知識を獲得していたのだ。そして宮廷文学のなかに読み書きのできる騎士が多く登場するのは、この能力が当然とまではいかずとも、決して珍しい例外ではなかったことを示している。とはいえ、それだけで「学識がある」ということにはならなかった、「学識」にはラテン語の知識が必要であり、そこまでの教養を持つ貴族は実際のところ稀にしかいなかった。

## 女性の教養と女性のパトロン

男性より女性のほうが、読み書きができて当然と考えられていたようだ。『ザクセンシュピーゲル』によれば、「婦人たちが読むのを常とする（一・二四・三）」宗教的な本は、女性の財産とされていた。詩編を読む女性の姿は造形芸術によく描かれるが、この場合の本は、それを所有する女性の非のうちどころのない完全性を表している。近寄りがたい想い人を前に、焦がれる男はこのようなため息をもらす、「恋しいお方、私の女王様……あなたは『詩編女』になってしまわれるのですか」（シュタインマル、一一・三四、三六）[48]、つまりこの女性は、男性の熱情にも恋の歌にもまったく興味がなく、詩編の祈りに没頭しているのである。しかし世俗の宮廷の中では、女性の読書は精神修養のためではなく、楽しみのためであるのがよいとされていた。ゴットフリート・フォン・シュトラースブルクは、「アイルランドの驚異」である麗しの王女イゾルデを、宮廷が認める女らしさを身につけた女性として描いている。イゾルデはラテン語も含め、複数の言語を理解する。音楽の才能もまたすばらしい。

フランス語ラテン語を解し／フィデルをばまことにみごとに／フランス風に奏でる／彼女の指先は／ライアーをひとたび手に取れば／鮮やかにこれをつま弾き／ハープを与えられれば／音色を巧みに操った（『トリスタン』七九八六行以下）。

さらに彼女は美しい声で、当時のありとあらゆるジャンルの曲を歌い、言葉を紡いでさまざまな詩を作り、「書くことも読むことも（八一四一行）」できた。それらの才能に加え、この世のものとも思われぬ美貌、優雅さ、抑制のきいた身振りでもって、イゾルデは社交界のエンターテイナー、宮廷人の目の保養としての役割を完璧に果たしていた。ゴットフリートはここで、音楽的技能を教育の中心に置き、そしてそれを宮廷貴婦人に求めるという、フランスをお手本とした宮廷文化における教養の規範を、イゾルデという理想型で述べているのだ。このように女性が人前に姿をさらすというのは、慎み深く、針仕事など家事に励み、読み書きの能力はあっても世俗の楽しみごとに使うべきでないという、女子に対する通常の教育方針とは、明らかに一線を画している。現実の女性たちはイゾルデのようには育てられず、宮廷の華やかな祝宴ともほとんど無縁であった。しかし物語の中の完璧な登場人物たちのようにはなれなくても、読者にとって彼らは努力目標ではあったと思われる。さもなければ、このような女性を理想像として描いた作品が、これほど共感を呼ぶことはなかっただろう。さらに貴族の女性は、物語の中のイゾルデのような、洗練されたエンターテイナーといった役割に留まらず、自ら積極的に文学活動に参加した。彼女らが具体的にどの部分を担ったかは、名前が挙がることが少ないのではっきりしない。おそらく、ドイツ語圏ではごく少数の例を除いて女性が政治的官職に就くことがなかったため、作者にとって彼女たちの名を挙げるメリットはさほどなく、加えて女性の側の自己顕示欲も男性ほどではなかったという事情もあったのだろう。女性が摂政として自主的に権力を行使していた場所では、状況はまったく異なっていた。アリエノール・ダキテーヌや彼女の娘マリ・ド・シャンパーニュのような女性が主宰する宮廷は、フランスの文学、芸術、音楽の中心地として傑出した地位を得ていた。我こそはと思う芸術家はみな、その宮廷に押し寄せたのだ。当時のフランス詩人で、彼女らの注文を受けなかった者はない。これに匹敵するような宮廷はドイツにはなかった。しかし貴婦人——つまり女性一般ではなく高位の女性——に対する多くの献辞や呼びかけは、ドイツでも女性がパトロンとして熱心に文芸支援をしていたことをうかがわせる。

## パトロンの不興と死

詩人たちがパトロンに期待したのは、まず第一に仕事場と材料の提供、そして相応の報酬だった。彼らにとって「寛大さ」は、主君が持つべき最高の美徳であった。この場合の「寛大さ」は現代の意味での「広い心」ではなく、「気前の良さ」に他ならない。物語のヒーローはみなすべからく理想的に気前が良く、『ヴァルトブルクの歌合戦』では気前の良さをめぐって争われ、食い扶持を求める放浪詩人のための旅行案内書としても使われたタンホイザーのきわめて技巧に富んだ舞踏歌「ライヒ」でも、気前の良さが中心テーマとなっている。過去のとりわけ有名なパトロンの例に並んで、当代の一四の宮廷とその君主たちの名が挙げられているが、そのほとんどが史料にも名が残る人物たちである。これはまさに文学地図であり、放浪詩人はこれを頼りに、金になる作品の注文を獲得することを夢見て、有望な場所をめざすことができた。(49)

パトロンの死や不興は、文学プロジェクトの危機もしくは終焉を意味した。それについてアルブレヒト・フォン・シャルフェンベルクほど明快に述べる者はいない。

私アルブレヒトは物語の達人／しかし試合の場から撤退することとなった、ある君主の／援助の槍が折れてしまったがゆえに、そのお方の名を挙げれば／遠くの国でもドイツでも、みながご存じのあのお方（『新ティトゥレル』五八八三行以下）。

詩人は馬上槍試合のメタファーを使って、理由は述べずに寵愛を失ったことを述べている。彼は極貧の境遇を嘆きつつ、不満をもらしながら作品を短く切り上げて、なんとか仕事にけりをつけた[50]。ヴァルター・フォン・デア・フォーゲルヴァイデは、パトロンであるオーストリア公フリードリヒ一世の死後、歩くときは「クジャクのように（頭を垂れて）（L一九・三二）」歩き、ついにはオーストリア宮廷に居場所を失って、すごすごと立ち去らざるを得なかった。ヴォルフラム・フォン・エッシェンバハは『ヴィレハルム』の中で、仕事が唐突に断ち切られることに対する不安を述べているが（四〇二・一八以下）、実際この作品は未完に終わった。このようなことは珍しくなかった。詩人の手からペンを奪うのは自らの死だけではなく、むしろ原因はパトロンの意向もしくは死であることが多かったと思われる。ひとりの作家が複数の作品を未完のままに終わらせていること、また未完で終わるのはたいてい世俗の叙事詩で、宗教叙事詩や教訓詩には少ないという事実も、その推測を裏付けている。詩人の死によって作品が中断した場合には、他の詩人が引き継いで仕事を完成させることもあったが、どんな理由であれパトロンが物質的援助を打ち切ってしまうと、もはや作品を完成させるすべはなかった。

## 収集欲か、政治的計算か

写本盗難という異例の理由で仕事の中断を余儀なくされた事件を、『エネイーデ』のエピローグが伝えている。作者であるハインリヒ・フォン・フェルデケは全体の三分の二ほどを書き終えた段階で、「ある争いのため」写本を失ってしまった。この写本は、フェルデケの注文主であったクレーフェ伯息女に、目通ししてもらうため渡されていた。彼女はテューリンゲン方伯ルートヴィヒ三世との婚礼の際に、それをある女官に預けたのだが、ハインリヒという名の伯に奪われ、故郷のテューリンゲンに持ち帰られてしまったのだ。伯は九年間も写本を手元から離さず、フェルデケ自らテューリンゲン宮廷に赴くことで、ようやく写本は作者の手に戻った。仲介してくれたテューリンゲン方伯とその子息らは作品を高く評価し、完成させるようフェルデケに改めて依頼した。そのためか、最初のプランとは少々異なる結末となったと、フェルデケは語っている（三五二・一九―三五四・一）。

これは、本を集めるためなら盗みもはばからない「文学フリーク」の話だろうか。威信を求める欲心なのか、それとも政治的ライバルに対する攻撃なのだろうか。間違いなく言えるのは、ドイツ文学史上初めて宮廷的・騎士的理想を賛美の念を持って描き出し、宮廷叙事詩に新たな規範をもたらした『エネイーデ』のような作品の、それもまだ公開されていない写本を所有しているとなれば、世の評判になるということである。それどころか、重要人物を惹きつけて有望な政治的・経済的関係を結ぶきっかけを作ってくれるかもしれない。実際、写本を盗まれたクレーフェ伯息女マルガレーテもしくはその夫は、物心両面に損害を被ったのである。犯人の「ハインリヒ」が誰であるかによって、想定される動機は異なってくる。容疑者は二人、テューリンゲン方伯家のハインリヒ・ラスペと、方伯家のライバルであるシュヴァルツブルク家のハインリヒ一世。現存する写本のうち三つは、後者を犯人と名指している。

フェルデケ研究者は、この中世の窃盗事件を探偵並みの推理で追っている。というのもどちらが犯人かによって、作品の成立年代と事件の解釈が変わってくるからだ。長らくハインリヒ・ラスペ犯人説が有望視されていたが[51]、近年はシュヴァルツブルク家のハインリヒ一世の犯行という説が有力になってきている[52]。方伯ルートヴィヒと良好な関係にあった弟が、方伯から写本を奪い取る理由がないのに対し、方伯のルードヴィンク家と反目していたシュヴァルツブルク家のハインリヒには、明らかに動機がある。フェルデケも写本の紛失理由を「争いのため」と述べており、だとすればラスペ犯行説の時とは異なり、文学愛好は少なくとも主要な動機ではなくなる。シュヴァルツブルクのハインリヒが、物語が最初のプランと異なる結末になった原因かどうかについては、何の証拠もないが、写本泥棒が政敵だったかもしれないという事実は、十二世紀の文学作品がきわめて高い価値を持っていた証であろう。こちらのハインリヒが犯人だとすると、作品の成立年代が変わってくる。つまりフェルデケが写本を取り戻したのが、ハインリヒ・ラスペが死んだ一一八〇年ではなく、シュヴァルツブルクのハインリヒの没年である一一八四年ということになるのだ。シュヴァルツブルク家の後継者は争いを続ける気がなく、逆にテューリンゲン方伯家の庇護下に入ることにした。であれば盗まれた写本を引き続き手元に置くことは考えなかったであろう。フェルデケは一一八六年より前に作品を完成させたと思われる。というのもこの年に方伯ルートヴィヒはマルガレーテと離婚しており、以後に作品が完成されたとすれば、フェルデケがマルガレーテの名を作中に記すことはないと思われるからだ。ともあれ、ハインリヒ・ラスペ説にも相応の論拠があり、いずれにせよかなりの推測が含まれるので、どちらかに決めることは難しい。そんななかで確実なのは、新作物語の写本は物としても内容としても重要であったこと、政治的行動と文学的興味は分かちがたいこと、そして宮廷文学の発展は文学外の条件にかなり左右されるということである。それにはパトロンの好みも含まれた。フェルデケは明らかに「清書する前の（三五二一・二七行）」初稿をパトロンに見せており、新たなパトロンを得て当初のコンセプトに変更を加えたと考えられる。詩人はとりあえずは注文主の意を受けて物を書く職人にすぎず、作品に関する権利を持ってはいなかったのである。

パトロンたちが文学に対し本物の関心を持っていたことを否定するわけではないが、趣味だけでは彼らの投資の動機を説明しきれない。文化活動に熱心であると世に示すことで名声を得る、自身の名を知らしめ、支配権を主張し、富を見せびらかし、死後の世界に備えて準備をし、つまりは自分のための記念碑を建てる。それらの効用をはっきりと認識し利用した支配者のひとりが、ザクセンの獅子公ハインリヒだった。

生年は一一三〇年ごろ、ヴェルフェン家という帝国屈指の名門に生まれ、十歳で家督を継いだが、初めのうちは最大のライバルであるシュタウフェン家に服従し、バイエルン公国を手放さねばならなかった。しかし彼はすみやかにザクセンでの支配権を確立し、ヴェンド十字軍に参戦した後、皇帝フリードリヒ一世の好意を得てバイエルンを返還してもらう。その見返りとして彼は皇帝に忠誠を誓い、支えることとなった。一一六八年、プランタジネット家のイングランド王ヘンリー二世（一一五四―一一八九）の娘で、当時十二歳のマティルデと結婚する。ヘンリーはラテン語、フランス語文学の後援者として名高く、彼の宮廷にはソールズベリのジョン、ピエール・ド・ブロワ、ウォルター・マップなど高名な知識人が集まり、またフランス文学史上最古の女流詩人マリ・ド・フランスは、自作のレーをヘンリーに献呈している。マティルデの母アリエノール・ダキテーヌは、最初のトルバドゥールと呼ばれるアキテーヌ公ギヨームの孫娘で、自身の宮廷を当代の名だたる詩人たちの集まるサロンとし、彼らの作品中で最大級の賛辞を捧げられるような人物だった。一一七二年、絶頂期のハインリヒは、エルサレムへ大々的な巡礼の旅を敢行し、その権勢を見せつけた。ところが一一七六年、皇帝との仲が決裂し、ハインリヒには追放刑が下された。一一八一年、数々の戦いの末ハインリヒは降伏し、数年間イングランドへの亡命を余儀なくされる。一一八五年に帰国したものの、再び争いに巻き込まれてドイツの地を去ることとなる。ハインリヒは晩年ようやく故郷のザクセンに戻り、一一九五年そこで没した。

数々の敗北を経験したにもかかわらず、ハインリヒは生涯王位、帝位への野望を捨てなかった[53]。この権力への挑戦に、文学と芸術は重要な役割を担っていた。これほどの頻度でラテン語、ドイツ語文学もしくは芸術作品に名前が現れる支配者は、彼以前にはいない。ブラウンシュヴァイク大聖堂の聖母マリア祭壇の寄進状、エルサレムの聖墳墓教会内の三本の常明灯の寄進状、いまなおダンクヴァルデローデ城の前に立つ獅子像の銘文、聖人二人の腕型聖遺物匣《こう》の銘文、『スラブ年代記』の中の追悼文などとならんで、ハインリヒの自己演出のありさまを示す献辞が三つある。ドイツ語版『ルキダーリウス』序文、僧コンラート作『ローラントの歌』結語、そしてドイツ連邦政府が当時の史上最高額で落札し、現在ヴォルフェンビュッテルの図書館に所蔵されている『ハインリヒ獅子公の福音書』序文である。そこには支配者に期待される教養への関心、文学的素養、そして魂の救済を願う思いがはっきりと示され、これらが練りに練った政治表象的プログラムであることが見て取れる。そのなかで一番曖昧で、伝承の影響のために一義的に捉えることが難しいのが『ルキダーリウス』である。この作品は当時よく読まれていた手引書のひとつ、オータンのホノリウスの『エルシダリウム』を下敷きにしつつ、他の文献も用いている。全三巻で、師と弟子の対話の形で創世と楽園追放、受肉と救済、人間と自由意志による善悪の判断、教会の秘蹟、終末論などが展開される。作品成立の過程はすべて序文の中で読者に開示されている。それによると神自らがハインリヒにこの本を書くよう委託された。ハインリヒは配下の司祭たちに原典となる書物を探し、テキストを編纂するよう、ただし作者が望んだ韻文ではなく、散文で仕上げるよう命じたのだという。ハインリヒは序文の中で、自分をラテン語の知識がある人間と記させている。この序文は写本伝承の状況から後代の補足である可能性があり、『ルキダーリウス』の成立地もブラウンシュヴァイクではないかもしれないため、内容の信憑性に対する疑いは、完全にはぬぐいきれない[54]。しかしハインリヒの宮廷において聖職者による書記文化が栄えていたこと、居城に隣接した自家修道院の図書館でしかあり得ないような、原典への容易なアクセスがなされていることなどを考えれば、序文も本文と同時期に書かれたと判断してよいだろう[55]。ハインリヒがラテン語の教養に並々ならぬ関心を持っていたことは間違いない。ドイツ語訳を通じてその知識に直接近づきたいという彼の欲望は、教養への高い要求が真の支配者の証とされていたことを踏まえれば、いっそう理解できるだろう。岳父ヘンリー二世の宮廷にいたソールズベリのジョンの警句「無学な王は冠を戴いたロバ」(『ポリクラティクス』四章)は、ハインリヒには当てはまらなかった。真に学問をするほどのラテン語の知識はなかったとしても。

支配への、そして自己顕示への意志は、彼が制作を依頼した『ローラントの歌』にも表れている。一一七〇年頃に書かれたこの作品は、キリスト教を捨てたスペイン人と、ローラント率いるカール大帝軍の血なまぐさい死闘を描いている。最後の異教徒が打ち負かされ、戦場に死体が積み上げられた後、著者である僧コンラートは注文主を褒め称え、再度本の成立事情について語る。神よ、ハインリヒに報いを与えたまえ、なぜなら「物語は美しく、それは彼より我らに伝えられしもの(九〇二〇行以下)」なのだから。「富貴な王の子女(九〇二五行)」である公夫人の願いを受けて、公は「フランスで(九〇二三行)」書かれた原典を探し出し、ドイツ語に訳させた。コンラートはさらに、この徳高き公を旧約聖書の王ダビデになぞらえる。ダビデは予型論的解釈によればキリストの予型であり、また物語の主人公カール大帝を自らの後継者と認めたとされる。ハインリヒのような男を戴く国に栄光あれ、ハインリヒは異教徒と戦い、ダビデのごとくその身を創造主のために捧げたのだ(九〇三九行以下)。これらの文言の持つ意味は重大である。つまりこれはダビデからカール大帝、そしてハインリヒへと続く系譜であり、ハインリヒの支配権を正当化する意図を持って書かれたものなのである。ハインリヒのライバルである皇帝フリードリヒ一世は一一六五年十二月二十九日、ダビデ王の記念日にカール大帝を列聖し、『ローラントの歌』が書かれたちょうど同じ時期に、カール大帝の腕の骨を入れる腕型聖遺物匣を製作させた。フリードリヒも自らをカールの正統な後継者と見ており、カールの列聖は帝国の権威を高めるための政策だった。ハインリヒが同様に、カール大帝の唯一正統な後継者でありダビデとの結びつきをも主張するとなれば、それはフリードリヒにとって侮辱であり、自分に対する挑戦としか受け取りようがなかったであろう。実際には帝国に臣従する立場だったハインリヒは、作品の中では、本来であれば帝国に君臨すべき支配者として登場する。文学が政治闘争においてあからさまに、説得力のある根拠を示すために利用されているのである。夫人の名がともに挙げられているのも、政治的な意図と考えられる。王家の出身という彼女の身分は、ハインリヒの地位を高めるのに役だったのだ。彼は何度も夫人とともに描かれている。最も有名なのはヘルマルスハウゼン修道院写字室で製作された福音書の挿絵（図24）で、献辞序文は『ローラントの歌』で暗示されていたことを詳しく述べている。

この黄金の頁は読者に、敬虔なるハインリヒ公と夫人が心から、キリストへの愛を何にもまして重んじていることを明かしている。夫人は王家の、公は皇帝家の出身である。公はカール大帝の後継者。イングランドはマティルデを公にのみ託した。この神の書は、公に子供を与え、その子らを通じてこの国にキリストの平和と至福が与えられるようにと。常に善を行なう意志を持っていたのだから。彼らは模範的な生活を送り、常に善を行なう意志を持っていたのだから。彼らの物惜しみのなさは、彼らの祖先の名高き行ないを凌駕する。彼らはこの町を栄光あるものに高めた。そのことを全世界が耳にしている。彼らは聖なる教会と守護聖人の聖遺物をもつこの町に誉

24 『ハインリヒ獅子公の福音書』の戴冠図（ヴォルフェンビュッテル、アウグスト公図書館、Cod. Guelf. 105 Noviss. 2°、fol. 171v、1188年頃）。皇帝や国王の座にあった先祖たちに見守られるなか、ハインリヒが妃マティルデとともに神から冠を授けられている。

れと名声を与え、堅固な城壁で守りを固めた。

彼らの進物のひとつがこの黄金に輝く書物で、これは汝キリストに永遠の命を願って恭しく捧げられしもの。彼らが正しき者のなかに迎え入れられんことを。(56)


自意識と自己顕示欲が文面に溢れている。ハインリヒはここでもカール大帝との系譜上のつながりを誇示し、母方の家系から皇帝が出ていること、夫人が王家の出身であることを強調している。さらに指摘されているのは、支配者の政治的威信を保証する熱心な文化活動である。そんななかで本は、あの世で名声を得て、高名な死者たちの仲間に迎え入れられるための、神への贈り物だった。あらゆる不安を払拭するために、挿絵には神との直接的なつながりがはっきりと描かれている。ハインリヒとマティルデ夫妻は神の手から冠を授かっているのだ。ハインリヒの背後には父ハインリヒ傲慢公と母ゲルトルート、そしてゲルトルートの父皇帝ロタール三世と母リヒェンツァ、マティルデの背後には父ヘンリー二世とその母でイングランドの王位継承権を持っていたマティルダ皇后が立っている（その後ろの人物は誰だかわからない）。画面上には支配権の主張、宮廷文化の自己表現、キリスト教的敬虔が重なり合って表現されている。ハインリヒは神の救済計画の中に身を置きつつ、同時に、数々の政治的敗北を被ったにもかかわらず自らを犯すべからざる正統性を持った絶対君主と見なす。彼の自己演出への努力は当時、そして現在も実を結んだと言ってよい。なぜなら彼の権力獲得への挑戦が成功しなかったことはおよそ人々の記憶からかき消され、文化的功績と、それらを生み出した宮廷的教養を身につけ、さまざまな分野に興味を持った、芸術に造詣が深い権勢高き君主、というイメージが残されたのだから。

ヴェルフェン家の子孫たちもイメージ形成のための文芸奨励を行ない、獅子公ハインリヒという有名な先祖を利用した。たとえば叙事詩『ラインフリート・フォン・ブラウンシュヴァイク』の主人公に公と同じ紋章、支配領域、冠などを持たせ、ヴェルフェン家の支配権を改めて主張したのだ。物として人に示せる本は子孫たちが先祖を思い起こすよすがとなり、彼らが支配の正統性を主張するのに役立つ伝統を裏付ける。本のこのような効用を知っていたのはヴェルフェン家だけではなかった。ヘッセン方伯ハインリヒ二世は同様の意図のもとに、『ヴィレハルム』豪華写本の最後に、この写本が永遠に子孫の宮廷に所蔵されるようにと書き入れさせた（三九五葉裏）。そして実際この写本は、方伯家図書館が閉鎖され、蔵書がヘッセン州立図書館に移されることになるまでずっと、この方伯家から出ることはなかった。子孫たちは明らかにハインリヒの意図を理解していたのだ。

自己演出を目的とした王侯の文芸奨励において叙事詩がきわめて重要だったことは確かだが、教訓詩、歴史物語、伝説、聖人伝などのジャンルも好まれていた。ミンネザングだけは、そのような役割を果たす文芸としては、なかなか認識されなかった。しかし中世の文芸マネージメントのありさまをわれわれに示してくれる一大プロジェクトは、まさにその叙情詩選集だったのである。

## 3 文芸マネージメント——マネッセ写本

物質的な裏付け、高度に発達した書記文化、文学に関心を持つ社会、財力に富んだパトロン、これらが揃って初めて、詩人を宮廷のエンターテイナーとして重宝するだけでなく、その作品をまとめて写本に書き下ろし後世に伝えるという、文芸活動が成立する。マネッセ写本、別名大ハイデルベルク歌謡写本は、そのような総合的文芸マネージメントの産物である。成立は一二八〇年から一三三〇年、それまでの百五十年間の叙情詩が集録されている。この写本を中世文学研究者以外の人々にとっても魅力的なものにしているのは、集録された叙情詩のテキストではなく、それぞれの作品の冒頭に置かれた詩人の肖像画で、それらの有名なミニアチュールは今日、本の表紙からビールジョッキのコースターまで、およそ考えつくありとあらゆる品物を飾っている。三五・五×二五センチメートルという、写本の異例の大きさも注目される。「異例」というのは、それまで叙情詩は大判写本に書き記される文学ジャンルではなかったからである。マネッセ以前、もしくは同時代の歌謡写本はその半分、あるいはさらに小さいサイズに甘んじていた。マネッセが「ミンネザングの聖書」と呼ばれる所以《ゆえん》は、まずはその大きさにあったのだ。四二六葉の羊皮紙が表紙に挟まれているのだが、そのなかには厚いものも薄いものもあり、表面の状態も均等ではなく、破れを赤い絹糸で丁寧にかがったもの（図版2）、三角形に切り取ったものもあって、とにかく質はまちまちである。縁の切り方も不均等で、経費節約のために小さめの皮も利用されたこと、また単独の羊皮紙工房で計画的に製作されたものではなく、さまざまな地域の工房から取り寄せられたものであることが推測される。均一でない羊皮紙は書記の仕事を間違いなく難しいものにした。きめの粗い羊皮紙はあっという間にペン先を摩耗させるし、薄い羊皮紙は酸化に弱く、インクに鉄が含まれていると羊皮紙の腐食を起こしやすいが、実際に複数の葉にその痕跡が残っている。マネッセ写本は羊皮紙六枚を重ねて折った三八の折丁からできており、そのうち完全なものは一九である。製作過程で変更が加えられた折丁もある。というのも製作期間は五十年にわたっており、当初のコンセプトを維持するには入れ替え、追加、省略が必要となったのだ。そのため葉を切り取って、別の箇所に縫い付けたり、元々の順番を変更することもあった。第十三葉表、折り目近くに大文字の色替えを指示する印が見えるが、このページに縫い付けられているのはオットー・フォン・ブランデンブルクの肖像画で、肖像画の横にこのような印があるのは意味不明である。しかしこの印は同じく縫い付けられた第二十八葉の表、オットー・フォン・ボーテンラウベンの作品テキストページにぴったり合う。つまり本来この葉が第十三葉だったことになる（図版25）。テキストが突然打ち切られているところは、完成後に変更が加えられたものと考えられる。数行、ときにはまるまる一ページが空白のまま残っていることもあるが、それは編纂者がその詩人の新たな作品や、すでにある作品に追加される詩行がもっと見つかると期待して、スペースを確保していたからだろう（図版26）。異なるインクで書き加えられた詩行、さらには版面の下につけ足された詩行は、そのような期待がときおり満たされたことを示している。

第一画家ではない、いわゆる補遺画家たちによる挿絵ページも含めて、すべてのページに均等に罫線が入れられている。左右の余白にある針跡は、コンパスで幅を決めるという通常のテクニックが使われたことを示している（図版7、8）。どのページも四六行、二段組で、書物に通常使われるテクストゥー

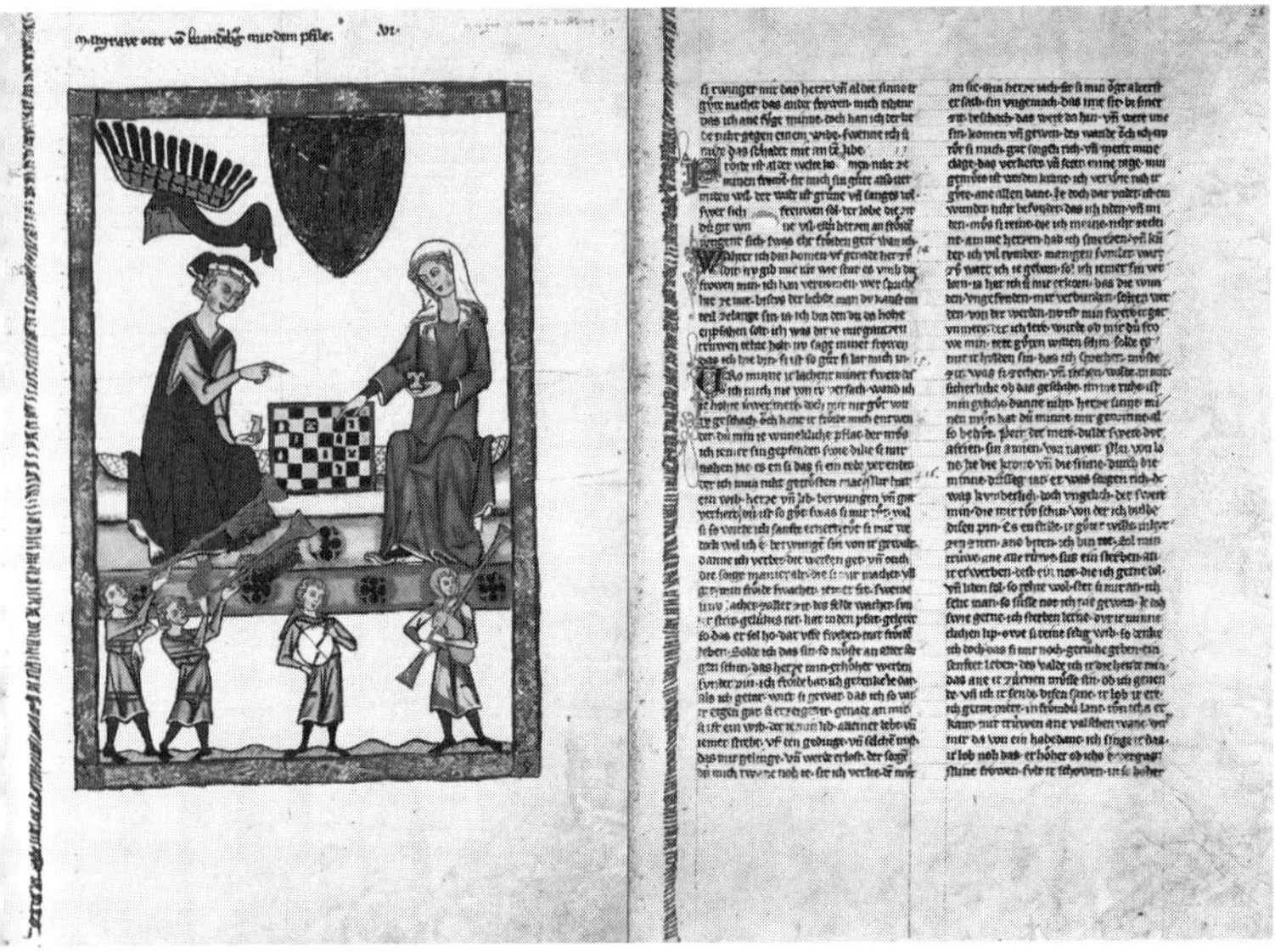

25　マネッセ写本第13葉表と第28葉表（ハイデルベルク大学図書館、Cod. Pal. germ. 848、1300年頃）。第13葉から切り離された羊皮紙が第28葉として縫い付けられ、第13葉にはブランデンブルク辺境伯オットーの肖像画が縫い付けられている。肖像画の横にある不必要な色替えの印は、第28葉の大文字の色替え部分にぴったりと合う。

ル体で書かれており、詩行の区切りに点が打たれている。詩人ごとに作品がまとめられており、最初に詩人の肖像画、次ページから始まるテキストの冒頭は高さが四行分を占める大文字になっている。

およそ一二人の書記が関わっているが、それぞれの関わりぐあいには差がある。最初のプランに入っていた約一一〇人の詩人の作品は、すべてひとりの手で書写されており、その他の書記が残りの部分を担当しているのだが、うちひとりは一歌節のみ、それもラテン語で、版面を無視して後から書き足している（三五四葉裏）。他の書記たちは、あまり脈絡なく、さまざまな詩人の作品を書写しているが、全員が同じ正書法を用いるよう努力しており、原典が異なる地域、異なる時代のドイツ語で書かれていたことを考えれば、これはほとんど驚嘆すべきことである。たとえばハインリヒ・フォン・

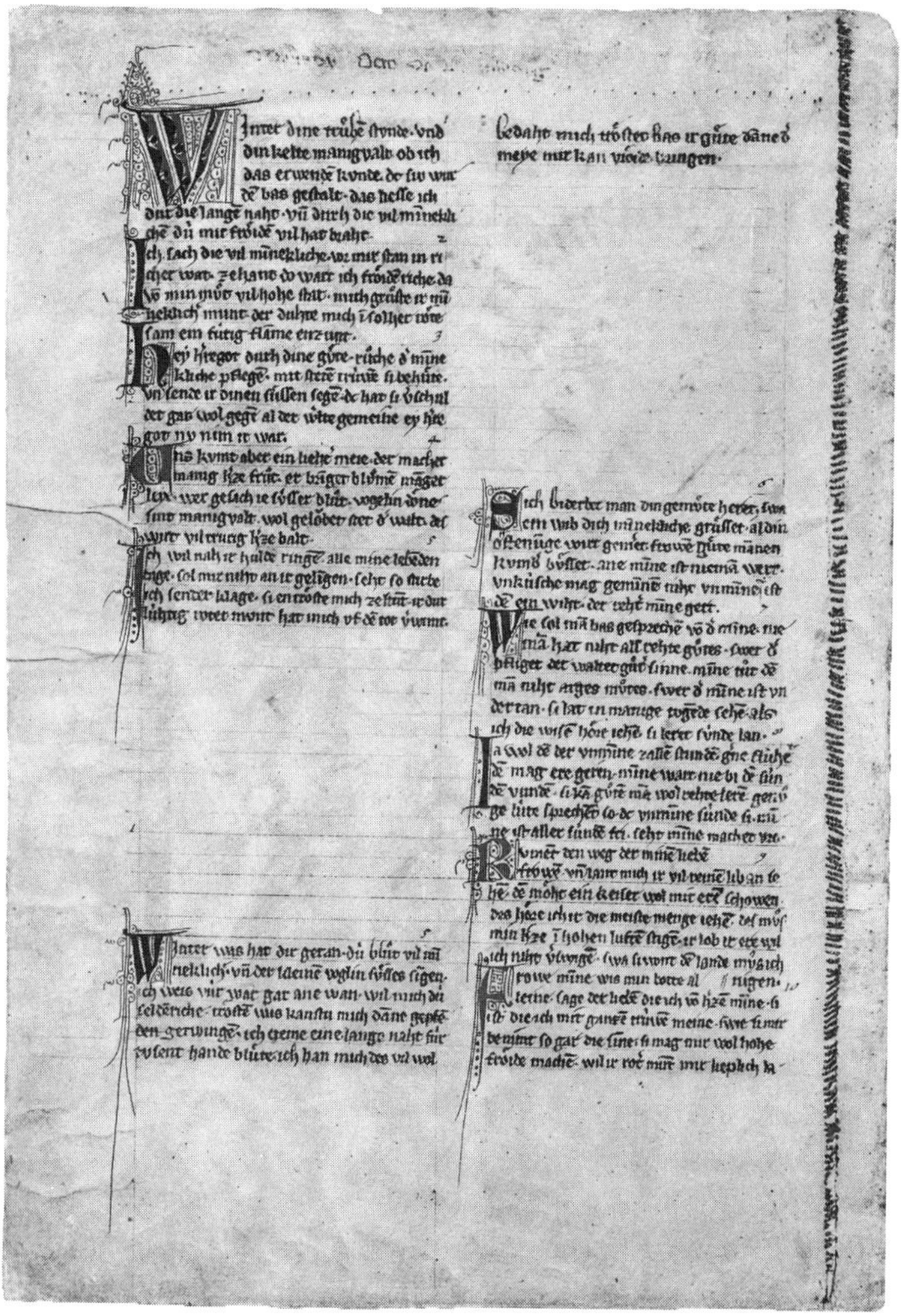

26　マネッセ写本、オットー・フォン・ブランデンブルクの作品、最初の頁（ハイデルベルク大学図書館、Cod. Pal. germ. 848、fol. 13v、1300 年頃）。罫線と穴がはっきりと見て取れる。さらに詩行が見つかることを期待して、そのための場所をあけていたのだろう。

フェルデケとハインリヒ・テシュラーが出会っていたとしても、おそらくコミュニケーションが取れなかったことだろう。フェルデケはマース川流域、現在のオランダ地域出身なのに対し、テシュラーはチューリヒの出身、時代的にも十二世紀後半のフェルデケと十四世紀初めのテシュラーには百五十年もの差があり、その間にドイツ語は大きく変化してしまっている。にもかかわらず、すべての書記が当時チューリヒで使われていたドイツ語でテキストを記していることは、彼らの文献学的精密さと編纂能力の高さの証明だと言えよう。

最初についていた表紙は残っていない。二つの葉に黒っぽい色が付着していることから、おそらくは皮で覆われた木表紙だったと考えられる。第四葉下部に錆《さび》のしみが残っているのは、この写本が盗難防止のために鎖につながれていたことを示している。緑青と錆の跡、羊皮紙の角と二葉の間の損傷は、金属の留め金によるものと思われる。

おそらく挿絵はすべて、薄絹で保護されていたのだろう。一七五八年、チューリヒの文献学者ヨーハン・ヤーコプ・ボードマーとヨーハン・ヤーコプ・ブライティンガーが「赤、黄色などのタフタ地のカバー、そのいくつかはいまなお残っている」[58]と書き残している。現在残っているのは一枚だけだが、ページをめくって読む際に、絵を覆う小さなカーテンを開けて、その背後の「色鮮やかな中世」を発見する喜びは、誰でも想像できよう。一三七枚の肖像画が四人の画家と助手によって描かれ、そのうち一一〇枚が第一画家のものとされる。それらのページには罫線が入っておらず、はじめから肖像画用に決められていたものだった（図版2、4、27）。第一画家の絵はすべて同じような枠の中に、均一的なスタイルで描かれている。他の画家たちは罫線の入ったページに、異なる色合いで描いており、枠も空間構成も豪華になっている。共通して描かれているのは詩人のものとされる紋章で、兜飾り《クレスト》が加わることも多い。それらは特定の貴族家のものである場合もあるが、だいたいは詩人の作品や名前からインスピレーションを得て考案された想像上の紋章である。そんなわけで、ヴァルター・フォン・デア・フォーゲルヴァイデの肖像画には鳥かご（フォーゲル＝鳥）、ハインリヒ・テシュラーの肖像画には袋（タッシェ＝袋）の紋章が描かれ、自伝と称する作品『婦人奉仕』でヴィーナスに扮して武者修行の旅をしたと語るウルリヒ・フォン・リヒテンシュタインは、ヴィーナスをあしらった兜をかぶった姿で描かれている。どの絵も何かしらの物語を語っている。貴族の生活にはつきものだった暴力沙汰が描かれることもある。戦場には血が流れ、衆人環視のなかで殺人が行なわれる。折れた足に副木を当てられる場面や、いやがる女性が恋人とおぼしき男性に森に連れ込まれる情景も見られる。しかし圧倒的に多いのは、理想的宮廷生活をテーマとした絵である。貴婦人が飲み物を勧める、恋人を膝枕する、馬上槍試合を熱心に見物し、鷹狩りに加わる。高位貴族の詩人が、歌の中で永遠の奉仕を誓う愛しい婦人の前に家来のようにひざまずき、花冠を賜る。使者に巻物を手渡す者、詩を口述筆記させている者、甘美な逢い引きを楽しんでいる者、愛の冒険に挑む者もいる。修道士でさえ愛の奉仕者となる。相手は俗世の貴婦人ではなく、それらを完全に凌駕する理想的女性、処女にして神の母たる聖母マリアなのだが。その他にも狩り、チェスやバックギャモンといったゲーム、読書、舞踊、祝宴のシーンが描かれ、豪勢な食事が供され、ワインが酌み交わされる。これらのシーンは写実的に見えるが、実際は現実とはほど遠い。叙情詩、叙事詩の中で作り上げられる仮想の宮廷世界と、そこでの理想的生活への憧れが反映された情景と考えたほうがよいだろう。文学的仮想世界の恋愛においては男性が家来で、女性が主人となるのだが、実生活でそのように性のヒエラルキーが逆転する例はほとんど見られない。マネッセ写本の挿絵はテキストとイメージからなる文学的表象であり、そこに描かれているのは、日常から逸脱した祝祭空間でなら再現されるかもしれないという程度の、フィクションの世界なのである。ただしゲーム盤、楽器、杯などの小道具だけは、当時の現実そのままに描かれている。

挿絵以外の装飾としては、五〇〇〇以上にもおよぶ装飾大文字（イニシアル）と彩色大文字（ロンバート）が挙げられる。縦四行分の大文字がその詩人の作品の冒頭を飾り、その他の大文字が各詩節の始まりを示す。冒頭の大文字が青色で始まっていれば、次の詩人の冒頭は赤色の大文字で始まるが、この順序が狂っていれば、後で折丁が入れ替えられたことになる。各詩節の始まりは縦二行分の赤と青の彩色大文字で、メロディーが変わるところで大文字の色も変わっている（図版7、8、26）。六人の装飾文字師が作業をしており、少なくともそのうちのひとりは、テキストと詩人の肖像画に関係する小さな絵を大文字の周りにスケッチしたり（第二三二葉裏、図版7）、大文字の中に自画像と思われる個性的な頭部（第二九六葉裏）を描き入れたりと、奇抜な創作を行なっている。

絵画装飾の色鮮やかさ、創造性、表現力はともすれば、この写本がまず第一に、挿絵同様に刺激的で異例なテキストの集成であるということを忘れさせがちだ。この写本には一四〇人の詩人の、約百五十年にわたる、六〇〇〇もの詩節が集録されているのだ。半数以上の詩人の作品が、この写本のみによって後世に伝えられた。最初期の詩人デア・フォン・キューレンベルクは一一六〇年頃に活躍した。後期の詩人ハインリヒ・テシュラー、ヨハネス・ハートラウプ、ヤーコプ・フォン・ヴァルテらは、写本の編纂作業に、ひょっとすると自分の作品が書き入れられる場にも立ち会っていたかもしれない。

ほとんどすべてのページが見る者にとっては驚きだが、肖像画だけ、もしくはテキストだけの版ではそのすばらしさを味わうことができない。十八世紀から十九世紀初頭にこの歌謡写本を再発見した人々は、それを当時所蔵されていたパリの図書館から取り寄せることができた。しかし近年、写本は防弾ガラスに覆われて衝撃から守られ、管理された空調の中で、ごく弱い照明の下、大災害にもびくともしないよう厳重に保管されるようになった。写本を総合芸術として、ほんの少しでもその質感を体験しようと思えばファクシミリ版に頼るしかなかったが、そんな高価な複製を購入できるのは大きな図書館だけだった。だが現在、最新技術のおかげで誰もが写本を自分の机の上に持ってくることができるようになっている。必要なのはインターネットにアクセスできる環境と、ハイデルベルク大学図書館のウェブ上のアドレスだけ。コンピューターの画面上では古書が放つアウラは消えてしまうが、それでも古書収集家だけでなく一般の人でも、マネッセ写本の最初から最後までページをめくって、テキストを読みふけり、肖像画を堪能することができる。

集録された歌の多様さ、詩人の数、時間的・空間的射程の広さには、誰もが感嘆することだろう。いったいどうやって、これらすべてを収集することができたのか。亡くなってすでに久しい、活動場所もさまざまな多くの詩人たちのテキストを、どうやって手に入れることができたのだろう。それらの歌は写本の成立時には口承で広まっていた、つまりまだ歌われていたのだろうか。旅回りの歌手たちの楽譜に載っていたのだろうか、それとも詩人自ら口述し、書き写し、後の時代の人々に伝えたのだろうか。マネッセ写本の挿絵には、叙情詩が書き記されるプロセスがたびたび、異なるやり方で描かれている。デア・フォン・グリアスは蠟板に自分の作品を記す（第六六葉裏）。コンラート・フォン・ヴュルツブルクの口述を、目の前に座る書記が開いた羊皮紙に直接書き入れる（第三八三葉表、本書表紙）。ラインマル・フォン・ツヴェーターが語る言葉を男性書記が蠟板に、女性書記が羊皮紙の巻物に同時に記入している（第三二三葉表、図版4）。そして実際、この詩人の格言詩が書かれたそのような巻物の断片が残っているのだ[59]。しかし、叙情詩の作者が自分の作品を自ら計画的に書き残した例はわずかしか確認されておらず、それも一三三〇年以降の詩人に限られていて、マネッセ写本には集録されていない。集録された詩人のなかで最もそれに近い行動を取ったのはウルリヒ・フォン・リヒテンシュタインで、彼は自身を不屈の恋の奉仕者として主役にした叙事詩『婦人奉仕』の中で、自作の叙情詩を書き記し、手紙として思い人に届けたのである。

旅回りの歌手たちがレパートリーを書いた本を持っていたことは大いに考えられる。マネッセ写本の詩人たちにも、少数ではあるがそのような痕跡が見受けられる。しかしレパートリー本の実物は残っていない。実用的価値しかなく、長年にわたって持ち歩かれ雑に扱われていたことを考えれば、それも当然だろう。写本制作当時まだ生きていた詩人の場合は、歌唱中の「録音」、つまり個人もしくはチューリヒ近郊の数多くの同時代人たちによる、聞き覚えが考えられる。写本の注文主が、商売のネットワークを通じて各地に伝承される詩にたどり着いたか、もしくは使者を派遣して探させたこともあったかもしれない。さまざまな方法が考えられるが、はっきりとした収集の経路はわからない。

確実に言えるのは、十三世紀半から叙情詩を記録することに関心が高まってきたということである。始めはどちらかといえば余白の埋め草という程度の、片手間の仕事だった。空いてしまったページ、もしくは法律テキストなどの余白部分に詩節が書き留められる。それは緊張を強いられる読書の合間の気分転換だったかもしれないし、単に高価な羊皮紙に余白を残すのがもったいないからだったかもしれない。叙情詩の体系的集録に先鞭をつけたのは、一二七〇年頃に成立した小ハイデルベルク歌謡写本で、それに続いたのが大ハイデルベルク歌謡写本ことマネッセ写本と、一三一〇年から二〇年ごろに成立したヴァインガルテン歌謡写本である。配列や挿絵の共通点から、これらは（他に見つかった断片も含めて）同じ資料を用いたものと考えられる。つまり原本が存在していたに違いない。しかし、マネッセ以外の写本がすべて十二、三世紀の詩人たちのなかの有名どころを集めただけだったのに対し、マネッセの編纂者は、伝えられているすべての作品を集録するという野心的な目標を立てた。だから、ある詩人の作品や詩節がもっと見つかると思ったら、そのためのスペースを空けておいたのだ（図版26）。集録されたのは恋愛歌だけではなかった。政治色の強い格言詩、教訓詩、宗教詩も記録された。選ぶ基準は歌えるかどうかだけだったが、楽譜のほうは写本では伝わっていない。その理由は想像するしかないのだが、ひょっとすると、メロディーはよく知られているので楽譜は省略してもよいと考えられたのかもしれないし、歌うことが目的なのではなく、詩を羊皮紙上に留めて忘れられないようにするのが写本に期待される役割だったのかもしれない。そして実際それこそが、マネッセ写本の決定的な文学史上の功績だった。マネッセは中世ドイツ語叙情詩を伝える最重要テキストであり、マネッセなくしては七〇人以上の詩人たちが文学史上から消え、名の通った詩人たちにしても、これほどたくさんの作品を残すことは不可能だったのだ。この写本はきわめて綿密に計画されている。すべてに関して完璧を求めるなか、詩人の配置もまた恣意的でないことは、四葉裏からの三ページを占める目次を見れば明らかである。目次があること自体、中世の写本には珍しいが、さらに驚くのはその背後にあるコンセプトだ。総勢一四〇人の詩人のうち、当初から選ばれていたのは一一三人で、残りの二七人は後から追加されたのだが、写本の最後につけ足されたのではなく、それぞれの社会的地位に応じて――文学的価値ではなく――順に並べられているのである。まず最初に来るのが皇帝ハインリヒ、その後に王、公、伯、辺境伯、騎士・家人、さらに市井の博士、肩書きのない遍歴芸人など貴族以外の詩人たちが続く。後から加わった詩人は、それぞれの身分に応じて目次の中に挿入され、折丁の移動や、すでに記入がすんだ葉を切り離して別の箇所に縫いつけるなどの作業によって写本に組み込まれた（図版25）。編纂者はとりわけ古い時代の詩人たちに関して、今日の研究者と同じ問題に悩んでいた。彼らの伝記事項がほとんど知られていなかったので、編纂者は想像で、もしくは詩人本人の発言をもとに序列を決めたのだ。たとえばヴァルター・フォン・デア・フォーゲルヴァイデはマネッセ写本において騎士、つまり貴族であるとされ、文学史上でもそのように扱われているが、身分を証明する史料はいっさいなく、むしろ絶え間ない移動生活は彼が放浪の職業詩人であった可能性を示唆している。彼が貴族のなかに入れられたのは、これほど傑出した芸術家には貴族の称号を与えなければという配慮が、当時すでにあったからとも考えられる。

写本が忘却の淵から救い出したのは詩人たちだけではなく、その成立場所や注文主にも光が当てられた。そのことを伝えるのは写本の中で特異な地位を与えられた詩人、ヨハネス・ハートラウプである。上下に二場面を描く珍しい肖像画（図版27）と、縦一二行分の最も大きなイニシアルが、彼には与えられている。テキスト部分には、将来あるかもしれない加筆のためのスペースがまったく取られていない、つまりこれが彼の全作品であると、関係者は確実に知っていたことになる。ハートラウプは最初のプランから集録リストに入っていたが、ひとりだけ異なる書記がテキストを記している。この書記はマ

27　マネッセ写本、ヨハネス・ハートラウプの肖像画（ハイデルベルク大学図書館、Cod. Pal. germ. 848、fol. 371r、1300年頃）。詩人の歌の内容を二つのシーンで絵に表している。この写本の中で、二場面で描かれる挿絵は珍しい。

ネッセには二度と登場しないが、一三〇一から四年に起草されたチューリヒの市法を書き記したのと同一人物で、間違いなく尚書局書記のひとりである。以上を考え合わせると、証拠はないものの、この尚書局書記はハートラウプ自身で、自分の作品を書き記したのではないか、という推測も成り立つ。この推測は研究者たちを大胆な仮説に駆り立てると同時に、作家ゴットフリート・ケラーに短編小説『ハートラウプ』(一八七七)の着想を与えた。ともあれハートラウプはチューリヒの名士で、ノイマルクト付近の市の一等地に流行の石造りの邸宅を構えていた。その途方もない買値は、彼の財産が並々ならぬものであったことを示している。彼は同様に裕福な女性と結婚したが、残念ながら妻となった女性の名前はわからない。一三〇二年にはまだ生きており、一三四〇年以前のある年の三月十六日に亡くなったことが、グロスミュンスター修道院の記録簿に残っている(没年の記載はない)。彼の伝記には欠けている部分が多いが、ごくごく少数の市民だけしか書記史料に足跡を残していない時代にあっては、これだけでも特筆すべきことである。とはいえいまなお注目が集まるのは、ハートラウプの詩作品、とりわけチューリヒとその文芸に熱心な社交界に対する熱烈な賛辞のためである。こうした史料のおかげで、われわれはこの最も重要な中世歌謡写本を歴史学的研究の対象として扱うことができる。そこで得られる知見は振り返って、このように豪華な写本が成立するための前提条件を考える際に役立つだろう。

## 都市の発展、都市社会と文化的生活

一二一八年に帝国直属都市に格上げされて以降、チューリヒは経済的、文化的に大きく飛躍し、大規模な建設工事が集中的に行なわれた。リンデンホーフの丘にあった城は取り壊され、市庁舎が建てられ、市の周囲に城壁がめぐらされた。すでにある修道院に加えて短期間のうちに四つの修道院が市内に移され、さらに二つのシナゴーグ、修道士・修道女の住居、数多くの教会や礼拝堂が建てられた。それらの施設には写字室、書記、工房が間違いなく存在していたことから、書物を作るのに必要な好条件がこの市にもたらされた。南から北への重要な通商路、それも湖に面しているという絶好の立地のおかげで、商業は栄えた。取り扱われた商品のなかに、絵具や顔料も当然入っていただろう。さらに有力市民や貴族たちが、それまでの木造邸宅から魅力的な地区の快適な石造邸宅に移り住んだため、上流階級の家が集まり、華麗な生活を満喫できるエリアができあがった。政治経済に影響を及ぼす大物たちがみな、隣り合って住んでいたというわけだ。彼らは自分たちのリーダーシップを豪華な居住空間で世間に見せつけた。宮廷文化や政治の場面、装飾モチーフ、そしてチューリヒの名物とも言える紋章エンブレムが家々の壁を飾った。コンラート・フォン・ムーレが教訓詩『ドイツ人の盾形紋章』（一二四五年頃）で七三の紋章について記述したのに始まり、一三三〇年頃には五五九の紋章を描いたチューリヒ紋章集が完成して、紋章ブームは最高潮に達するが、その間に当時の騎士が住んでいた家ハウス・ツム・ロッホの天井に一七九の紋章が描かれ、とある学識高いラビの家はヘブライ文字が記された紋章のフリーズで飾られ、そして紋章の描かれたマネッセ写本の挿絵が創作されたということになる。

とはいえ紋章への興味は一過性の流行ではなかった。ヨーロッパの有力家系、もしくは伝説上の一族の紋章と、地元の名家の紋章を結びつけることで、チューリヒは世界に対して開かれた、権勢高き町であることを世に示し、宮廷風の情景により文化程度の高さを喧伝し、たとえばハウス・ツム・ランゲン・ケラーの壁に、皇帝や選帝侯がある町――つまりチューリヒ――で歓待されている場面を描くことで、帝国への忠誠を視覚的に表明した。忠誠の表明は不可欠だった。というのもチューリヒは、ハプスブルク家のルドルフがドイツ王に選ばれて以降ひそかに、一二九一年以降はあからさまに、ハプスブルク家と対立していたのだ。反乱の試みは市近郊で完敗となった。抵抗を続けることもできたが、この際ハプスブルク家に忠誠を誓い、絵でもってその証を見せるほうがよいとチューリヒは考えたのである。一二九九年から一三〇七年の間に、ルドルフの後継者アルブレヒトが計六回もこの町を訪れたことが、戦略の成功を物語っている。

市民生活を律していたのは、「リヒテブリーフ」と呼ばれる、帝国の影響下にない独自の市法であった。しかしこの法律は、聖職者階級の影響力や都市貴族の権力独占に対する反乱を阻止することはできなかった。一三三六年に小商人、手工業者がツンフト革命を起こして、都市貴族から政権を奪い取れたのも、この法律あってのことである。新たに政権を奪取した有力ギルドは自らの正統性を、市の伝統とのつながりを示すことによって示さなければならなかった。そして万人に認められる、生き生きとした宮廷社会の存在を色鮮やかに描き出す文学作品の収集保存に、古くから受け継がれた伝統を見出したのだ。ハートラウプは自身の詩作品でもってこの伝統的宮廷文化に生気を吹き込み、同時代のチューリヒ社会の中に甦らせたのである。アプローチしてくる彼を、女性は物語の中の気高き貴婦人さながらにはねつける。巡礼に扮して教会の前でそっと手渡した恋文を、彼女が読んでくれたのかすらわからない（第一歌）。後にその姿を目にしたときには顔をそむけられ、彼はあまりの苦しみに気を失って倒れてしまう。一緒にいた紳士たちはいたく同情し、彼を抱え起こして彼女の前に連れて行き、彼女の手の上にその手を置く。思い焦がれる愛の従者さながら、死人のように横たわるその姿に女性は心動かされ、彼の手を握って優しく見つめ、声をかけてくれる。ついに彼は相手をまじまじと、至福の気持ちで眺めることができる。これほどに幸福な男がいたであろうか。しかし、この無言の崇拝に耐えられなくなった女性は何をしたか。彼の手に噛みついたのだ。もちろんがぶりとではなく、優しく、女らしく、繊細に。愛の病にかかった男は、それがほんの一瞬だったのが惜しまれてならなかった（第二歌）。挿絵画家はこのシーンを描くのに相当苦労している（図版27）。噛みつく女性というのは宮廷のマナーにそぐわない。そこでいろいろと考えた挙げ句、画家は後から子犬を描き足し、女主人の代わりに噛みつき役を担当させたのだ。ハートラウプの愛の冒険はまだまだ続く。居合わせた人々の勧めで、女性は彼に愛のご褒美として針箱を渡す。ところがその渡し方がぞんざいだったため人々にとがめられ、もう一度礼儀正しく渡し直すことになる（第二歌）[60]。

この魅力的なシーンは、叙情詩の中でよく知られたフィクションのモチーフを使って書かれている。ところが、ハートラウプの恋の助っ人としてその場に居合わせた人々のほうは、意外にもリアルな記述になっているのだ。登場するのはコンスタンツ司教、その弟のアルブレヒト、チューリヒ女子修道院長、トッゲンブルク伯フリードリヒ、アインジーデルン修道院長、ペータースハウゼン修道院長、敬虔なレーゲンスベルクことリュートルト・フォン・レーゲンスベルク、ルドルフ・フォン・ランデンベルク、そしてリューディガー・マネッセ。市内に住んでいたのは女子修道院長とマネッセだけだが、みな当時のチューリヒの社交界に名の知れた人々である。帝国の政治にも影響を及ぼす権力者、コンスタンツ司教ハインリヒ・フォン・クリンゲンベルクは、たびたびチューリヒに滞在していた。女子修道院長は司教と密に交流し、信仰上の伯父とさえ呼んでいた。ハートラウプが生きていた頃、女子修道院長は市民に対する政治的影響力を手離すまいと必死になっていたが、なかなかうまくいっていなかった。他の人々もすべて市内に屋敷を所有しており、市の記録に記載され、市および市民と政治的、経済的に密接な関係を結んでいた。彼らの名はハートラウプの作品に順不同で記されているわけではない。目次と同様、チューリヒ市における地位が身分の序列として表されているのだ。序列といえば、ハートラウプはこのなかにひとりとして上流階層の市民を入れておらず、また名前が挙がっているのはことごとくハプスブルク家側の人間であることが注目される。だがそこから何らかの結論を出すには、まだまだ不確定な要素が多すぎるようだ。長らく「マネッセ・サークル」は、楽しく集って歌を歌い合う文芸愛好家の集団だと考えられてきた。ハートラウプはコンスタンツ司教の文芸の才を賞賛している。ただし、音楽と詩文に秀でた人物と評しつつも、その才能を自ら詩作することで示したのか、他の詩人の作品を批評することで示したのかには触れていない。文芸サークル説に対する反論としては、メンバーの居住地が離れていて、全員が集まる機会を設けるのが難しい点がある。とはいえ、社交のためだけに人々がアインジーデルン、コンスタンツ、もしくはペータースハウゼンからやってきたとは考えにくい。もし仮にそんな機会があったとすれば、全員がチューリヒに来ざるを得なくなる、政治的に重要な出来事があったときだっただろう。そう考えると、ハートラウプの人名リストの背後には、この写本の中で名前の最初の大文字に赤を入れて特別扱いされている人物の、したたかな政治的意図が隠されているという説が浮かび上がってくる。その人こそリューディガー・マネッセである（三七二葉表、二五行目）。もしかすると彼は、地味な恋歌の中に巧妙に、ドイツ王アルブレヒトに対する講和申込を忍び込ませていたのかもしれない。というのも彼はアルブレヒトに対して長らく反乱を起こしていたのだが、このころ敗色が濃厚になり、自分の地位を守るため勝者に忠誠を誓わざるを得なくなっていたのである。[61]そしてこのリューディガー・マネッセこそ、ハートラウプが別の詩の中で歌謡写本の注文主として高らかに歌い上げた人物、この写本に自分の名前を与えた人物なのである。

## 収集家兼注文者リューディガー・マネッセ

かくも多くの歌が集うはいずこ／ここチューリヒの本の中／王国内に勝るところなし／詩人の作をみなで吟味し／さらにはマネッセが尽力し／ついに歌集を編み上げた／

歌唄いよ、かのお方の宮廷に頭を垂れ／かのお方を称え廻るべし／歌の木が立ち、根を下ろす場所／なおもよき歌があると知れば／それを求めてやまぬお方なれば

聖具室係のご子息もまた励まれ／そのためやんごとなき殿方らは／高貴な歌を数々もたらした／これぞ彼らの名誉の業／殿方すべてに誉れを授けるべく／この仕事を始めたのは誰？／それは彼らに備わった、生まれながらの知の力／それが名誉への導き手／殿方らは美しきご婦人の／誉れをいや増す多くの歌を／失ってはならじと努めたのだ（ハートラウプ[62]）。

ミンネザングのすべてを集めようという野心的な目標は、マネッセ写本の構成にすでに明らかだだが、この歌にはそれが基本方針として示され、加えてひとりの男の業績であると記されている。共に仕事をした息子の職名があるおかげで、この男はハートラウプの恋の助っ人としてすでに紹介されているリューディガー・マネッセだとわかる。彼は十三世紀全般にわたってチューリヒの命運を左右してきた騎士の家系の出身で、この家は市参事会員、首席司祭、聖堂参事会員を多数輩出している。しかしなんといってもリューディガーこそ、一族の最重要人物だった。彼は政界の黒幕として四十年間市参事会に籍を置き、息子たちの結婚と政治家としてのキャリアを巧みに操り導いた。同名の息子リューディガーは教育者として市の教育制度に権限を持っていた。歌の収集で助力したとハートラウプに名指されたヨハネスは聖具室係、つまり大聖堂参事会の主計として、チューリヒで最も重要な宗教施設の財政を管轄するという大役についていた。リューディガーの堂々たる大邸宅では、数々の証書調印が行なわれ、地位と名声を持つすべての者がそこに集った。彼はハートラウプに賞賛された文芸活動にのみ関心があったわけではない。己の地位を固め、さらに強化する術を心得た、真の政治家だったのだ。文芸への関わり

や気前の良い資金援助は当然、自己演出の手段として効果的だったし、おかげで十二分な報酬を得た詩人たちが、ハートラウプ自身も相応な恩返しとして実行しかつ人にも勧めた「公の活動」をしたことで、リューディガーに周囲の目が集まり、結果としてその名はチューリヒの外でも知られるようになった。リューディガーの注文と思われる法集成『シュヴァーベンシュピーゲル』の写し、ハートラウプの作品を書写した書記の手によるリヒテブリーフなどは、彼の関心の幅広さを表すと同時に、都市文化、個人の自己顕示欲、そして影響力のある重要人物と同時代の詩人たちとの文化交流などの、分かちがたく絡み合った密な結びつきも示している。リューディガー・マネッセとその仲間たちが、完成した写本を目にすることはなかった。おそらく折丁のいくつかを鑑賞するだけだったのは、ハートラウプが「歌集」という名詞を複数で表記していることからもわかる。一三〇四年のリューディガーの死後、誰がこの事業を引き継ぎ完成させたのかは、謎に包まれている。

## 間違いと混乱——写本がたどった道程

マネッセ写本がその後たどった運命は、謎と驚きに満ちている。成立後ほぼ二百年の間、写本の所在はまったく記録になく、一五九四年になって突然、スイス、ラインタール地方のフォルステッグ城に現れる。所有者であるヨーハン・フィリップ・フォン・ホーエンザックスは、写本に登場する二人の詩人の子孫でもある。彼はパリで学生だった一五七二年に「サン・バルテルミの虐殺」に遭遇してイングランドに避難し、ハイデルベルクに戻って選帝侯の宮廷顧問官となり、選帝侯の死後はネーデルランドでスペインからの解放戦争に参加し、その後ネーデルランドの女伯と結婚するという、激動の人生を送った人物である。生粋のプロテスタントである彼は、カトリックの甥との相続争いで命を落としたが、その遺体は一七三〇年に教会改修が行なわれた際に、床下から「無傷のミイラ状態で、青色の絹のマントに包まれて[63]」発見され、現在もザンクト・ガレン近郊ゼンヴァルトの納骨堂に展示されている。写本がハイデルベルクに移された経緯はわかっていない。ヨーハン・フィリップが長男の代父であったハイデルベルク選帝侯から借り出して、居城に置いていただけなのだろうか、それとも逆に、近しい関係であったがゆえにヨーハン・フィリップの死後、形見分けの品としてハイデルベルクに寄贈されたのだろうか。いずれにせよ未亡人は、写本をまずザンクト・ガレンの法律学者バルトロモイス・ショービンガーに渡した。ショービンガーは博学のメルヒオル・ゴルダストとともに、その一部を書写した。一六〇七年にはハイデルベルク選帝侯の財産として記録されているが、一六五七年には理由は不明ながらパリに送られ、一六九〇年、デンマーク人フレデリク・ロストゴールの手によって、初めて完全な複写版ができあがった。ヨーハン・ヤーコプ・ボードマーとヨーハン・ヤーコプ・ブライティンガーが写本とリューディガー・マネッセの関係を明らかにし、「マネッセ写本」という名称を与えた。彼ら二人はゲルマン民族のパトスをこの写本に当てはめて、その後の研究姿勢を決定づける。マネッセ写本には「自由と隷属が優位を競い」、「ドイツの自由」が教皇の「くびき」から解き放たれた時代、人々が粗野ではあるが同時に素朴で純粋だった時代の姿が表れていると彼らは考えたのだ[64]。ここからロマン派的な理想化に道が開かれた。ヨーハン・ヴィルヘルム・ルートヴィヒ・グライム、レッシング、ゴットフリート・アウグスト・ビュルガー、ヨーハン・ヴォルフガング・フォン・ゲーテ、ゴットフリート・ヘルダーという錚々《そうそう》たるメンバーが――ゲーテは多少なりとも距離を置いて、ビュルガーは熱狂をむき出しにしてという違いはあっても――マネッセ歌謡写本に言及している。ビュルガーは自ら「ミンネゼンガー」を標榜し、友人ヨーハン・マルティン・ミラーは「ミンネの家来」と称した。こうして写本は再びドイツの文学界の注目の的となった。愛国的ナショナリズムが盛り上がるなか、人々はマネッセ写本をドイツの民族的財産と見なすようになったのだ。「ドイツのミンネゼンガーが愛や人生の苦楽をいかに歌に詠んだかを、ドイツ人が知りたいと思ったとき、外国へ行って、外国語で祖先の詩をひと目見せてくださいと願い出なければならない（写本返還時のハイデルベルク大学の謝辞より）」ような状況は、耐えがたく思われてきた。パリ国立図書館との粘り強い交渉の後、ついに帝国宰相オットー・フォン・ビスマルクが個人的に介入し、四〇万マルクという前代未聞の額の支払いに同意したのを受けて、皇帝ヴィルヘルム一世は一八八八年一月二十三日、写本購入を指示した。一か月後にロンドンでドイツ大使館に引き渡された写本は、その後、華々しくハイデルベルクに凱旋し、「大ハイデルベルク歌謡写本」として終の棲家を得ることとなった。この購入にあたっては、資金の他に一六六もの写本がパリの図書館に寄贈されている。

その後、愛国的熱狂が幸いにも落ち着きを見せ、研究者の興味が内容に、中世芸術愛好家の目が主として美しい挿絵に向けられるようになったとはいえ、マネッセ写本は依然としてドイツ文化を体現する至宝として、政治的に利用され続けている。一九九一年には（歴史的に言えば必ずしも問題がないわけではない）スイス建国七百周年を記念して、写本はドイツ政府から一か月間、誕生の地チューリヒに貸し出されたのだが、これもまた単なる文学もしくは文化的交流を意図したものではなかった。貸出に伴いドイツ、スイスの両大統領の間で、政治経済における両国の協力関係と、隣国としての友好関係を確認する会談が行なわれたのだ。現代においてもなお、写本の価値はその文学的質の高さだけでなく、芸術的意匠によっても決定される。なぜなら、解読の難しいテキストより見た目の美しさのほうが人々に強い印象を与え、その時々の所有者をめぐる物語と合わせて、写本に象徴的価値を与えるのだから。ベストセラーが、本に書かれている内容より、本を世に出すマネージメントの力によって生み出されるというのは、いつの時代も変わらぬ真実なのである。

## 4　愛書家《ビブリオフィル》——ある十五世紀貴族の図書室

十三、四世紀のパトロンたちが本を何冊所有していたのかは、まったく記録にない。十五世紀になって初めて、バイエルンの貴族ヤーコプ・ピューータリヒ・フォン・ライヒェルツハウゼンが、自身のみごとな図書室について詳細な報告を残した。彼は十四世紀前半に貴族の称号を買い取った裕福なミュンヘン都市貴族家の出身で、ラント裁判官として、文芸の花咲くミュンヘン宮廷と近しい関係にあった。この宮廷では文学と生活が密に結びついていた。ウルリヒ・フュエトラーはアーサー王物語を扱った大著『冒険の書』で、ピューータリヒも含めたミュンヘン社交界に触れているし、ピューータリヒ自身も『表敬書簡』という作品の中で、選帝侯息女であり後にオーストリア公妃となったメヒトヒルトにオマージュを捧げ、次いでバイエルンで馬上槍試合ができる貴族たちの名を挙げ、そして当時の文芸活動についての所感までをすべて、中世ドイツの代表的叙事詩のひとつであるヴォルフラムの『ティトゥレル』の詩形を用いて述べている。ピューータリヒの文学に対する意見、写本修正の必要性についての見解、いくつかの本がいまだ手に入らないという嘆きなどを読めば、彼が本の収集家であるだけでなく、校訂者の目でそれらを眺めていたことがわかる。メヒトヒルトから送られた蔵書リストのなかには、ピューータリヒがまだ所有せず、読んでもいないタイトルが一二三もあった（『表敬書簡』九二歌節）。『ランスロット』五作のうち、一作しか持っていないと彼は述べている（九八歌節）。彼が注目するのは古い時代の本のみで、同時代文学は趣味ではなかった（一一二歌節六行）。所有する聖俗合わせて一六四冊（一一二歌節）のうち、四〇冊のタイトルがリストアップされている。特に好んだのは宮廷叙事詩で、なかでもヴォルフラム・フォン・エッシェンバハが彼にとって最も重要な詩人であり、『ティトゥレル』こそ「ドイツ語の本の頂点」であった。もちろん『ティトゥレル』を含め、敬愛するヴォルフラムの作品はすべて所有していて、それだけでは足りずに彼の墓を探し続け、ついに発見したという。集めていたのはヴォルフラムの作品だけではない。ハルトマン・フォン・アウエの作品、ゴットフリート・フォン・シュトラースブルクの『トリスタン』、ヴィルント・フォン・グラーフェンベルクの『ヴィーガロイス』、『ヴィガムール』、ウルリヒ・フォン・ツァツィクホーフェンの『ランツェレト』、ウルリヒ・フォン・リヒテンシュタインの『婦人奉仕』、デア・シュトリッカーの『カール大帝』、ウルリヒ・フォン・エッシェンバハの『アレクサンダー』、トマジーン・フォン・ツェルクレーレの『イタリアの客人』、さらに『二十四長老』、『聖セルヴァティウス伝』その他多数のタイトルが挙げられている。ピューータリヒは過去の作品すべてを自分の図書室に入れるという目標を持って、四十年以上かけて「これらの本をかき集めた」（一一二歌節）。そのためにはどんな手段も使ったと、彼は多少の罪の意識を持ちつつも、それには目をつぶって述べている。つまり彼は「借りる、贈られる、書き写す、買う、探し出す」だけでなく、「盗む、強奪する」という手段まで使って、蔵書を獲得したのだ（一一二歌節）。だから彼の評判は芳しくなかった。ピューータリヒを信用して本を貸そうものなら、本を入れていた袋が戻ってくるだけで満足しなければならないと、人々は噂していたという（一一三歌節）。

ピューータリヒが『シュヴァルツヴァルト説教集』と聖人伝集の二写本を、死後ミュンヘンの在俗女子信徒修道会に贈るよう遺言を残したことは、写本に添えられた羊皮紙から読み取れる。そうすることで、決して褒められたものではない手段まで用いた蔵書収集を、神が寛大にお許しくださることを期待していたのだろう。遺言には二写本を「今後売却もしくは貸出により当館を出ることがないよう、またいかなる変化も被らないよう、二本の鎖で固定する」と、はっきり書かれている(65)。その他一六二写本についても同様の措置を取っていれば、彼の蔵書は後世まで残ったかもしれない。ピュータリヒは写本にひとつも蔵書印を入れなかったようで、彼の図書室にあった本が今日まで生き延びているのかどうかは確認できない。しかしいずれにせよ、ピュータリヒが記録した感銘深い蔵書リストは、叙事詩、騎士物語、ミンネザングが古典として中世後期の人々にも知られ、好まれていたという、重要な証拠のひとつである。そして彼の『表敬書簡』からは、愛書家たちが交換、熱心な調査、ときには奸計《かんけい》を用いてまでも、蔵書を完璧なものにするため、互いに連絡を密に取り合っていたことがわかるのだ。

# 第三章　本と読者

## 1　聞く・読む

文学は人知れぬところで書かれ生まれるかもしれないが、世に広まり、影響を与え、時代を超えて生き残るためには、多くの人の知るところとならなければならない。方法は二つある。ひとつは語り手、歌い手、もしくは詩人自身が口頭で披露し、それをみなが聞くやり方、そしてもうひとつは、文字情報として提示されたものを読者が読む方法である。語り手が目の前にある本に声を与える、つまり朗読という二つの方法のコンビネーションも考えられる。

十一世紀末までの俗語文学は、口承で伝えられることがほとんどだったし、またそうされるのがふさわしいジャンルだと考えられていた。旅芸人、歌手、詩人は歌、伝説、メルヘン、物語を、書写されたテキストを使うことなく歌い語った。この状況を社会の変化とそれに伴う文化の世俗化が劇的に変化させたことは、これまでの章で明らかになっただろう。いまや、新しい宮廷文学こそが文字に記されるべきだと考えられるようになったのである。しかし書記化への移行が、文学の普及方法に影響を及ぼしたかどうかについては、検討が必要だ。文学を後世に伝える手段が口承から書記に替わったとして、文学の受容が「聞く」から「読む」に替わったと言えるだろうか？　さまざまな受容形態が併存していたとは考えられないだろうか？　すでに詳しく述べたように、貴族社会において読み書きは必須の能力ではなく、多くの人が朗読を聞く形でしか文学に接することができなかったことを考えれば、なおさらであ

28　フラー・ブローチ（大英博物館、M&ME 1952, 4-4, 1、9世紀後半）。アングロサクソン時代の銀と黒金のブローチで、五感を図像化したものとしては最古。最も重要な視覚が中心に置かれ、植物の香りをかぐ嗅覚、手を擦る触覚、手を耳に当てる聴覚、手を口に入れる味覚がそれを囲んでいる。

る。中世人の理解によれば、「聞く」は「読む」になんら劣るものではなかった。視覚と聴覚は認識の方法としては対等で、目を通して学ぶことができなくても、耳を通して同じ程度に理解できたのだ。

## 声、文字、絵

すべての感覚が外界の現象を人間の内部に取り込むことができるが、そのなかでも特に目と耳が、この世界の美しさを記憶に取り込み、人間に認識の力を与えるのに重要な役割を果たしている、というのは中世知識人にとって共通理解であった（図版28）。目の優位性をアウグスティヌスは次のように説明する。「目は見るということに関して首位を占めて」おり、他の器官による知覚も絵として記憶に保管される、つまり他の器官も「目に似た働きをしている」のである。たとえば言語表現を考えてみよう。われわれは「いかにきらめくかを聞け」「いかに照らすかを嗅げ」「いかに輝くかを味わえ」「いかにまぶしいかを触れよ」などとは言わない。これらすべての表現にわれわれは「見る」を使う。ところがわれわれは「いかに光るかを見よ」というだけでなく、「いかにひびくかを見よ」「いかに匂うかを見よ」「どんな味がするかを見よ」「いかに硬いかを見よ」などとも言う（『告白』第10巻三五章五四節）。

しかし目が見るのは物体や絵だけではない、耳を通して聞いたことを目に見える形にしたもの、つまり文字も見るのだ[66]。中世人は、聞いたことと見たことが、三段階を経てまったく同じように受容されると考えた。トマジーン・フォン・ツェルクレーレはこれを、間に第三の審判者を挟んだ二人の姉妹の分業関係にたとえている。

イマジナチオは妹に渡す／目の前にあるものすべてを／メモリアは記憶に留める／姉が受け入れたものを／……／ラチオは判断する／良いもの悪いものを／そして良いものをメモリアに／大事に守るよう進言する（『イタリア人の客』八八一三―一六、八八二七―三〇行）。

トマジーンの比喩的な説明の背後には、古典古代から知られていた「脳の三つの部屋」というイメージがある。このイメージは中世後期の自然科学者や医学者にとっても疑いようのない真実で、俗語テキストを通じて広く人々に知られていた。一三四〇年に当時の知の百科全書である『自然の書』を世に出したコンラート・フォン・メゲンベルクは、この認知プロセスを俗人に説明しようと苦心した。彼はイマジナチオ、ラチオ、メモリアという「魂の力」を、頭の中に前後に並ぶ三つの部屋に棲まわせるだけでなく、それらの行ないを女性の責任ある行動にたとえることで、わかりやすく示した。

第一の力イマジナチオは、五感――視覚、聴覚、嗅覚、味覚、触覚――が与える、すべての認識可能な事物の像や似姿を受け入れると、身籠もる。次の部屋にいる第二の力ラチオは似姿で受け入れた事物を、分別ある妻のように見極める。最奥の部屋にいる第三の力メモリアは、事物を大事にしまい、鍵をかける。そしてそれらを信頼できる番人のごとく徹底的に守り、探求する（コンラート・フォン・メゲンベルク『自然の書』第一章一節）。

人間のあらゆる知識、認識、経験の前提となるイマジナチオ（想像力）は、頭の中に目に見える事物の正確なコピーを作る、つまり想像する。目に見える物が文字か物体かの違いは、さほど重要ではない。読むことのできない者は、絵に目を向けよ、とトマジーンは言うが（『イタリアの客人』一一〇四行以下）、これは、絵は文盲にとっての聖書であり、彼らは絵の中に自分たちが従うべきものを見る、という教皇グレゴーリウス一世（大グレゴーリウス）の有名な手紙からの引用である。

文字も絵も同じように受け入れられ、記憶に留められる。どちらも認識への媒体であることに変わりはないのだが、絵を文字の代用品と考えるのは間違っている。認識と理解とは異なる。これも大グレゴーリウスが言っていることだが、理解には絵と文字の共同作業が必要なのだ。円卓の騎士ランスロットとアーサー王の妃グィネヴィアの道ならぬ恋を描いた『散文ランスロット』の作者は、王の姉モルガーネに捕らわれたランスロットが自分の物語を牢の壁に描くくだりで、「詩作する」と「絵を描く」という動詞を同義語として扱っている。

それから彼は日々、誰でもない自分の身に起こったことを、絵に描き続けた。そして復活祭も過ぎた頃、すべてを詩作し終えた（第四巻）。

絵を描くという行為が、少なくとも言葉の上では詩作と同一視されている。この前の場面でランスロットは、あたかもピグマリオンのように、恋人の絵姿に生命を吹き込むことに成功していた。絵をひたすら見つめながら恋人を脳裏に思い描くうちに、想像と現実の区別がつかなくなり、ついには絵を恋人としてしまったのだ。

彼は王妃の肖像を眺め、深々と頭を下げて挨拶をした。それから彼は像を抱きしめ、王妃以外のどんな女性にもしないほど、熱い口づけをした（第四巻）。

囚われの身の主人公ランスロットは、ある絵師の仕事を見ていて自分の身の上話を描くことを思いついたのだが、実はその絵師同様に、描かれた出来事を説明する文章を絵に書き添えていた。このことはずっと後になって、ランスロットが牢獄を逃げ出してしばらくしてから、アーサー王が姉モルガーネの案内でその芸術的な絵を見て、妻と臣下の仲を疑うかねてからの噂が本当であったと知る場面で、ようやく読者に明かされる。

そして王はランスロットの描いた絵の傍らの、彼の勇猛果敢な行ないを記した文字を読み、絵をまじまじと眺めた……。王は驚き、間近によって見つめ、決然と自らに言い聞かせた。「我が名誉にかけて、この文字の示すところが真であるなら、ランスロットと妃は私を謀《たばか》ったのだ。奴が妃と寝た様子が、ここに描かれておる。ここに書かれた文字の通りであるなら、私は悔いても悔やみきれぬ」（第五巻）。

王の恥辱が公になるのを防ぐには、この空間に誰も近づけないようにしなければならない、中世の法によれば、目撃証人がいなければ犯罪は起こらなかったことになるからだ。

このシーンは文字と絵が、受け取る側にとって同価値であることを、疑う余地なく示している。どちらも同じ認識のプロセスに基づいているのだ。アーサーはテキストだけでなく絵も「読み」、絵だけでなく文字も「見る」。この二つが合わさって初めて、認識というものが可能になるのである。ランスロットは絵を見るだけで恋人を思い浮かべ、記憶に留めることができる。しかしアーサーが、これまでかすかに予感していた二人の関係をはっきりと理解するには、絵を見るだけでは足りないのだ。しかし文字だけで完全に理解できるかといえば、そうでもない。なぜなら書かれた文字が何を意味するのか、読み取る力が必要となってくるからだ。トマジーンは次のように言う。読む技術を身につけながらも、読んだことの意味を理解しない僧はたくさんいる、それは教会で絵を見ながらその示すところに思い至れない農夫と同じだ（『イタリアの客人』九三一七行以下）。

つまり絵とテキストという二つのメディアの共通項は、認識のレベルではなく、どちらも視覚的知覚だという点にあるのである。理解を可能に、もしくは簡単にしようと思えば、双方が必要となる。トマジーンは著作の中で、絵とテキストの間の明確な指示関係を構築してみせた。彼は読者に、罪人の地獄落ちが避けられないという自分の言葉の正しさを示す証拠として、羊皮紙九〇枚以上も前の箇所に描かれた「地獄への階段」を参照せよと指示したのだ（一一九七〇行以下）。このような挿絵は装飾のためだけに入れられたのではないし、その意義も美しさ、見栄えの良さに限られるわけではない。絵は言葉を尽くして書き記された内容の理解を助けるのだ。逆にテキストは、さまざまに解釈できる絵の意味をひとつに絞る役割を果たす。その点においてのみ、絵に対する文字の優位性が認められる。ランスロットの絵は、二人の恋人たちを描いたものである。それに文字がつけ加えられて初めて、これが妻とランスロットの道ならぬ関係を描いたものだと、アーサーははっきりと理解する。多くの言葉はいらず、ひとつの意味に絞るには名前だけで事足りる場合が多い。そしてその名前は絵の意味するところと異なる場合もあり得る。初期キリスト教時代には、キリスト教とは関係ない像が名前をつけ替えられて、布教に用いられた。この世のものとは思われぬ美しい女性像がヴィーナスであるか、イシスであるか、聖母マリアであるかは、その像を何と呼ぶかで決定されたのである。

絵や目の前にある物体と異なり、言葉は耳という、人間の意識に入り込む第二の進入口を持っている。「僧には目を通して入っていくものが、俗人には耳を通して入っていく」（九四四五行以下）とトマジーンは言う。聖書の登場人物や聖人たちの物語の意味を、字の読める人たちは聖書釈義のテキストを通じて理解するのに対し、文盲の人たちは教会で自分を取り囲む絵の「正しい」読みを、説教を聞いて学ぶ、ということである。絵を勝手に解釈してはいけない、絵を読むには訓練が必要で、そうした訓練を通じて文盲の人も、絵の図像学的特徴を正しく、つまり教義に則って理解し、救済のコンテキストの中に適切に配置できるようになる。彼は知るだろう、アダムの脇腹からイブが創造される図を見て、キリストの脇腹の傷を思わなければならないことを。そして聖母マリアを他の女神たち、たとえばヴィーナスと区別し、また青いマントのマリアが天の女王、赤いマントのマリアが処女にして神の母を表すと理解できるようになるだろう。黒い顔のマリアは、蠟燭のすすで汚れたのではなく、「黒いけれども愛らしい」（雅歌一・五）と賞賛される雅歌の花嫁と関連づけられているのだと知るだろう。

結局のところ、絵を読むのはテキストを読むのと同じように、訓練を必要とする。絵の適切な解読には知識が求められる。宗教画だけでなく世俗画も同様である。ロンコロ城の壁に描かれた浴槽の中の男がトリスタンであると、そしてそこに描かれたエピソードがいかなるものであるのかを知らなければ（図版22）、野人がまず最初にカーログレナント、そして続いてイーヴェインを「泉の冒険」へと導いたことを知らなければ（図版21）、これらの絵は、装飾的な効果はもつにしても、あまりにも茫漠《ぼうばく》として、ある社会的集団に共通の認識をもたせる役割は果たせなくなってしまう。しかし物語を知る人には、絵は物語の特定の瞬間を際立たせて像として留め、記号化し、描かれている場面をはるかに超えて物語の流れを想起させるプロセスをスタートさせる。聞くか読むかして物語を知ったうえで絵を見ればすぐさま呼び覚まされる、記憶の中のコンテクストにその絵を当てはめることで、絵に意味が付与されることになる。

絵が絵筆ではなく言葉で「描かれている」場合、テキストと絵の相互関係はさらに複雑になる。物語の中で繰り返し、美しい（もしくは醜い）肉体、衣装、装備、町などが長々と描写されることで、驚嘆すべき芸術作品が内なる目の前に現れる。立身出世への野望と、そのために発揮された犯罪的情熱のせいで身を滅ぼすこととなった、農家のならず者息子ヘルムブレヒトの物語を書いたヴェルンヘル・デア・ガルテネーレは、物語をこの若きろくでなしの生い立ちではなく、彼の姉と修道院を抜け出した修道女が縫って彼に与えた帽子の、百行にもわたる詳細な描写で始める。そこにはオウムや鳩などの鳥たちと並んで、宮廷で優雅に踊る騎士貴婦人の姿が見える。ローラント、オリヴィエ、カール大帝、トゥルパンや、ラヴェンナの戦いで勇猛さを発揮したヘルヒェ夫人の息子たち、ヴィテゲ、ディートリヒ・フォン・ベルンなどの英雄たち、それればかりかトロイア包囲戦とその陥落までの全物語が刺繍されている。エクフラシス、つまり芸術作品の言葉による詳細な描写は、読んだり聞いたりする人の目に絵を浮かび上がらせる。ゆえに絵の鑑賞と絵の描写とは、ともに想起や記憶のための方法だと言えるだろう。鑑賞が、聞く、読む、見るなど、複数の知覚を通して行なわれた場合も同様である。リシャール・ド・フルニヴァルは『愛の動物誌』の序の中で、動物とその行動を人間の愛の形と関連づけるという自身の手法を説明する際に、その点に確信をもち、こう述べている。

人は記憶の家に、絵を通しても言葉を通しても到達することができる……、なぜなら、人間の感覚がその精神の特質に基づいて獲得する宝を見張る記憶は、過ぎ去ったことを鮮やかに甦らせるのだから。そしてこの結果に到達するには、絵と言葉が必要である。というのもトロイアの物語などが絵に描かれているのを見ると、昔の英雄の活躍が、あたかもそこで繰り広げられているかのように見えてくる。また物語の朗読を聞くと、冒険が目の前で起こっているかのように耳に入ってくる。[67]

ヘルムブレヒトの帽子の描写に見られるように、絵と言葉の関係が固有名詞でしか出てこないときには、その名前と出来事を他の物語で知っている場合にのみ、何かをイメージすることが可能になる。予備知識があって初めて、帽子に描かれている英雄のうち、最初の四人はキリスト教英雄叙事詩の登場人物、残りがゲルマン英雄伝説の登場人物だとわかる。騎士道の生誕地として知られるトロイアが出てきたところで理想的騎士理念を連想し、それとは逆に盗賊騎士へと墜ちていく主人公ヘルムブレヒトの人生に思いを馳せる。そして東ゴート王テオドリクが、西ローマ帝国を滅ぼしたオドアケルに勝利した、四九三年のラヴェンナの戦いを思い描く。テオドリクをモデルとして生まれたディートリヒ伝説では史実と多少異なり、ディートリヒはラヴェンナ奪還に失敗したことになっているのだが。

人間の言語のあらゆる表現形態を理解し、また幅広いイメージ受容を保証し、そして――これが重要なのだが――双方を正しく秩序づけるとなったときには、目も耳も同様に必要とされる。視覚と聴覚という二つの知覚の道は、同時に連れだって人間の中に入ってきて、そこでひとつの認識、つまりイメージを伴う記憶へと結実する。

イメージを伴う記憶という捉え方は、現代の認知科学でも広く認められているが、知をアーカイヴ化

29　グイードの手（ミラノ、アンブロジアーナ図書館、エリアス・サロモ『音楽学』、Cod. D 75 inf., fol. 6r、1274年）。ソルミゼーションの複雑なシステムを記憶するためのもの。

して蓄積し、それを持続的かつすみやかに取り出せるようにするという、中世の修道院で発達した記憶術は、これに基づいているといえよう。

知識習得の一般的な方法としては、権威あるテキストの暗記がある。フランク人たちは「聖書が彼らに語ることを学ぶため、その一部分を空で覚えて唱えるほどに」熱心に励んだと、オトフリートは著書『福音書』で言う（一・一・一〇八行以下）。学びの方法は、オトフリートにとって重要ではなかった。なぜなら、記憶の刻印というきわめて即物的にイメージされた目標に達するための手段として、ひとりで読むか、集まって朗読を聞くかという二つのやり方に優劣はなかったからだ。教師にとっても生徒にとっても、記憶を助けるものはまず手だった。手の助けを借りて、あたかも自身の身体に知の地形図を書き上げることにより、記憶能力は向上した。十／十一世紀の有名な音楽教師グイード・ダレッツォは、自身が考案したソルミゼーション（音符に文字を当てて歌う方法）の理論を手で説明するモデルを作り出した（図版29）。生徒に学んだことを思い出させるには、教師は自分の指の関節のひとつを指し示すだけでよかった。布に結び目をつくるやり方はよく知られているが、このまったくあてにならない方法に手が取って代わったのだ。事柄は個々の指関節に関係づけられ、文字通り身体に書き込まれて、人はいつでもそこから情報を取ってくることができる。まさに「手に取るようにわかる」といったところか。ところでドイツ語で「根拠のないことを言う」という意味で、「(あることを)指からしゃぶり取る」という言い回しがあるが、それは手に書かれたこの「あんちょこ」から来ている。いいかげんな「手相見」は真理のためにならないと、このような暗記法を問題視する見方もあったということだろう。

人間の内部に地形図もしくは設計図を書くという、古典古代の修辞学に端を発する記憶法もある。これは現代のマインドマップの先祖と言えるだろう。ユーグ・ド・サン゠ヴィクトールはこの、古代に最もよく知られていた記憶術を再発見したひとりで、著書においてそれを紹介しただけでなく、独自のシステムとして作り上げた。

わが子よ、知恵は宝であり、あなたたちの心はそれをしまっておく場所なのだ。知を学ぶということは、貴い宝を集めることである。それは永遠に輝きを失わぬ宝である。知にはさまざまな種類があり、あなたがたの心の中の引き出しには、多くの隠し場所がある。黄金のためのもの、銀のためのもの、宝石のためのもの(中略)。それらの場所を見分け、どれがどこに収まっているのか区別することを学ばねばならぬ(中略)。市に立つ両替商を見て、それをまねるがよい。彼らは迷うことなく正しい巾着に手を入れ、正しい硬貨を引き出すのだ(『しるしに関わる三つの大きな条件について』)[68]。

宝が大きくなりすぎて引き出しに入りきらなくなったら、二次元の「記憶の宮殿」となる表を頭もしくは心の中に描かねばならない。この「宮殿」の中には番号がふられた場所がいくつかあって、ここに知識が整理されて納められるのだ。生徒は精神の中でそれらの拠点を行ったり来たりする技術を身につけることになる。上級者の場合は、この「記憶のラビリンス」を二次元から三次元の箱にしてさらに拡大することで、個々の知がそれぞれの場所に収まるだけでなく、多種多様な結びつきが生まれる。ユーグのモデルを図解するには、二二〇平方フィート（二〇平方メートル）もの紙が必要になる。(69) このように巨大な知の構築物が、どのようにして個人の脳の中に収まるのか、想像もつかない。

テキストから必ず絵が生じるとしたら、この二つのメディアを厳密に区別することは無意味なばかりか不可能で、二つが合わされればさらに高度な複雑性が生まれる。記憶をより簡単にしようと思えば、テキストの構成に絵を使用するのは当然である。絵は物語のまとまりをすばやく見つけるための章見出しや、栞《しおり》の代わりになる。絵は物語への興味をかき立て、絵の意味を知りたいと読者に思わせるが、その答えはテキストを読まなければ得られない。さらに絵はテキストを補完することもできる。なぜなら絵はテキストを超える意味内容をも伝えてしまうからだ。文字と絵の境界があいまいな場合も多い。文字というよりむしろ絵と受け取られるイニシャルがよい例である。Tはよく十字架の形に描かれるが、それは形が似ているからだけでなく、旧約聖書エゼキエル書（九・四）で神を畏れる者たちの額につけられる救いの印、ヘブライ語のアルファベットの最後の一文字 Tav に由来するからである。そのためTは、それで始まる単語の意味とは別に、きわめて神秘的な性質を持ち、その文字で始まるテキストに聖なるオーラを与えることになる。これに対し大グレゴーリウスの著作『ヨブ記注解』の十二世紀初頭に製作された写本に描かれたイニシャルIは、インテレクトゥス（intellectus、知力）の頭文字だが、神秘的な性質はもっていない。Iは一本の木となり、その木で修道士たちが熱心になにやら肉体労働をしている（図版30）。抽象的な記号の代わりに、ここには具体的な木が描かれて意味をつけ加えているが、それはまたもや背景を読み解ける者にしか理解できない種類のものである。「祈り、そして働け」とはベネディクト修道会のモットーであると同時に、他の修道会にとっても行動の指針であった。それゆえ目の前のテキストに対する知的な、霊的没頭を必要とする研究は、手仕事とペアになって初めて価値がある、というのがこのイニシャルのメッセージなのだ。時とともに「働く」、つまり肉体労働の理念

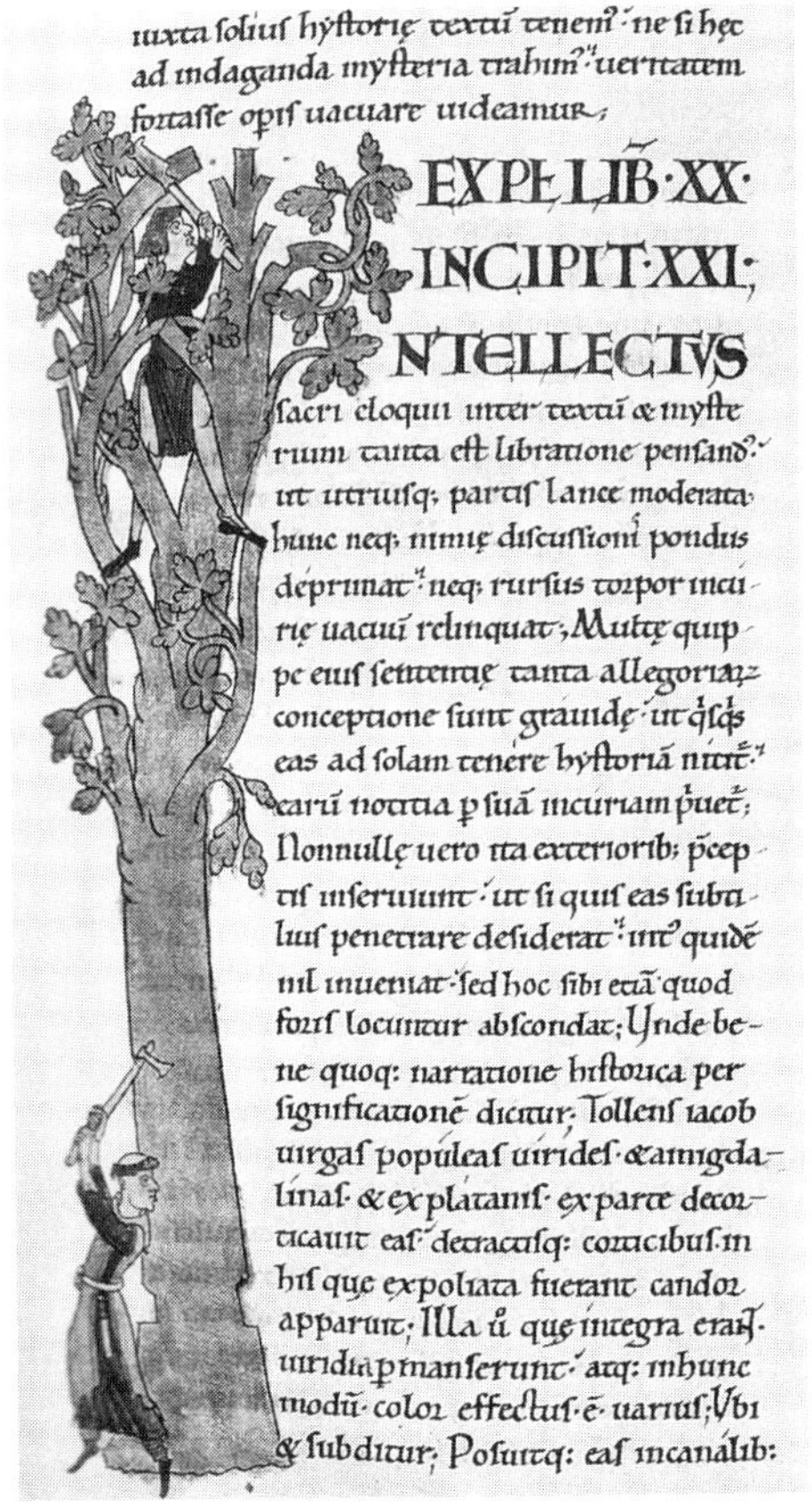


30　大グレゴーリウス『ヨブ記注釈』（ディジョン市立図書館、Ms. 173、fol. 41、12世紀初）。イニシャル。修道士の日常において肉体労働と精神活動が同価値であることを、インテレクトゥス（知力）の頭文字Iに木を切る二人の人物を描き入れることで表現している。

は、修道士たちの生活から消えかかっていた。十二世紀初頭、この状況に立ち向かったのがシトー会による修道院改革で、このイニシャルの中には、聖ベネディクトの戒律を再び甦らせようという改革の基本方針が表現されているのである[70]。

テキストに付加価値をつけるより、テキストの内容を絵でもって視覚化してみせることのほうに重きを置いたイニシャルもある。『ニーベルンゲンの歌』C写本冒頭の蔓型イニシャルは、この写本が製作された十三世紀半の読者には、かなり古い印象を与えただろう。しかしそれこそが、第一歌節で語られるようにこの作品が「古の物語」の伝統に連なることを宣言しているのである[71]。

装飾文字であれ独立した挿絵であれ、絵はすべからくさまざまなやり方でテキストを彩り、テキストはテキストで絵を説明する。とはいえこの二つのメディアの相互作用は、どの装飾写本でも同じように密だというわけではない。とくにドロレリー、つまりグロテスクな身体や動物、半人半獣、そして人間が版面を取り囲んで不埒《ふらち》に遊び回る想像力豊かな装飾模様は、そこに書かれた言葉と何の関係も見いだせない（図版23）。しかし書写すべきテキストを基に一連の豪華な挿絵が構想された場合は、二つのメディアはさまざまなレベルで互いに関連し合い、読者を楽しませる。『ヴィレハルム』カッセル写本を例に取れば、挿絵は物語を基に描かれているが、同時に物語の受容に影響を与えてもいる。つまり絵に描かれなかったシーンは、描かれたシーンより忘れられやすいのである。このように挿絵はテキストの解釈にも影響を与える。挿絵が変われば、同じテキストでも解釈が変わってくるわけだ。また装飾写本の読み方もさまざまである。テキストを厳密にたどる方法、絵の「語り」に重きを置いてテキストを二の次にする方法、「耳で読む」つまり朗読を聞きながら絵を眺める方法。挿絵説明文や吹き出しが絵に添えられている場合、「読み」は完全に絵の順序に支配され、文字で書かれた元の物語の他に、第二の（絵）物語が生まれることになる（図版31）。文字の物語と絵の物語、この二つがどれだけ乖離するか

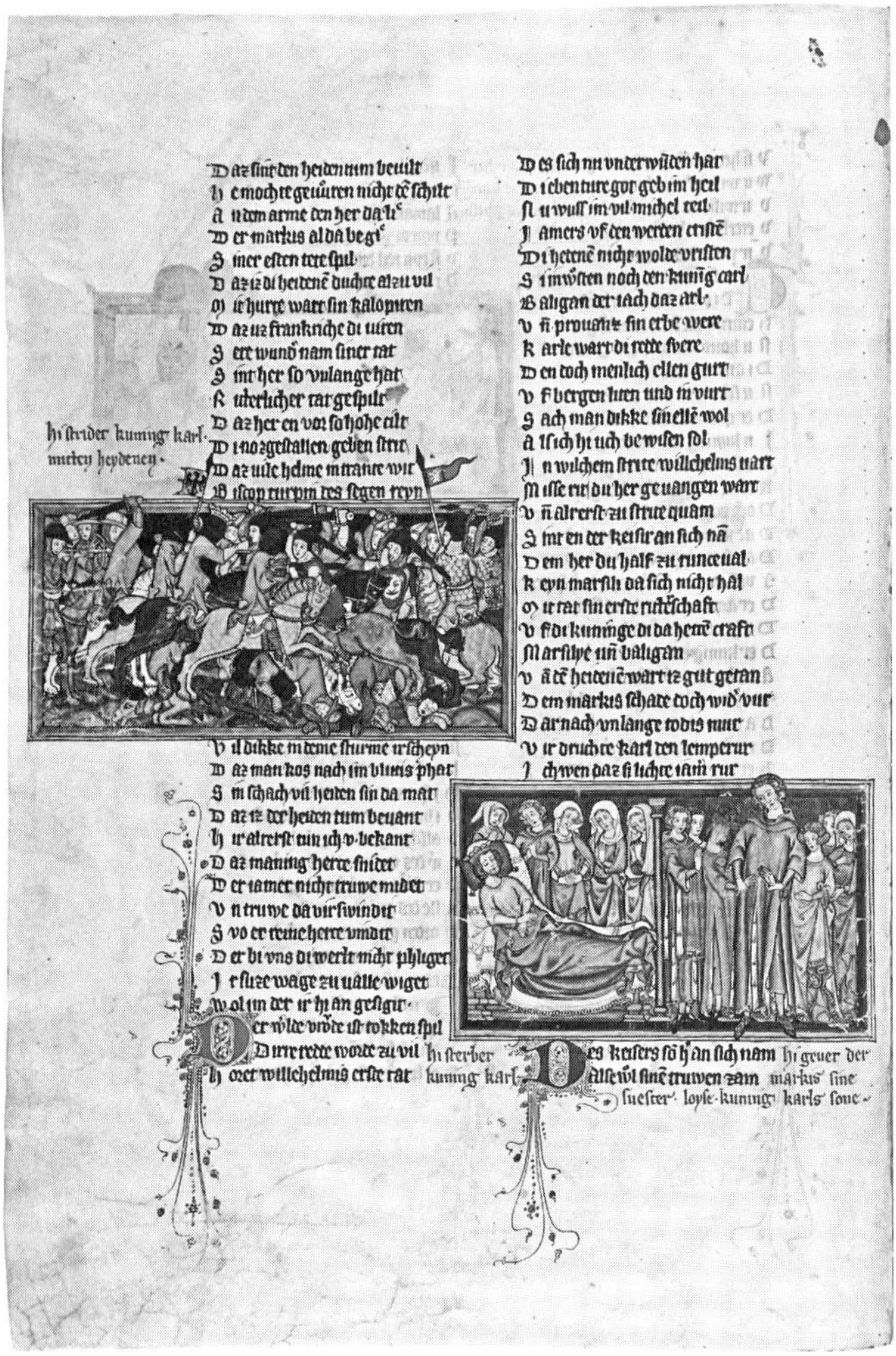

31　カッセル版『ヴィレハルム』写本（カッセル大学図書館、2° Ms. poet. et roman, 1, fol. 7v、1334年）。編集者はテキストと挿絵を注意深く分割している。絵に説明文が添えられているおかげで、絵を物語として読むことが可能になっている。罫線を入れるためのコンパスの穴がはっきりと見て取れる。

は、ヴォルフラム・フォン・エッシェンバハ作『パルツィヴァール』G写本を見ればわかる。テキストは、聖杯王に召命されたパルツィヴァールが、長い間生き別れだった妻コンドヴィーラームールスと息子たちが一緒に天幕で眠っているところを訪ねた、と語る（八〇〇・一五行以下）。ところがこの箇所につけられた挿絵には、妻が息子たちを腕に抱いて馬に乗り、パルツィヴァールに近づいていく様子が描かれているのだ。優雅に眠るコンドヴィーラームールスの姿のほうがずっと魅力的だっただろうに、なぜ画家がそちらを採用しなかったのかは謎である。注意深い読者であれば、このテキストと挿絵の不一致に困惑したことだろう。それとも挿絵の描写を気の利いたバリエーションとして楽しんだだろうか。画家が注意深い読者など想定していなかったことも考えられる。『ヴィレハルム』カッセル写本を見ると、挿絵が描かれたページにだけ、使用された痕跡がはっきりと残っている。テキストのみのページは明らかに魅力に欠けたのだ。理由は想像するしかない。当時の人々は物語を読むより、語られるのを聞くほうを好んだのかもしれないし、物語をよく知っていたので、挿絵だけが新しい情報だったのかもしれない。後の世代がそこに書かれた古い言語をもはや理解できなくなっていて、絵だけしか楽しめなかったということも考えられる。

そのような推測はさておき装飾写本は、シモニデスに始まりホラティウスを経てゴットホルト・エフライム・レッシングに至る「詩は絵のように」、つまり絵画は物言わぬ詩であり、詩は雄弁な絵画であるというテーゼを、芸術的な形にしたものである。中世の文学作品には聞く、読む、見るというさまざまな受容方法があり、それらが同時にもしくは順番に進行した。どれが優先されるかにはいろいろな要因が関わってくるが、そのひとつが作品のジャンルである。

叙情詩を歌う・読む

叙情詩ミンネザングは疑いなく「聞く」文学であったと言える。黙読される歌など考えられないからだ。音楽を伴って朗唱されたのを聞くのが、ミンネザングの受容形態であった。中世の詩人たちも、テキストとメロディーをひとつのものと考えていた。彼らは自ら作曲するか、手持ちのレパートリーのなかの有名なメロディーに合わせて詩を書いた。使えるメロディーには限りがあったので、メロディーをテキストに合わせるのではなく、逆にテキストをメロディーに合わせて創作したのである。ドイツ最古のミンネゼンガーは、本名を含めその存在を証明する伝記的史料がまったくないので、「キューレンベルクの調べで」と自作の詩に書いたことからデア・フォン・キューレンベルク（キューレンベルクの人）という名で写本に残っている。彼の作とされるいくつかの詩節は内容的な結びつきが希薄で、その意味ではひとつのまとまった作品というより、個々にもしくは適当に組み合わせて同じメロディーで歌う、同一韻律の詩節の集合体といった性質のものである。ヴァルター・フォン・デア・フォーゲルヴァイデのように並外れて多作な詩人でも、使ったメロディーはさほど多くないし、彼が使わなかったメロディーにしても伝承されているのはほんのわずかだ。詩の韻律と文構造から、ぴったり合うメロディーが見つかることもあるが、そのメロディーがもともと想定されていたものであるかどうかは証明できない。特定のメロディーに新しい歌詞をつけるのは挑戦であった、とウルリヒ・フォン・リヒテンシュタインは言う。ウルリヒは創作自伝『婦人奉仕』の中で自作のミンネザングを披露しており、その形式、創作の背景、動機などをいちいち記している。それによると、ある貴婦人にドイツではまだ知られていない調べを贈られ、これに詩をつけてくださいと頼まれたという。彼はもちろんこの依頼に即座に、そしてみごとに応えてみせた（三五八歌節以下）。とりわけ好まれたのは俗謡のメロディーを使用して聖歌を創作するコントラファクトゥールで、時としてまさに驚くべき連想が生まれた。たとえば若者を喜ばせるのが得意な色気づいた水車小屋の娘が、キリストを産むマリアに変わったり、人目を忍んで一夜をともにする恋人たちに夜警が夜明けを告げる後朝《きぬぎぬ》の歌のシーンが、「起き上がれ、罪人よ、起きて嘆け」という罪人への促しになったりする。(72) しかし世俗的な歌を宗教的な内容に変えるこのコントラファクトゥールの技法は、本歌を知っていてその意外な変化を楽しめる人にしか、効果を発揮しない。その際メロディーは、本歌に気づかせるための重要なヒントとなったであろう。

まったく新しいメロディーも負けず劣らず驚きをもって受け止められ、テキスト同様聴衆の評価の目にさらされた。

これらの歌はフリーザッハ（オーストリア、ケルンテン州）で生まれた／多くの騎士がこれを聴き／良き出来映えと褒め称えた／調べは新しく、高揚した気分をもたらし／言葉は耳に心地よく、真のことを語っていた（『婦人奉仕』三一六歌節）。

詩人としてまた作曲家として栄光に包まれた様子を、ウルリヒが姪に語る場面なのだが、彼の得意げな顔が目に見える口ぶりである。

詩人と作曲家の役割分担について指摘がなされたり、作曲家の名が記されたりすることはめったにない。ミンネザング以外のジャンルでそれがなされた例としては、十一世紀後半の叙事詩でキリスト教の救済史をテーマとした『エツォの歌』が挙げられる。いくつかある写本のうちのひとつに、エツォという名の人物が詩人として、ヴィレという名の人物が作曲家として名乗りを上げているのだ〔本書一九六ページ参照〕。ミンネザングのジャンルでこのような例を探すと、中世後期になってようやくフーゴ・フォン・モントフォルトという詩人が現れる。彼はいくつかの歌の作者であると高らかに宣言する一方で、作曲をしたのは自分の忠実なる僕、ブレゲンツ出身のブルクハルト・マンゴルトであると、正直に述べている（三一・一八三行以下）。

聴衆に挨拶をしたいとき、恋の手助けを頼みたいとき、浴びせられた（と想定した）非難の声に決然と反論したいとき、詩人はパフォーマンスの場を自ら設定する。たとえばヴァルターは「歓迎の言葉を私にください（L五六・一四）」と要求したり、「愛とは何か、教えてください（L六九・一）」と尋ねたりする。ラインマル・デア・アルテは、第三者が見当違いな非難をしていると言う。

私は日々、不当な非難を浴びています／彼らは言うのです、私があのお方についてしゃべりすぎると／そしてあのお方に対する愛は偽りであると（『ミンネザングの春』一九七・九以下）。

「彼ら」が誰なのかは明らかにされないので、聴衆の多くが自分のことだと感じる効果が生まれたことだろう。

マネッセ写本の挿絵に描かれる詩人の多くが手に持っている空白の巻物が、パフォーマンスの場を表現している場合もある。しかし巻物の意味するところは明白とは言いがたい。朗唱の場ではなく、詩作の最中であることを示しているのかもしれない。図像の正しい「読み」が難しいのは、ミンネザングの朗唱がどのような場で行なわれたのかが、ほとんどわかっていないためである。豪華な祝宴について長々と語る史料でも、朗唱がどのようになされたのか明確に述べられることはまれである。遍歴芸人がいたことは、繰り返し述べられている。彼らが賓客の前で歌ったことは限りなく確かだろう。しかし音楽演奏に耳を傾けるために集った、コンサートの聴衆のようなものを想定してはいけない。ミンネザングの朗唱は、同時にいくつかの場所で行なわれるエンターテインメントのうちのひとつであったと考えるほうが妥当である。祝宴の客たちは、心の赴くままにあれやこれやの出し物に加わった。プロの歌手が雅な歌を披露するだけでなく、宮廷の一員が祝宴もしくは仲間内の集まりで、ひとりもしくはみんなで歌うこともあったのは、物語の記述を見ても明らかである。なんといってもミンネゼンガーのなかには、かなりの数の貴族がいたのだ。物語には、宮廷を楽しませることを目的とした、若い女性の音楽教育についても述べられている。イゾルデのように、楽器演奏と声の芸術で居並ぶ男たちをセイレーンのように虜にしてしまう女性は、実際にはほとんどいなかっただろうが、宮廷生活のなかで貴族の女性が芸術活動に参加していなかったとは言えないのである。

男性ばかりのグループもミンネザングを歌ったことを、ウルリヒ・フォン・リヒテンシュタインが伝えている(『婦人奉仕』一三五二歌節)。彼はさらに、歌う場面をリストアップした。旅の途上で暇つぶしに歌うこともあったし(一三四三、一三五一、一四二六歌節など)、馬上槍試合の場にも歌はつきものだった(一四二五歌節)。祝宴のような公的な場で行事の一環として歌う場合も、プライベートに同好の士が集まる場で歌う場合も、ウルリヒが挙げる例ではすべて、歌は集団の中で歌われている。

歌の場に参加した人々はよく知られた歌や自作の歌を歌うことによって、宮廷のメンバーが共有する価値を確認し、宮廷への帰属意識を高めることができた。公の場で歌われる恋の歌は恋人への語りかけではなく、むしろ宮廷風恋愛の理想を宮廷人に示すためのモデルであった。つまり歌の中で語りかけられる常に匿名の女性は、特定の個人ではなく、種々さまざまな恋の状況に対応できる架空の女性なのである。だから歌の内容と形式を決めるのは実際の恋愛関係ではなく、聴衆の側の期待だった。『リムブルク年代記』の作者ティレマン・エルヘン・フォン・ヴォルフハーゲンは、一三四七年に皇帝ルートヴィヒ四世が指揮した戦いの後、次のような逸話を伝えている。勝利に貢献したと自負するラインハルト・フォン・ヴェステルブルクが皇帝のもとに馬で馳せ参じ、ある貴婦人に対し、自分が彼女のために命を失ったら誰がその損害を償ってくれるのか、という問いで始まり、甲斐のなかった奉仕をもうやめる、という通告で終わる歌を歌った。皇帝はこのような誹謗中傷を咎め、別の歌を所望した。するとどうであろう、女性の冷たい態度に対する評価はころりと変わってしまった。

嘆きに満ちた苦しみの中で、愛らしいご婦人のため、消え入らんばかりの私……。

皇帝は満足して次のように述べたという。ヴェステルブルクよ、それでこそ我らにふさわしい歌だ[73]。婦人に対する賞賛と誹謗は、詩人が巧みに使い分けるべきミンネザングの中の遊戯で、表裏一体である。詩人に期待されるのは自らの体験を歌うことではなく、状況に応じて正しいカードを引き出してくることだった。この場合、勝ち戦にふさわしいのは無駄に終わった行為への嘆きではなく、女性の愛を勝ち取るという意志の表明なのである。

だからといって詩人が歌を披露する際、それが本当のことだと思わせる努力をしなかったわけではない。歌っている詩人は歌の中の「私」を文字通り体現する。歌い手が身振り手振りも駆使して歌の中の役割を演じることで、空想の出来事をあたかも実体験であるかのように思わせる、つまり文学的な関係と社会的な関係の違いが意識から抜け落ちるようにさせることができる[74]。身振り手振りは歌を理解するのに、歌詞以上にとまでは言わないものの、同じくらい重要な役割を果たす。中世に広く知られていた古典古代の修辞学者クィンティリアヌスがすでに、最高の演説も身振り手振りが言葉を支えることがなければ効果を発揮しない、特に手の動きは言葉と同等の表現力をもっていると主張している。『新詩学』で一世を風靡《ふうび》したジョフロワ・ド・ヴァンソフは、身振り手振りを言葉そのものだとまで言っている。

話された／歌われた言葉を強調するだけでなく、曖昧な言葉の意味を明確にしたり、その裏をかいて逆の意味にしたりするのである。秘密の逢い引きを歌うヴァルターの有名な『菩提樹の歌』を若い女性が歌うのと男性が歌うのとでは、聞き手の感じ方には明らかに差が出るはずだ。聞き手は、身振り手振りが言葉の意味を補強しているのか、もしくは言葉とちぐはぐでパロディの雰囲気を醸し出しているのかで、歌を別様に理解するだろう。その際、皆さまに嘘はつきません、私は歌詞の通りに恋し悩んでいるのですと繰り返し誓ったり、名前や具体的なシチュエーションを挙げたりして、詩の内容がフィクションではないと聞き手に思わせるのは詩人なのである。ウルリヒ・フォン・リヒテンシュタインなどは自分の叙情詩を、自伝と称する冒険物語の中に織り込んだ。子供の頃からある貴婦人に恋をしていたのだが、彼女はあれやこれやと口実をつけては自分をはねつける。だから、嫌いと言われた口唇裂の手術をし、自分の言葉が嘘でない証拠に自分の指を切って彼女に贈り、ヴィーナスに扮してオーストリア一帯を騎馬試合をしながら渡り歩き、らい病患者のなかで辛抱強く待ち、城の番人が人目を忍んで隠れている彼の頭に放尿するのを黙って耐える。ついにこのすべての苦行に嫌気がさして恋の奉仕をやめると宣言するのだが、それは別の女性に奉仕をするため。何年も捕虜生活に苦しんだが、それでも三十三年にわたる騎士生活を経てもなお恋の奉仕に身を捧げ、そのため自伝のタイトルを『婦人奉仕』としたのだ。この激動の人生の節々すべてが、彼にとって詩、散文で書かれた「恋愛書」、こだわりの多い恋文を書く機会となった。史料で確認できる多くの名前、場所、事件が作中に登場することから昔の研究者たちは、これまた多くの史料に名前が挙がるこのシュタイアーマルク出身の貴族の発言および詩の内容を真実と考え、これが俗語で書かれた最初の自伝だと信じた。しかし、「自伝」に記されるどの事件にも、史料に現れる実在のウルリヒが居合わせたという記録はなく、また詩の内容通りの出来事が起こることはあっても、逆に詩が出来事の結果生まれたというエピソードはない、という事実は見過ごされてきた。研究者たちはこれが「創作自伝」であることに思い至らなかったのだ。実話でないからといってウルリヒの作品が魅力を失うわけではないが、美しい婦人たちとの洗練された「騎士的な」交わりや、彼女たちのきわめて高い道徳性の証左としては、まったく役に立たない。そしてミンネザングというジャンル自体、この作品と同様の性質のものであるといえる。ミンネザングとは実体験を歌うのではなく、特定の役柄になりきって歌う歌なのである。その点、現代の音楽シーンに似ているかもしれない。ポップス、シャンソン、ラップ、どれも恋の苦しみ、喜び、誓いを歌うが、その中に歌い手の個人的体験を詳細に読み込もうとする者はいない。ミンネザングはまさに、特別な機会がなくてもふと口ずさめる中世のポップスだったといえよう。とはいえミンネザングは単なる流行歌ではなく、芸術作品でもあった。芸術作品としてのミンネザングは、声に出して歌うだけでなく、読むものとしても考えられていた。それを証明してくれるのは、またしてもウルリヒ・フォン・リヒテンシュタインである。彼は詩を託された使者が歌う（四〇四、四二六歌節など）、婦人が自ら歌うといった場面と並んで、婦人が自室で静かに詩を読むという場面も複数回描いているのである（三六〇、一一〇〇、一二二六、一二三七歌節など）。詩に造詣の深い受容者には、読んでこそ詩の複雑な構成、個々の詩行や歌節間の多彩な形式的、内容的関連、手の込んだ比喩表現など、多くのことが明らかになる。プライベートな詩の受容をウルリヒが何度も記述しているのに加えて、初期の写本に楽譜が記載されていないことも、詩が読まれていた証拠となるだろう。楽譜抜きに書写されることで詩は響きを失い、耳で聴く歌謡から目で読む詩となったのである。聞くから読むへの移行によって、受容のあり方が変化したことは言うまでもない。文字というメディアの中で詩は人間の身体から解き放たれ、現実との直接的な関係を失い、時空の壁を越えて伝えられ、読まれるたびに新たな評価を受ける。情報は歌手から聞き手へではなく、テキストから読者へと伝えられる。そうなると言葉以外の要素（身振りなど）は失われ、せいぜいのところ韻律の中にかすかにその痕跡が残るのみとなる。音節が長めに発音されてテンポが遅くなり、その結果、ある単語もしくは詩行に特別に強い印象が与えられるという韻律のテクニックが使われている場合、それは声帯をはじめとする身体への指示であるとも考えられる。しかしその指示があるかないかを決定するのは詩を読んでいる人間のほうで、その人物には誰かが歌うのを聞いている場合には許されない、解釈の自由が保障されているのである。

ミンネザングの受容はこのように口承と書記の交差する場に成立している。どちらが優勢かは状況次第だが、原則的には聞く、歌う、読むというすべての方法が可能であり、詩人はそのことを踏まえて創作していたのである。

## 格言詩で「口撃」

格言詩は政治・社会的な時事問題を扱うという点で、ジャーナリストの仕事に近いといえる。「グーテンベルクの銀河系」以前の時代において、ニュースが可及的すみやかに広まるためには、口から口へと情報が伝わることが必要だった。遠く離れた地で起こった出来事を多くの人の耳に初めて伝える、というのは大袈裟だとしても、その意味を説明することで情報伝達の役目を果たしたのは、またしても詩人たちであった。ハプスブルク家のルドルフ一世が皇帝に選出され、フリードリヒ・シラーがバラード『ハプスブルクの伯』で「皇帝不在のひどい時代」と歌った大空位時代が幕を下ろしたとき、たとえばフリードリヒ・フォン・ゾンネンブルクは、教皇グレゴーリウス十世が新国王に送った（当然ラテン語で書かれた）承認状をドイツ語にほとんど逐語訳し、そのことによってラテン語を解さない貴族たちに、新たな支配者の正統性を誤解の余地なく伝えた。(75) このように高度な時事性をもつテキストが、時代を超越したミンネザングと比べて、より実用的な目的で書かれていることは言うまでもない。そのような作品を作るのは、主君の厚意にすがらざるを得ない遍歴の職業詩人と相場が決まっていた。彼らはまさに、今日の新聞の役割を果たしていたのである。その舌鋒が恐れられていたことが誰よりも印象的に裏付けられているのはヴァルター・フォン・デア・フォーゲルヴァイデである。彼はおだてたり非難したり、いやみたっぷりに、また教え諭すように、懇願したり呪ったりとさまざまなやり方で権力者たちに物申し、時事問題にコメントした。そして最高権力者の元に留まるわけでも、国家レベルの政策にのみ口を挟むわけでもなく、たまたま逗留していた土地の、今では何のことかわからなくなってしまった取るに足らない事件にも、鋭く嚙みついた。

たとえば彼は、三マルクの価値がある彼の馬を、ゲルハルト・アツェなる人物が理由もなく射殺したとテューリンゲン方伯に訴える。

ゲルハルト・アツェ殿が私の馬を／アイゼナハで射殺しました／そのことを彼と私の／共通の主君であるお方に訴えます／三マルクの値打ちがある馬でした（L一〇四・七行以下）。

そして彼は、件の馬がゲルハルトの指を嚙み切った馬と血縁関係にあったというとんでもない主張をしているとゲルハルトを非難した上で、二頭の馬が知り合いであったはずはないという、同じくらいとんでもない誓いを立てて、法による救済を求める（L一〇四・二三行以下）。テューリンゲン方伯宮廷でその名が記録に残っているミニステリアーレであるゲルハルトと、遍歴詩人ヴァルターの社会的地位の差を考えれば、ヴァルターが本当に裁判を起こそうとしていたかどうかは疑わしい。しかし同様に、ヴァルターがいつにもまして激しい調子で歌っているのが、テューリンゲン宮廷の人々なら誰でも知っている実際の出来事ではなかった、とも考えにくい。宮廷人は格言詩の単なる聴衆ではなく、格言詩を生み出す原因でもある。法律上の請求権は、公の告発があって初めて成立した。自分の身に攻撃が加えられたときに自己の権利を声高に主張する、その叫びの役割をこの場合の格言詩は果たしていたと思われる。同時にヴァルターは、聴衆が虐げられた詩人を支持する側に回ってくれることを期待したのではないか。たとえそれが「取るに足らない人間が実力者に仕掛けた虚構のひやかし攻撃[76]」であるにすぎず、その横柄な訴えは現実の訴訟手続に結びつくものではなかったとしても、ヴァルターは法律制度において集団に課せられた親族責任を動物に当てはめて茶化し、身分が上の宮廷官吏に身体的欠陥——食いちぎられたという指——があると痛烈に攻撃して、聴衆の笑いを味方につけたのである。そしてヴァルターがこれまた謎めいた、そして同じように辛辣な調子でゲルハルトに向けて、別の格言詩（L八二・一一行以下）で第二の矢を放っているところを見ると、この両者は互いを本当に敵視していたのであろうし、また宮廷の体制側に属するゲルハルトに対し言葉で攻撃を仕掛けても大丈夫なほどに、ヴァルターの地位が安定していたということもわかる。

教皇に狙いを定めた煽動プロパガンダがその目的を達したことを、トマジーン・フォン・ツェルクレーレが証言している。彼はヴァルターが「千もの人々をそそのかし、神と教皇の命令に背くように仕向けた」と非難したのだ（『イタリアの客人』一一二二三行以下）。数は誇張されているとしても、それは世間が政治を歌う一詩人に寄せる関心と、権力者が恐れる歌の危険性を物語っているであろう。恐ろしい結果をもたらしたとトマジーンが言う詩は、二つの事件を扱ったものである。ひとつはオットー四世とフリードリヒ二世の国王二重選出、そしてもうひとつは教皇インノケンティウス三世の十字軍召集で、教皇は献金箱を設置することでその資金を賄おうとしていた。ヴァルターの詩は聖界の最高権力者に対する、歯に衣着せぬ非難となっている。

ああ、なんとキリスト者らしい教皇猊下の笑い声／「余はこうしてやったのよ」とイタリア人の取り巻きに仰せ／それは教皇猊下にあるまじきご発言／「余はドイツ人二人の前に、冠ひとつをぶら下げた／奴らが争い国を乱し、荒廃させるよう／その隙に我らは、奴らの長持をあさるのよ／奴らを余の献金箱へ、奴らの財はみな余のもの／ドイツの銀は、我がイタリアの教会へ／坊主ども、鶏を食え、ワインを飲め／ドイツの奴らは飢えさせておけ」

猊下のくだされし献金箱殿、そなたは／猊下を富ませ、我らドイツ人を貧しくするのか／ラテラノ宮に大金が集まれば／猊下のいつもの悪巧み／おっしゃるようは、汝らが国は乱れていよう／すべての教区が献金箱を満たすまでは／神の国では白銀は、お役に立たぬと思われまする／財の山を坊主が分け与えることなどありはせぬ／献金箱殿、そなたはドイツの民のなかに／愚か者を探して災いの種をまく（L三四・四行以下）。

教皇は世俗の権力を弱体化させるため、意図的に二重国王状態を作り出した、強欲で意地が悪く狡猾で享楽的な教皇は、哀れなドイツ人から集めた金を十字軍にではなく、自分の懐を肥やすために使おうとしている、などヴァルターが地上におけるキリストの代理人に浴びせる非難は留まるところを知らない。「鶏を食え、ワインを飲め」の代わりに「上半身には説教を、下半身は触りまくれ」と露骨に性行為を奨励するヴァージョンもあり、ヴァルターの詩の中で教皇はもはや罪深き堕落の権化、ラテラノ宮は性的放縦の殿堂と化している。

その非難にはほんの少しの真実もない、とトマジーンは反論する。私はひとりの使者が教皇の書簡を読むのを聞き、またその様子を見たが、それはそのような告発を退けるものであった（『イタリアの客人』一一一八〇行以下）、と彼は彼でヴァルターが言いがかりをつけていると批判する。非難が行き交うなか、トマジーンは目撃証言であることを理由に、自分の主張の正しさを強調している。

トマジーンの非難がヴァルターに届いたかどうかはわからないし、さしあたって問題ではない。重要なのは、さまざまな党派がその立ち位置を決め、政治的見解を固め、ときには断固とした反撃を決意するきっかけに、格言詩がなったという事実である。複数のヴァージョンが存在することは、その時々の攻撃対象もしくは聴衆層に合わせて、詩人が重点を変えていたことを示している。気前の良い主君の厚意にすがらざるをえない遍歴詩人としてヴァルターは、何を披露するのかを慎重に検討したのであろう。「世話になった人のことは褒める」、遍歴詩人を揶揄するこのことわざは、まさに真理を突いていると言えよう。とはいえ、格言詩の宣伝効果が発揮されるのはおもに公の上演でのことで、そのテーマがアクチュアルである間しか有効ではない。それゆえ恋愛詩よりさらに、口承による受容が想定されていたと考えられる。詩で語られる時を隔てた出来事は、それを同じメロディーで歌うことにより関係づけられた。しかしそのためには、聴衆が過去の格言詩をよく知っている必要がある。そういった知識は耳で聞いた歌の記憶と、文字に記された格言詩を読むことで得られた。テキストが声から文字へ移行することで、出来事との直接的な関係は薄まり、その分ショッキングな宣伝効果が失われることは確かだ。しかし書かれたテキストにはより大きな普遍性が与えられる。つまりヴァルターの教皇に向けた悪口雑言はもはや具体的な事件に関連して読まれるのではなく、教皇庁に対する全般的な批判と理解されるようになる。こうしてこのテキストは以後数世紀にわたり、ローマ教会の敵対者がその堕落を弾劾するとき、いつでもどこでも引用できる武器となったのである。

叙事詩を聞く・読む

叙事詩が写本で伝えられていたことは、作品の規模の大きさからして明らかである。知識獲得には暗記が通常の手段であり、そのため当時の人々の記憶力が現代人よりはるかに優れていたとしても、詩人もしくは語り手が数万の詩行をすべて頭の中に入れていたとは考えられない。写本に書き留められることによってテキストは、詩人という人格から決定的に解き放たれた。そうなると読者が詩人の意図とは異なる勝手な解釈をしてしまうおそれもあるわけだが、そういった事態に対し詩人は、良き読者と悪しき読者の線引きをしたり、物語がいかに理解されるべきかという規則を制定する努力をした。私は良き物語を書き上げたのだから、次は読者がそれを粗悪な作品と区別して、正しく評価する番である、と多くの詩人は強調する。とりわけ巧妙なのは、作品の価値を理解できる人間に読者層を限定するという言い回しである。自分はゴットフリート・フォン・シュトラースブルクが対象とした「高貴な心の持ち主」や、トマジーン・フォン・ツェルクレーレが作品を捧げた「優れた人々」の一員であると思いたくないような人がいるだろうか。これらの人々が物語を集団で聞いたか、もしくはひとり静かに読んだかは、詩人にとってどうでもよいことであった。

ハルトマン・フォン・アウエは彼の聖人伝風叙事詩『哀れなハインリヒ』の「朗読を聞いた、もしくは（テキストを）読んだ」（二三行）人々すべてに、神への取りなしを頼んだ。聞く／読むについては『トリスタン』『新ティトゥレル』をはじめ、さまざまな騎士物語、聖人伝などで話題になっている。宮廷叙事詩では騎士貴婦人が――多くの場合若く美しい乙女に――朗読をさせている。『ヘルムブレヒト』で主人公の父親は、英雄たちの驚くべき冒険譚の朗読を聞くことは、良き習わしが廃れてしまう前、名声高かりし頃の宮廷における娯楽であったと述べている。それに対しコンラート・フォン・ヴュルツブルクの『この世の報い』では、詩人ヴィルント・フォン・グラーフェンベルクがひとり居室で愛の物語を読んでいるところに、前から見るとすこぶるつきの美女、しかし背中は膿みただれ腐臭を放ち、毒蛇がうようよ這い回るという「この世夫人」が入ってくる。そしてその詩人ヴィルントが実際に書いた宮廷叙事詩『ヴィーガロイス』は次の言葉で始まっている。「私を開けた良きお方は誰?」。つまりここでは本が読者に語りかけているのだ。こと自分に関しては詩人たちは、真の物語を書き下ろすために原典研究を行なった、つまりテキストを読んだと主張する。ことほどさように読むと聞くとは、そのいずれかに決めがたい、明確に切り離すことができない行為なのである。そしてコンテクスト次第で「語る」「朗読する」「教える」「学ぶ」にもなり得る中世語の「読む（lesen）」という動詞の意味範囲の広さが、線引きをさらに難しくする。とはいえこの「読む」はたいてい本が目の前にあることを前提とする。つまり本を読むことと、その朗読を聞くことは等しい、もしくはパラレルであったと考えるべきであろう。そのような緊張に満ちた混合状態は、作品の構成や解釈に影響を与えたと思われる。口承文化から書記文化への移行は突然に起こったわけではなく、変化はゆっくりと進行した[77]。文学制作の場は声というメディアから本というメディアへと交代していったが、文学受容の場ではその二つのメディアが同等の情報伝達手段と認められ、ともに機能していた。物語を聞くときに朗読者と聴衆の間に対話があるとすれば、読むときには本と読者の間で対話が行なわれる。なぜなら（十七世紀に至るまで通常行なわれていたように）唇を動かして言葉の音を再現する、つまり音読しながら聞くときには、読者は自らに対する朗読者ともなるからである。読者が本と対話をする、そのとき本は文字を書き込まれた羊皮紙の束から、コーパスつまり身体となる。

## 2　身体としての本

　文字や本に使われる身体のメタファーは、日常語になっている。「頭書き」には宛名が記され、とある詩人の全作品、つまり「コーパス（身体）」研究に熱意を持って取り組む研究者の博識は、「脚注」に示される。これらの表現は一般によく知られており、それを聞いて人間やその肉体を思い浮かべる人はいないが、元はと言えば人間の身体のイメージから生まれたものなのだ。文学、知識、記憶が人間の存在とまだ強く結びついていた社会では、身体性を欠いた文字はほとんど考えられなかった。そもそも、イエス・キリストという人間を形作ったのは神の言葉だったではないか。「初めに言があった。言は神と共にあった。言は神であった。……言は肉体となって、わたしたちの間に宿られた。わたしたちはその栄光を見た。それは父の独り子としての栄光であって、恵みと真理とに満ちていた（ヨハネ福音書一・一、一四）」、この聖書の文言を、それ以外に解釈できるだろうか。神性の肉体的存在を体験できるのは、キリストの同時代人だけである、しかしその身体的存在には「本の中の本」、つまり聖書を読めば誰でも到達できる。聖書は聖なるものが隠れている／かくまわれている飼い葉桶なのである（図版32）。文字として固定された言葉――聖書のみならず成文法も――をおろそかにすることは、神を身体的に攻撃するに等しい。なぜなら、『ザクセンシュピーゲル』にあるように「神は、御自身、法なのである」（序言）のだから（図版33）。所有することによって病気や不運から守られるという点では、聖書

32 『ビーブル・モラリゼ』(ウィーン、オーストリア国立図書館、Cod. Vind. 2554、fol. 16r、1215–1230 年頃)。キリストが飼い葉桶のように開かれた本の中で眠っている。その横には旧約聖書の擬人像シナゴーグが立ち、テキストに記されているように、キリストを失う運命にあることを嘆いている。

33 『ザクセンシュピーゲル』(ヴォルフェンビュッテル、アウグスト公図書館、Cod. Guelf. 3. 1. Aug. 2、fol. 85r、14 世紀半)。法の敵対者に足蹴にされている本から、法を体現するキリストが顔を出している。法の重みに押しつぶされている著者もまた、敵対者に踏みつけられている。

は聖遺物と同様である。司祭ヴェルンヘルは、自作『マリアの生涯』を、そのような「お守り」として推奨する。

この三書が納められるところでは／どの子ひとりとしてせむしや盲目《めしい》にならぬよう／聖母マリアがお守りくださる／……／この書が置かれるどの家でも／そこに棲まう皆人に／天使が至福をお与えになる（司祭ヴェルンヘル『マリアの生涯』三〇一八行以下、三〇四八行以下）。

これほど重要な身体性を意のままにできるのは、宗教テキストだけというわけではなかった。世俗的な文学世界も、さまざまな本の身体との、多種多様な遊戯を楽しんでいたのである。

## 本の擬人化

「……良き女主人にふさわしく、イタリアの客人を迎えなさい（『イタリアの客人』八七行以下）」と、トマジーンはドイツの国々に求める（図版34）。自分の発言に対する批判は甘んじて受けるが、批判が立派な人間によってのみなされるよう、忠告とみると取りあえずすべてはねつけるような低俗な人間に客人が煩わされることがないよう、女主人には気を配っていただきたい（一二七行以下）。こう願う気持ちは理解できる。しかしドイツの貴族たちを相手に、正しいふるまいについて長々と書き連ね、これに倣うようにと説くイタリア人、つまり「客人（一四六八二行）」であるトマジーンを丁重に迎え入れようというのは、どうもしっくりこない。それもそのはず、実は客人として迎えてほしいのは彼自身ではなく、彼の本なのだ。「さあ行け、イタリアの客人よ（一四六八五行）」と彼は自分の代わりに本を送り出

34　トマジーン・フォン・ツェルクレーレ『イタリアの客人』（ゴータ、州立研究図書館、Ms. Memb. I 120、fol. 8v、1340 年頃）。ページ下の吹き出しに「ドイツ語よ、トマジーンがあなたに私『イタリアの客人』を送ります」とあるように、本自らが「ドイツ語」のもとに赴いている。

し、このよそ者が彼の紹介状のおかげで温かく迎え入れられることを願う。父が息子にするように、彼は本に忠告を与えて送り出す。悪い人間には気をつけよ、彼らはお前を「箱の中へ（一四七〇二行）」放り込んで、そこで朽ちさせてしまう。身を寄せるならば「立派な人（一四六九二行）」に限る。そんなお方の「膝の上に（一四六九四行）」乗りなさい。膝の上に本を載せるというのは、読書の際の姿勢を表しており、トマジーンの言葉は、好意的な読者への呼びかけを含む、ユーモラスなメタファーとなっている。だが同時にこの身振りの背後には、中世の法慣習で養子縁組を法的に確定させる儀式が隠されているのだ。[78] 息子を独り立ちさせる父のように、トマジーンは作品を送り出す。父のように彼は作品の運命に思いを馳せ、作品が悲惨な境遇に陥ることなく、行き着いた先で実の子のように保護されることを望む。つまりこのメタファーには真剣な願いが込められているのであり、また論理的に筋が通っているのだ。そもそも、本の擬人化はトマジーンに始まった話ではない。本の執筆を子作りになぞらえる例は古典古代にすでに見られる。オウィディウスは自分の作品を、母親の腹を経ずに彼自身から生まれ出たわが子、もしくは子孫と呼んだ（オウィディウス『悲しみの歌』第三巻一四歌）が、このメタファーは中世文学に頻繁に引用され、さらに幅広く展開された。そこでは本は、自ら行動すると同時に他人に取り扱われもする、名声を享受したり捨て去られたりもする、作者の代弁者でありながら、作者と関係のないところで読者と自由にコミュニケーションを取る「人間」となるのである。

「私の名は分別《ふんべつ》」、ある教訓詩は自分を手に取った読者にこう自己紹介し、作者はフライダンクであると告げる（『分別の書』）。「若者の師」と名乗り、作者については一切語らない本もある（『美徳の鑑』）。本自体が教師、それも極めて優秀な教師なのだ。なぜなら本には感情の起伏がなく、鞭も振るわず、罵詈雑言もなく、着せる服も金もいらないのだから。必要なときには常にそこにいて、生徒がやってきたときに眠りこけていることもなく、決して怒らず、無知な生徒をあざ笑うこともない（リチャード・

ド・ベリー『フィロビブロン』第一章)。そしてなんといっても、人間の教師よりずっと長生きだ。トマジーンも「本は長持ちする」と言っている。本は「生みの父」より長生きとはいえ、それ自身は捨てられ焼かれて、この世から消え去ってしまうことがあるかもしれない。だが、たとえそうなった場合でも、まったく同じというわけにはいかなくても、少なくとも何らかの「遺産」を引き継ぐ書写本という後継者を得ることもあろう。近世に入っても本は、熱心に意見交換をするに値するきわめて活発なパートナーとして、一対一のコミュニケーションの相手となる「人間」と捉えられた。発声器官である「口」と「舌」も備わったそれは、恋をしている「私」の一部ともなり得た。

小さな本よ、私がどこにいようと/私の恋人の側を離れず/私の舌と口となり/変わらぬ愛を告げておくれ/私の身体は遠くにあろうと/心は常にお側にいると/彼女がわかってくれるように(ハルトマン・フォン・アウエ『哀歌』八一一—八一七行)。

読者が本を開くと、本はすぐさま「語り」始める。部屋に入ってきた訪問者に挨拶をするように読者に声をかけ、これから始まる対話の成功にとって必要なことを話す。

私を開いた良きお方は誰/それが私を読み、また/ご理解くださる方ならば/いたらぬところがありましても/お情けをもって取り計らい/後の世に悪しき噂の立たぬよう/してくだされればありがたき幸せ/流れるように完璧に/不逞の輩に手を加えられぬほど/みごとに書かれたわけではない/それは存じております/どんなにみごとに書こうとも/奴らの魔の手は逃れ得ぬ/書き換えられぬほど、それほどに/完成された物語などありませぬ/奴らに手を加えられた暁には/誰にお訴

えすればよいのでしょう／しかし素晴らしき方々のお褒めがあれば／不運に耐えてもいけまする
（ヴィルント・フォン・グラーフェンベルク『ヴィーガロイス』一一一九行）。

自分の力量のなさを告白し、間違いに対しては寛容を願い、悪意ある憶測や中傷による誤解から身を守り、理解ある対話者を得ることを望む。これはプロローグによく見られる文言である。たいていの場合「語る」のは作者、もしくは「分別」や「若者の師」といった物語の語り手なのだが、ここでは本がその役割を果たしている。なんといっても作者や語り手を「開く」ことはできないのだから。ここで想定されているのは本と読者の間の対話であり、ここに至って初めて「読む」ことの優位が示されたと言ってもよい。それに伴い必然的に、人々との交わりを避けた、本と読者の親密なランデブーが生まれた。本との対話に公の場はそぐわない、いまや私室が読者にとって好ましい場所となった。この世について知るために、外へ出かけていく必要はなくなった。コンラート・フォン・ヴュルツブルクの『この世の報い』で「この世夫人」が部屋を訪れるように、世界は本として読者のもとにやってきて、その矛盾に満ちた不可思議なありさまを開示してくれるのである。

## 本に描かれる作者・書記・語り手

『ザクセンシュピーゲル』の作者アイケ・フォン・レプゴウが、自分が書いた本の重さに押しつぶされている（図版33）。その名が綴られているわけではないが、肖像が彼を本の中に呼び戻し、中世で法を制定する際に必要となる権威を本に与えている。真正性、権威、真実は個人の存在と結びついており、それを読者に「生き生きと」示すために、写本にはテキストに関わる人間の肖像がよく描かれた。

マネッセ写本のように作者の肖像画が作品の冒頭に置かれる例もあるが、美しく飾られたイニシャルがその代わりを果たすこともある。多く見られるのは作品テキスト冒頭のイニシャルを手に持っている作者像で、第一章で紹介した説教集の場合、作者ではなく女性書記グーダがテキスト冒頭「ドミヌス（主）」のイニシャルDを、あたかも主その人であるかのように握りしめている（図版14）。『パルツィヴァール』ザンクト・ガレン写本では飾り文字Aの中からひとりの騎士――主人公パルツィヴァールもしくは作者ヴォルフラム――が読者を見つめている（図版35）。オットー・フォン・パッサウ作で広く人気を博した神秘主義的人生訓『二十四長老』（一三八六年）の、一四四八年にバーゼルで製作された写本は、さらに手が込んでいる。中世後期の宗教世界において長老は、神と人間の仲介者として重要な役割を担っていた。オットーのテキストでは、黙示録に登場する長老二十四人がひとりずつ、愛に満ちる魂と対話するのだが、その冒頭の文字は中世のアルファベット二十四文字の中からひとつずつ選ばれているのだ。長老はそれぞれの対話の冒頭、割り当てられたアルファベットの文字を手に、椅子に腰をかけた姿で描かれている。つまり長老はアルファベットであり、逆にアルファベットは対話をする長老の代わりにそこに置かれているのである（図版36）。そしてこの冒頭文字をつないでいくと、祈りの言葉が現れる。アルファベットは長老を体現し、長老二十四人全員が集まると祈りとなるのである。[79] 単なる文字や単語が神に向けられているわけではない。永遠に生きる聖人が罪人のために赦しを乞うことにより、その仲介者としての役目を果たしているのだ。

ヴォルフラムの『ヴィレハルム』挿絵入り写本にも、語り手の姿が描かれている（図版37）。異教からキリスト教に改宗したアラベル改めギブルクと、その夫で物語の主人公ヴィレハルムの間に立つ語り手は、まるで二人の登場人物の込み入った関係を、さらには自分が語る物語の錯綜した状況を伝えたいとでも言うように、腕を交差させたり左右に開いたりしながら二人を指さしている。つまりここでも文

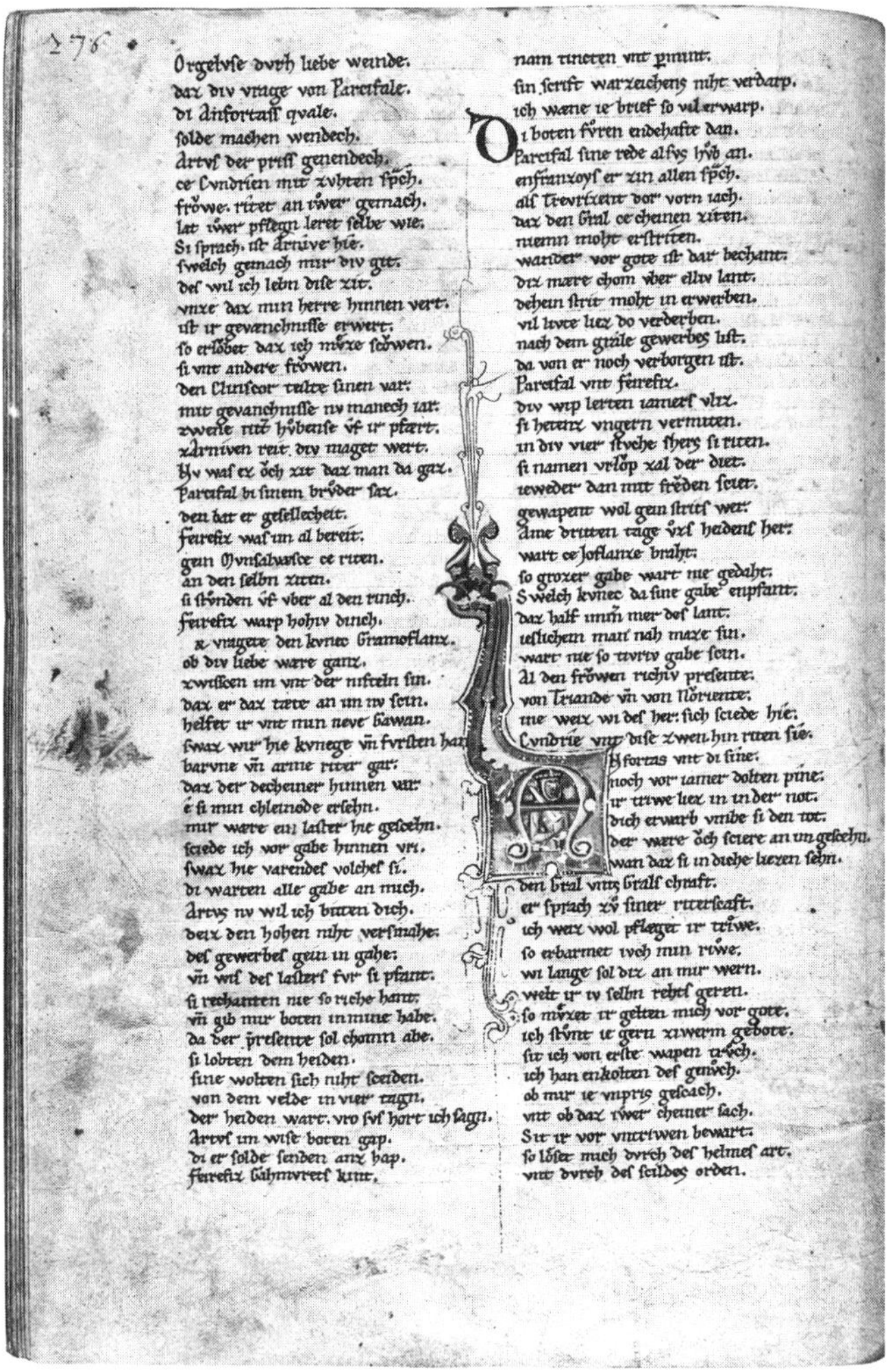

35　ヴォルフラム・フォン・エッシェンバハ『パルツィヴァール』（ザンクト・ガレン修道院図書館、Cod. Sang. 857、276 頁、1260 年頃）。装飾文字 A の中から、鎧に身を固めた騎士が抜き身の剣を平和的に肩に添えつつ、読者とのアイコンタクトを求めているかのようにこちらを見ている。

左：36　オットー・フォン・パッサウ『二十四長老』（ベルリン州立図書館、mgf 19、fol. 112r、1448 年）。「ヴェルデンベルクのマギステル」ヨハネスと名乗る書記が、写本の成立を 1448 年と記している。それぞれが手にしているアルファベットが全体として、長老たちが代願者であることを表している。

下：37　ヴォルフラム・フォン・エッシェンバハ『ヴィレハルム』（ミュンヘン、バイエルン州立図書館、Cgm 193、fol. 1r、13 世紀後半）。語り手が腕を交差させ、次には腕を左右に開いて、物語の主人公ギブルクとヴィレハルムを指し示している。

字が人間像となり、語る身振りが黙読から口承のパフォーマンスを立ち上げる。受容の形態が「聞く」から「読む」にシフトしていくにつれて、本とその中に記された文字を、少なくとも絵の形で「生きている」かのように読者の目の前に示すことが必要だ、と考えられるようになったと言ってよいだろう。

## 人文字

読者に文字を使って人物を紹介するきわめて技巧的な方法、音にはならず本に目を通すことによってのみ現れてくるのが折り句《アクロスティック》である。これは強調された文字をつなげて言葉を作っていくテクニックで、その言葉によってさらなる情報を与えたり、別レベルでの意味内容を導入するというものである。たとえばゴットフリートの『トリスタン』プロローグでは、四行ごとに行頭文字が大きくなり、彩色されている。このようなタイプの文字はテキスト全体に散らばっている。これらの文字をまとめて読むと、倒置反復された主人公二人の名前、作者の名前、パトロンとみられる「ディートリヒ」という名前が浮かび上がってくる〔次ページ図参照〕。文字の並びは極めて技巧的かつ綿密に練られたシステムに基づいており、作者、パトロン、登場人物の密接な関係を視覚化している。作品が未完のため、折り句も途中で終わっているのだが、ゴットフリートがこのシステムを貫徹しようと考えていたことは間違いなく、とすればこの作品の最後は、プロローグ同様四行ひとまとまりになっていたと想定できる。作者ゴットフリートが名乗りを上げることはなく、その名はこの言葉遊びの中にしか現れないのだが、これによって彼の存在は作品中に永遠に刻み込まれた。彼はあたかも自分の名を記すアルファベットでもって、自分が作り出した恋人たちを包み込んでいるようである。

ここまでみごとに工夫を凝らしてアルファベットが並べられている例は少ないが、他の作品でも原則

**G TIIT O RSSR T IOOI E SLLS (F TDDT R AEEA I NNNN T)**
**G　　O　　T　　E　　(F　　R　　I　　T)**
**DIETERICH**
**T　　R　　I　　S　　(T　　A　　N)**
**I　　S　　O　　L　　(D　　E　　N)**
**I　　S　　O　　L　　(D　　E　　N)**
**T　　R　　I　　S　　(T　　A　　N)**
(aus: Huber 2000, 38)

は変わらない。このような方法で作品との関係を明らかにするのは常に作者で、そこにパトロンの名が添えられることも多い。『王冠』の一八二行から二一六行で強調されているアルファベットを上から読むと「ハインリヒ・フォン・デム・テュルリーンが私を詩作した」という文章になる。「マイスター・ウルリヒ・フォン・デム・テュルリーンが高貴なるボヘミア王のために私を作った」と、ヴォルフラム作『ヴィレハルム』の前史『アラベル』を書いたウルリヒも、自分とパトロンの名を共に挙げている。折り句が凝りすぎていて、読者にヒントを与えたほうがよいと作者が判断したこともある。聖人伝『ハインリヒとクニグンデ』の末尾で、作者エーベルナント・フォン・エルフルトはこう記した。

> 読者に知恵があり／また詩の心得があるなら／詩節が始まる／冒頭の文字を／最初から読んでごらんなさい／赤子でもなければ／名前を見つけるはず／作品が作者の名を語るのです／最後まで読めば／文字が言葉となり／私の名を見つけられるでしょう（四四五三―六二行）。

この説明書きに従うと確かに、予告通りの情報が読み取れる。「我が名はエーベルナント、エルフルトの者は私を知る、皇帝と后」。

　ここでは、作者とパトロンは肖像として描かれるのではなく、名前を構成する個々のアルファベットで表現されている。このアルファベットは、

『二十四長老』のときのように一人ひとりの人物に対応してはいないものの、単なる単語の一部というわけでもない。それはセビリアのイシドールスが言うところの「件名索引」(『語源』一巻三章)で、それ自体意味の担い手である。たとえば呪文は厳格に定められた文字列が守られて、初めて威力を発揮する。一文字でも取り違えれば効果はない。異教的・魔術的呪文もしくは(こちらのほうがずっと多いのだが)キリスト教の祈禱・連禱を記した紙片を、ロケットペンダントに入れて首に掛けたり、胸ポケットにしまったりすれば、魔物や敵の手から守られる。十四世紀の、現存する数少ない魔除けのお守りには「さすれば敵に交わっても害を受けず。この文《ふみ》を持ち歩くべし」と書いてあり、さらにキリストのラテン語名に加えて「使用説明」のようなものと聖人への嘆願が長々と続く。このように個々のしるしが魔術的に積み重ねられている場合、名前は単にある人物を呼ぶためだけのものではなく、運命を予示するもの、その名の持ち主のしるしとなる。まさに「名は体を表す」。一つひとつのアルファベットが誤解の余地なくその名の持ち主を指し示し、その人物に個人のアイデンティティと肉体的存在を与えるのだ。

このように自立したしるしの最終到達地点は人文字である。人文字となったアルファベットは、アクロバティックに絡み合った人間および動物の身体でできており(図版38)、それ自身肉体としての性質を持っているので、文字としてそれ以上の意味内容を必要としない。文字は抽象的な精神性や思考プロセスを視覚化するためにあるのではなく、生命として息づいていて、物語を語り、それ自体の存在感で言葉を無用のものとする。世界は再び文字の中に捉えられ、文字は再び世界の法や規則、もしくはその軽視を象徴的に表現する。十五世紀に「E・Sの画家」によって描かれた二三枚の銅版画からなる人文字集では愚者、野人、グロテスクに歪められた身体や類人猿が互いに争って絡み合い、修道士は恐ろしげな仮面で変装している。悲嘆に暮れる、慈悲を垂れる、改悛の情を示す人物はほとんど見当たらな

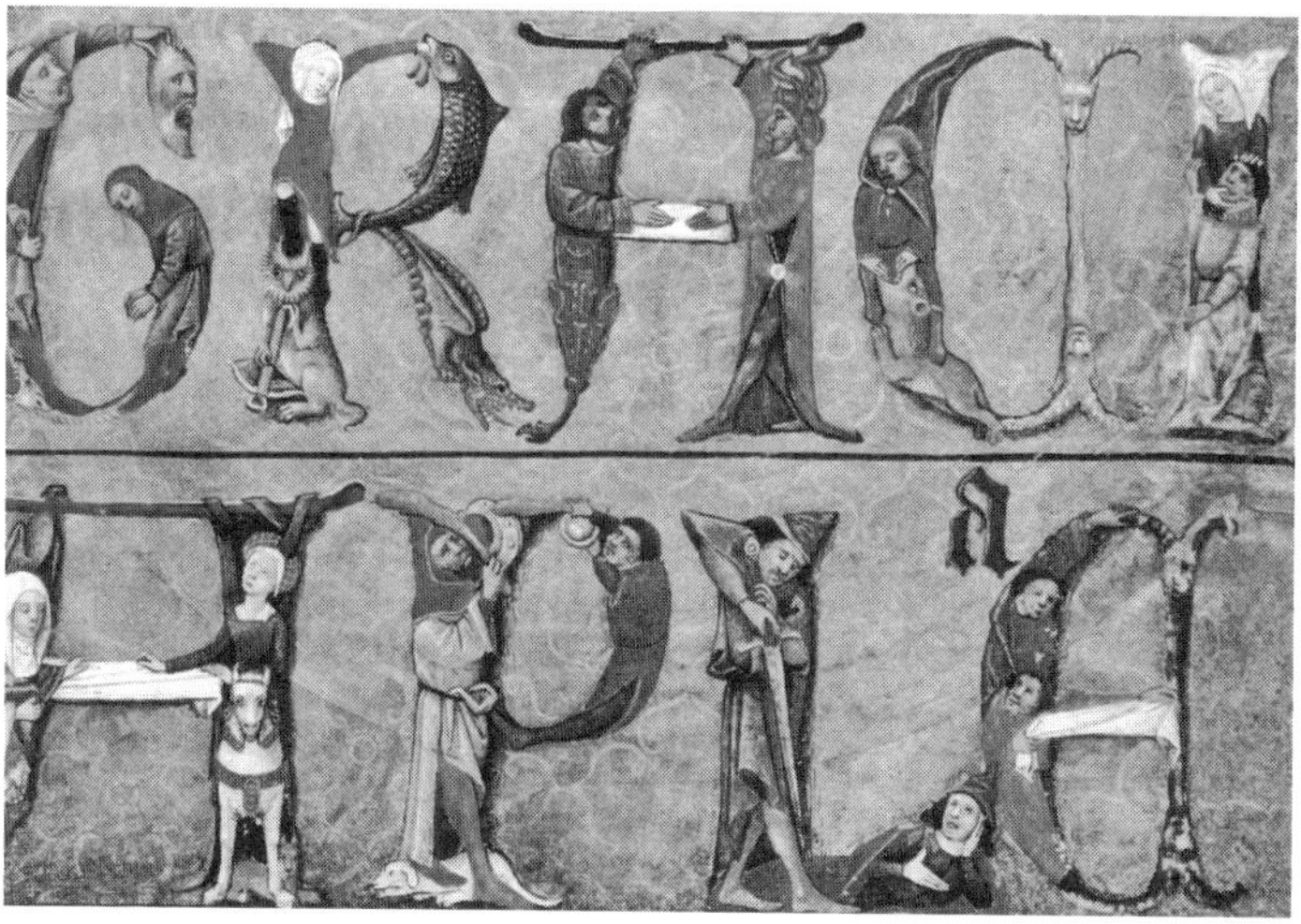

38 『アングレーム伯シャルル・ドルレアンの時禱書』(パリ、フランス国立図書館、Ms. Lat. 1173、fol. 52、1480 年頃)。明らかに「E. S. の画家」のアルファベットを借用した人文字。文字の一つひとつに物語があるが、並べて読むと「アヴェ・マリア・グラツィア・プレーナ(めでたし　聖寵充ち満てるマリア)」という天使の挨拶になる。

い。倒錯し支離滅裂になってしまった世界、それは読者の目の前の世界そのものであるのだが、そんな世界の展示会ともいえる人文字とコントラストを成すように、アルファベットのc、d、v、yだけは聖人聖女からできている。[80] これらの人文字は読者の目に恐ろしくも美しく映ったことだろう。そして同時に読者は、人間が決して身を委ねてはならない俗世の享楽にうつつを抜かして罪を犯してしまう危険性をも、メッセージとして誤解の余地なく受け取っていたのである。

## 3　五感と読書

この章では本をめぐるさまざまな受容の形を見てきたが、最後にもうひとつの可能性を提示したい。読者による、読者の体内への本の取り込みである。本を「むさぼり読む」、「問題を嚙み砕いて理解する」、「知恵を飲み込む」、「知識に飢えている」「知への渇望」などだ。とりわけ宗教的なテキストは食事のメタファーに満ちあふれているが、すでに旧約聖書にその例が見られる。預言者エゼキエルは巻物を食べて、その内容をイスラエルの家に伝えるよう神の声に命じられたのである（エゼキエル書二・八）。ハインリヒ・フォン・ヘスラーは自作『黙示録』の中でこれに類した場面を、飲み食らい、消化し、吐くという一連の行為として描いている。

私ヨハネはこの本を自らに与える／天使がそれを私に与え、言ったのだ／「取れ、私はそなたに命じる／それを生《なま》のままに食らうのだ／さすれば腹は苦くなるが／しばし時が経てば／そなたの口の中は／蜜ほどに甘くなる」／私は本に手を伸ばし／口の中へ押し込んだ／すると即座にその本は／私の顎の間で／甘き蜜の味となり／あたかも疫病を得たかのごとく／私の腹は苦くなった

（一五三〇八―一五三二一行）。

ハインリヒはさらに続けて、本を咀嚼し、味わい、消化し、それから吐き出す欲求について語り、この吸収と排出の行為を、神の御言葉を理解し、貫徹し、説教として伝えるという一連の流れであると説明する（一五三七六行以下）[81]。アウグスティヌスも記憶《メモリア》を「心の胃」と表現し、記憶から物事を取り出すことを一種の反芻であるとした（『告白』十巻一四章）。多くの聖職者が、とりわけ夜に、そのような反芻にいそしんだと述べている。昼間読んだものをまず「心の口」でよく噛み砕き、そして消化して我がものとするのである。ベルナール・ド・クレルヴォーなどは一ページ一ページをすすり、文字を蜜蜂の巣であるかのように吸い、甘美な食物がもたらす癒やしを楽しんだという[82]。

食べたいと思えばまず種を蒔き、刈り取らねばならない。書記が蠟板に文字を刻むのは、畝間に種を蒔くのと同じである。豊かに実った文字という果実は、ページをめくる触覚により収穫され、行から拾い集められる。読書とは全身を使った行為である。中世の読者は身じろぎせず静かに本の前に座っていたわけではない。指で行を追い、ぶつぶつとつぶやき、読むリズムに合わせて身体を揺り動かし、押し寄せる感銘に全身を委ねていた。「書物のうちに輝く真理は、教えに対し心を開くすべての感覚に向けられる」と、リチャード・ド・ベリーは『フィロビブロン』（一三四四年）で述べている（第一章）。その感覚には視覚、聴覚に並んで触覚、嗅覚、味覚も含まれる。五感は事物のみならず、精神的・抽象的な内容の理解、認識をも可能にするのだ（図版28）。

# 第四章　作者とテキスト

## 1　詩人――匿名・自己演出・歴史性

『ドイツ中世文学事典』は六百年以上にわたる時代の詩人を取り上げ、『ニーベルンゲンの歌』など作者不詳の作品も含めて、この間の活発な文学活動を伝えている。特に、中世初期の詩人は自分の作品を、世にその名を知らしめる手段というよりは、社会奉仕の一環としての手仕事と考えていたため、あえて名を記しはしなかった。しかし詩人たちは徐々に、自らが生きた証と詩人としての気概を、史料には残さなかったものの、作品の中では明らかにし始めたのである。

### 詩人の生涯と気概

意識の変化は前章で紹介した『エッツォの歌』にすでに現れている。一〇五〇年頃の最初の写本には作者についての記述がまったくないのだが、一一二〇年頃の写本になると、パトロン、詩人、作曲者の名前だけでなく、彼らの身分や教養の程度、さらには作品の影響についてまで記されている。

バンベルクの善き司教グンターは／良き作品を作れと命じた／配下の僧たちに良き歌を／作るようにと命じたのだ／文字を知る者たちは／歌を作った／エッツォが詩を書き／ヴィレが調べをつけた／

歌が完成すると／誰もがこぞって巡礼に旅立った（フォラウ版、第一歌節）。

文学が依頼によって制作され、それが報い多き仕事であることが、この文章から読み取れる。歌のあまりのすばらしさに、人々がこれまでの世俗的な生活を捨て、罪を償うため巡礼に向かったとか、このような影響力を持てるのは文字を自由に操れる人のみだ、というような表現はこの時代の常套句だが、ここでは作詞者エッツォ、作曲者ヴィレの二人が、与えられたテーマを作品に仕上げる芸術家として、同じように読み書きのできる修道士たちのなかから抜きん出てその才能を称えられている。徐々に重要性を増してくる新しい詩人像が、萌芽的な形で現れているのだ。俗語で書かれた作品では、この頃から詩人が名を名乗ることが当たり前になってくる。プロローグ、エピローグ、作者のコメントが挟まれる部分など、詩人は機会を捉えては自分の作品に登場し、謙遜の美徳を忘れたかのように才能を自慢して、読者の尊敬を得て当然と主張する。なぜなら詩人は自らの名をもってテキストの内容が真実であることを保証し、それによって万人がテキストの正当性を認めるのだから。英雄叙事詩の作者だけは基本的に名を名乗らなかったが、それは彼らが語ったのが数世紀にわたり語り継がれてきた「古《いにしえ》の物語」で、語り継がれたという事実によってすでに権威を認められていたからである。作者の特定はそもそもこのジャンルの作品にはそぐわず、その試みも成功していない。

十三、十四世紀の叙情詩集では事情がまったく異なる。叙情詩は詩人の名の下にグループ分けされるべきものだったので、編纂者はすべての詩をむりやり作者別に振り分けた。正確かどうかは二の次だった。詩人の肖像や紋章は、詩人が歴史上の人物であることを裏付ける役割を果たしたが、確たる資料がない場合には紋章学の手続きに則って、もしくは想像で紋章が作り上げられ、詩人の実在をアピールした。

一方、叙事詩の写本にはタイトルも作者名も書かれていない。中世にすでに高い評価を得ていたハルトマン・フォン・アウエ、ゴットフリート・フォン・シュトラースブルク、ヴォルフラム・フォン・エッシェンバハという三大巨匠の写本ですら例外ではない。テキスト本文以外にはせいぜいのところ短い内容紹介か、ごくごく稀に章分けが加えられる程度だった。かといって作者名が意図的に排除されたわけではない。作者の名前が書かれた本の「扉」ページが出現するのは近世初期のことだが、中世においてその役目を果たしていたのはプロローグで、作者はそこで名乗りを上げることが多かったのだ。そのプロローグを含む写本の冒頭部分が失われてしまうと（ハルトマン作『エーレク』の場合のように）、当然作者の推定は難しくなる。作者の名乗りがない場合でも、本人がわざと匿名で作品を発表したのかどうかまではわからない。わざわざ名乗るまでもなく自分の名は知られていると考えたのかもしれないし、名前を記したページが欠落してしまっただけなのかもしれない。過去の作品を詩人が引き合いに出したことで情報が得られる場合もあるし、同時代の他の詩人が言及したことで作者名がわかることもある。たとえばルドルフ・フォン・エムスは、作者不詳で伝わる叙事詩『フローレとブランシェフロール』をコンラート・フレクの作品であると書いているが（『アレクサンダー』三二四〇行以下）、この言葉を疑う理由はない。

とはいえ作者名がわかったところで、それほどありがたくもない。そういう名前の詩人がいたことはわかるが、それ以外何の記録もないことが多いのだ。名前から詩人の出身地、身分、時代がわかることは稀である。たとえばウェルンヘア・デア・ガルテネーレ（＝「ガルテネーレ」であるウェルンヘア）は叙事詩『ヘルムブレヒト』のエピローグで作者として名乗りをあげているが、その正体は不明だ。ガルテネーレの語源が「農地（ガーデン）」だとすると「農地所有者」だし、「物乞いをしながら放浪する」という動詞から来ているとするなら放浪の吟遊詩人と考えられる。作品に出てくる地名や、写本の方言の特徴を考えれば、出身はおそらくオーストリアだが、これが推理の限界である。作者に関する乏しくあやふやな情報が、農民の息子が盗賊騎士になるというこの問題作の理解に役立つことはない。その他の詩人に関してても事情は似たり寄ったりである。十三世紀末になるとようやく史料が増えてきて、詩人の生涯についても詳しくわかってくる。本業や作品の成立年がわかることもある。とはいえ次のように、住所まで教えてくれる例は他にはない。

この本を書いたのは誰か／皆さまにお聞かせしましょう／麗しきご婦人がそう頼んだのです／ノイシュタットのマイスター、ハインリヒ／書物に通じたひとりの医師／ところを訪ねて見たければ／（ウィーンの）グラーベン通りに住んでいます（ハインリヒ・フォン・ノイシュタット『アポローニウス・フォン・テュルラント』二〇六〇〇行以下）。

信頼の置ける記録を残している詩人として最も古いのは、「最後のミンネゼンガー」として知られるオスヴァルト・フォン・ヴォルケンシュタインで、彼は一三七六年頃に生まれ、一四四五年八月二日に死んでいる。証書、手紙、同時代の証言などから、作品内の自己言及を伝記的事実と照らし合わせたり、文体を検証したり、独特の言い回しを取り上げることができる[83]。

こうした事情にもかかわらず、驚いたことに、ヴァルター・フォン・デア・フォーゲルヴァイデ、ヴォルフラム・フォン・エッシェンバハ、ヨハネス・ハートラウプに関しては、歴史的史料が皆無だというのに、もっともらしい伝記が出版されている。基になっているのは彼らが作品の中で自らについて語った部分で、十九世紀から二十世紀初頭にかけての研究者たちがそこから想像を膨らませたおかげで、歴史上の人物として詩人の生涯が紡ぎ出されたのだった。詩人の言葉を鵜呑みにすべきでないのは現代の文学研究において常識だが、このようないい加減な伝記は後を絶たない。ヴァルター・フォン・デア・フォーゲルヴァイデはその典型例である。

十九世紀にヴァルターを国家の予言者、「帝国の詩人」と位置づけたがった人々は、躍起になって彼のイメージをその方向で確立しようとした。ヴァルターとヴァルターをめぐる同時代人の言葉がイメージ作りに大いに役立った。というのもヴァルターほど、その「肖像画」が知られ、「私」を作品の中心に置き、そして歴史的事件を作品に取り上げる詩人は、他にいなかったのだ。パトロンであったオーストリア公や歴代ドイツ王といった当時の権力者たちが、軒並み彼の詩の中に登場する。詩作を学んだのはオーストリアだが、放浪詩人の嘆きを歌う詩からは、その後彼が放浪生活に入ったことが想像され、王から領地を拝領したことを喜び歌うという晩年への流れもスムーズだ。そして彼が声を荒げて帝国の惨状を訴え、政敵を罵り、人生を哀しく振り返り、放浪生活の行程を記して世知を示すことにより、ある非常に情熱的な、ときに対決も厭わないが思慮深くもあり、仲間の幸せを常に考える詩人の、生き生きとしたイメージが浮かび上がってくる。しかしヴァルターは、本当に自分について真実の情報を提供しているのだろうか、それとも詩人の基本的な役割性をそのまま伝記的事実と結びつけて、自分の評判を高める、もしくは内省する自分を強調しようとしているのだろうか。もしそうだとするなら、ヴァルターは伝記的な断片情報を自己演出の手法として挿入しているだけで、それは真実のヴァルターやその人生を物語るものではないことになる。[84] 彼の実在を示す唯一の歴史的証拠はアクィレイア総司教ヴォルフガー・フォン・エルラの会計簿で、そこには一二〇三年十一月十二日、「フォーゲルヴァイデのカントル（cantor）、ヴァルターに毛皮の上着代五シリング」と記載されている。

いくつか補足しておこう。衣類は宮廷から宮廷へと渡り歩いて生計を立てる放浪芸人に対する典型的なお手当だった。しかし「カントル」は放浪歌手よりむしろ教会歌手に使われる呼び名である。そして職名を名前の間に割り込ませる表現からは、フォーゲルヴァイデが出身地ではなくペンネームだという推測も成り立つ。さらに言えば五シリングというのは報酬としては結構な額である。以上のような理由から近年、ヴァルターは歌手ではなく、シュヴァーベン公フィリップに仕えてオーストリア公レオポルト六世と東ローマ帝国皇女テオドラの結婚式に参列した外交官であり、また「キリストの貧者」を名乗る集団の文書に現れる「ヴァルター殿」と同一人物なのだという、大胆な仮説が提唱された。この「ヴァルター殿」がヴェルフ家のオットー四世の元に使節として派遣された人物であることから、詩人ヴァルターは貴族として高い地位にあった人物だと証明されたというのだ。[85]話としては面白いのだが、この仮説はかなり疑わしい。唯一の確かな史料である総司教ヴォルフガーの会計簿を差し置いて、憶測、仮説、向こう見ずな解釈からストーリーが組み立てられてしまっているのだ。詩人の身分が高いと繰り返し主張し、詩人自らの発言としてのテキストを軽視してしまうこのような傾向が、ヴァルター研究には特に強いといえる。ヴァルターが歌うのは寄る辺ない放浪生活、高位の殿方からの施しに頼る境遇についてであって、それは貴族ではなく放浪詩人の人生そのものである。それともヴァルターが偽の手がかりを残して、本来の姿とはまったく違う貧乏人の役を演じているというのだろうか？　ヴァルターの死後百二十年ほどを経た十四世紀、熱心な歌謡収集家ミヒャエル・デ・レオーネは、ヴァルターの墓がヴュルツブルクにあるとして、そのラテン語の墓碑銘を次のように伝えている。

ヴュルツブルク、ノイミュンスター教会の回廊に埋葬されし騎士ヴァルター、姓はフォン・デア・フォーゲルヴァイデについて。墓碑銘は以下の通り。「ヴァルター、生きて在りし日は鳥たちの集う餌場、雄弁の花、知恵の口舌、汝は死してここに眠る。その誠実に黄金の冠が与えられよ。この墓碑銘を読む者、神の憐れみを祈るべし」（『文書集』三一葉裏、『家の書』二一二葉裏）。

ミヒャエル・デ・レオーネの知人だったと思われるルーポルト・ホルンブルクは、自作の頌詩『古の詩人について』で墓の位置をさらに特定し、「騎士ヴァルターは教会の中庭に眠る」と言っている[86]。

ヴァルターが騎士であるとするこれらの情報が正しければ、マネッセ写本でヴァルターにつけられた敬称「殿」は詩才によって与えられたものではなく、彼は本当に貴族階級の出身だったことになる。しかしこれもまた疑わしい。古い墓石は見つかっておらず、墓碑銘も後世のものかもしれない。この墓碑銘からヴァルターが、フォーゲルヴァイデの名にちなみ「死後も鳥の餌場でありたい」という遺言を残したという伝説が生まれ、その伝説に基づいて、現在教会のルザム庭園にあるヴァルターの墓石には、鳥が水を飲むためのくぼみと餌台が設置されているのである。現在の墓石にはフーゴ・フォン・トリムベルク（一二三五頃―一三一三頃）の詩の一節が刻まれている。

> フォーゲルヴァイデのヴァルター殿／その名が忘らるれば、我は悲し（『デア・レンナー』一一八七―一八八行）。

ノイミュンスター教会の南東側、キリアン広場に面したところに、一八四三年に彫刻家アンドレアス・ハルビッヒが作ったヴァルター像が置かれている。ヴァルターの有名な『帝国の歌』冒頭を基にマネッセ写本の挿絵画家が考案したポーズが、ここでも踏襲されている。

> 石の上に坐り／足を組み／肘を乗せ／手のひらの上には／頰を乗せ／とくととくと考えた／この世でいかに生きるべきかを（L八・四行以下）。

一三〇〇年頃にヴァルターの肖像をマネッセ写本（第一二四葉表）に描いた画家は、これが古典古代以来の図像学の伝統的な「考える人」のポーズであることに気づかず、ただヴァルターの言葉のままを絵にしたのかもしれない。いずれにせよ詩の内容を視覚化したこの肖像画のインパクトは大きかった。ヴァルターは、それぞれの関心に応じていつでも使える、人気のアイコンになったのである。フォーゲルヴァイデの地名を持つ多数の町がヴァルターの故郷であると主張したのも当然のことで、そのうち南チロルのボーツェン（現イタリア領ボルツァーノ）が栄冠を獲得した。近郊のラーイェン（同ライオーン）に有名な鷹の飼育場（フォーゲルヴァイデ）があったことが決め手となったのだが、そこには政治的思惑がなくもなかった。最も有名なドイツ詩人の出身地だということが、この地域がドイツ語圏のオーストリアに帰属する証拠だと主張されたのだ。一八七七年には政治・イデオロギー的マニフェストとして、リュートを手にした巻き毛と髭のヴァルター石像が建てられた。一九一九年にこの地方がイタリアに併合されるにあたり、像は台座から引きずり下ろされたが、この像が持つ政治的な力に政敵も恐れをなしたのか、破壊はまぬがれ、ロズエッガー公園という目立たない場所に「追放」されるに留められた。市民感情がようやく和らぎ、像がふたたび市の中心地、その名もヴァルター広場に戻されたのは一九八一年のことだった。

ヴォルフラム・フォン・エッシェンバハは、ヴァルターほどにはイデオロギー的な扱いを受けてはいない。パルツィヴァールはファウスト博士以上に、包括的かつ深遠にドイツ人的本性を表しているといった、馬鹿げているだけでなくきわめて悪質なドイツ人論が、専門家からの反駁を受けることなく声高に語られることがあるが[87]、そのような誤った解釈にはヴォルフラム自身背を向けることだろう。しかしヴァルター同様ヴォルフラムも、作為的な自己言及でもって人々を困惑させようとする。彼は自分の名前「ヴォルフラム・フォン・エッシェンバハ」を作品中四回名乗っている（『パルツィヴァール』一一四・一二、一八五・七、八二七・一三、『ヴィレハルム』四・一九）。「盾持つ仕事が、わが責務」（『パルツィヴァール』一一五・一一）、と語る彼は、詩才ゆえに彼を愛するという女性を愚かであるとして、己の盾と槍のみでご婦人方の愛を勝ち得ると誓う（一一五・一二—一八）。ヴォルフラムはここで、自分が騎士階級に属していることを示唆している、つまり少なくともミニステリアーレであった、という解釈が長らく信じられ、マネッセ写本の画家は、彼を武装した騎士として描いた（第一四九葉裏）。しかしこの部分の詩行は、ヴォルフラムが出自を明かしているというよりはむしろ、彼の詩作についてのアレゴリーだと思われる。貞潔なご婦人たちの「名声の守り手」でありたいと彼は言い（一一五・一三）、馬上槍試合の用語を用いて自分の語りの特殊性を描き出す。その物語は「逃げるかと思えば追いかけ、引くかと見せて襲いかかり、恥辱に落としまた褒め称える（二・一〇以下）」。ラインマル風のミンネザングを足萎えの馬にたとえる（一一五・五以下）ヴォルフラムは、自分の物語こそ恋の奉仕であり、文才が自分の武器であると主張しているのだ[88]。そしてさらに決然として、自分の物語を本に基づく博識と結びつけることを拒否し、「私は文字を知らない（一一五・二七）」とさえ言ってのける。彼の作品の壮大な規模と緻密な構成を知る者にとっては、鼻で笑いたくなるような告白だが、ヴォルフラムは『ヴィレハルム』のプロローグでもそれを繰り返す。

> 本に書かれていることはすべて／私にとっては手の届かぬもの／知るのは理性が教えることだけ／それ以外の教育を受けたことがない（『ヴィレハルム』二・一九—二二）。

記憶だけを頼りに口頭で言葉を紡ぎ出し、その詩的な閃きを書き留めるには熱意ある書記の存在を必要とする――ヴォルフラムは本当にそのような文盲詩人だったのだろうか。しかし関連文献を読めないとしたら、どうやって彼は天文学、神学、医学、地理学等々に関するあれほど広範な知識を手に入れることができたのだろうか。その謎は、ヴォルフラムがここで詩編のある箇所を示唆していることが判明した段階で、ある程度解決した[89]。その詩行はキリスト教解釈学によれば、恩寵に満ちた神体験の明確な表現であり、現代語訳版とは異なって、ラテン語では以下のような文言になっている。

わたしの口はひねもすあなたの義と、あなたの救とを語るでしょう。**私は文字を知らないからです**。わたしは主なる神の大能のみわざを携えゆき、ただあなたの義のみを、ほめたたえるでしょう。神よ、あなたはわたしを若い時から教えられました。わたしはなお、あなたのくすしきみわざを宣べ伝えます（詩編七一・一五以下[90]）。

詩編注解でもってその後数世紀にわたる解釈を決定づけたのは、中世で最も影響力を持った教父アウグスティヌスであった。彼によれば、恩寵のみが人間を自由にするのであって、文字は何もなしえない[91]。この場合の文字とは律法の文言のことだったのだが、それから五百年も経つと世俗の知、もしくは中身のない弁舌へと意味が変わってしまった。多くの解釈学者が、文字に関わる知識人は七つの大罪のひとつである「傲慢」に陥って、真の愚か者になってしまう危険があると警告し、それを受けた聖職者たちは、自分たちより単純で学がないゆえに純粋無垢な俗人のほうが、天国に迎え入れられる可能性が高いと言い出した[92]。いまや謙虚こそが神への道を開くものとなり、詩編が意味するところもそれだと考えられるようになったのだ。ベルナール・ド・クレルヴォーといえば、聖地におけるテンプル騎士団の功績に関する、暴力をも賞賛する攻撃的な著作で知られ、教会が十字軍を公認するためのすべての論拠を提供したシトー会修道院長、神秘主義神学者として有名だが、彼も修道士ジェラールの死に際し、この解釈にそった弔辞を残している。もしかするとヴォルフラムもこの弔辞を知っていたかもしれない。

彼は文字を知らなかった。しかし彼は文字で書かれたものを理解する感覚と、彼に光を与える精神を持っていた（ベルナール・ド・クレルヴォー『雅歌についての説教　第二十六』）。

ヴォルフラムの発言との類似性は明らかである。彼の詩作は、学識ある書物からではなく、神に授けられる霊感から生まれたのだ。そして霊感を与えたまえと神に祈った後の数行で彼は、まさにアウグスティヌスが要求する謙虚な態度を取りつつ、神ご自身が究極の権威として詩作しそれを書き下ろす自分のペンを導いてくださるのだから、そのテキストに全幅の信頼を置くようにと読者に要求する。

聖書の引用をこれほどみごとに使っているところを見れば、まったくの文盲だというヴォルフラムの発言を信じる人はいないだろう。少なくともラテン語の基礎知識があり、百科事典や便覧のようなものから知識を身につけていたと考えられる。とはいえ彼の発言は、無学であるという自己アピールはさておき、文学観を示すものとしては真面目に受け取らねばならない。彼はラテン語詩学や修辞学に決然と反旗を翻し、自らの霊感に従って詩作すると宣言したのだ。これは彼より少し前に生まれた詩人ハルトマン・フォン・アウエとは明らかに異なる姿勢である。ひょっとするとヴォルフラムは意図的に、この「学がある」つまりラテン語教育を受けていると公言し、過去の作品の読解を詩作の基礎とした騎士詩人との違いを強調したのかも知れない。ハルトマンは言う。

数々の本を開き／そこに書かれた文字を読む／学識ある騎士がいた／その名はハルトマン／アウエ

の家人であった／彼はさまざまな本を／熱心に読みあさった（『哀れなハインリヒ』一―七行）。

このようなテキスト相互の関連性も、ヴォルフラムの生涯を明らかにするのに役立つところは少ない。バイエルン人であることを明かすユーモラスな発言も同様である。

われわれバイエルン人とフランス（ヴァロワ）人は／同じ取り柄を持つと言わねばならぬ／あちらのほうがずっと間抜けだが／戦士としてはともに優秀だ（『パルツィヴァール』一二一・七―一〇行）。

バイエルン人とフランス人の「お国柄比べ」は、九世紀の『カッセル語釈』にすでに登場する。ただしそこではバイエルン人に有利な判定が下っている。ヴォルフラムはどちらも勇敢だが頭は悪く、ただその間抜けの度合いがフランス人のほうが勝っているとする。このような辛辣な皮肉は単なるおふざけで、そこからヴォルフラムの人生を想像することはできない。彼はフランケン地方エッシェンバハ近郊の地名に詳しく、アーベンベルク（『パルツィヴァール』二二七・一三）、ドルンシュタイン（同四〇九・八）、ホーエントリユーディンゲン（同一八四・二四）、ネルトリンゲン（『ヴィレハルム』二九五・一六）、キッツィンゲン（同三八五・二六）といった町の名を挙げているが、これらの町は一度もバイエルン領になったことがない。そのことからも彼はバイエルン人ではなかったと考えられる。三十にもおよぶバイエルンの町がヴォルフラムの出身地だという文化史的栄誉をめぐって争ったすえ、一九一七年エッシェンバハはついにヴォルフラムス＝エッシェンバハと改名した。十九世紀の半ばにバイエルン王マクシミリアン二世が、ヴォルフラム出身地問題に関して錚々たる学者連からなる調査委員会を立ち上げ、そのメンバーが満場一致でこの中部フランケンの小都市に軍配を上げたのである。学術調査の結論を受けて一八六〇／六一年に、宮廷建築家エドゥアルト・フォン・リーデルがデザインし、彫刻家コンラート・クノルが製作したヴォルフラム記念碑が当市に建てられたが、この結論の根拠となったのはヴォルフラムの作品の、ある程度の了解を得られる解釈にすぎなかった。エッシェンバハという家系が史料に最初に確認されるのは一二六八年、つまり詩人の死後かなり経ってからのことである。この一族が十四世紀になって著名な詩人を祖先に持つと宣伝し始め、おそらくは墓を建立したものと思われる。この墓については一四六二年にヤーコプ・ピュータリヒ・フォン・ライヒェルツハウゼンが、夫の死後ロッテンブルクに移ったオーストリア大公妃メヒトヒルトに宛てた『表敬書簡』で触れている。

かの人の貴き遺骨は／棺に納められ／エッシェンバハの聖母教会に／葬られ、静かに眠る／棺には盾が載せられて／そこに書かれた墓碑銘は／詩人の没年を記さない。

兜を描く紋章が／盾と兜を飾る／その色合いを見たければ／すぐにもそこへと急がねばならぬ／兜の壺を取り巻く茨／それを知った私は／すぐさま馬に飛び乗った。

各地の教会を訪ねては／高貴な騎士を捜し求めた／厳しき二〇マイルの旅さえも／ものともせずにたどり着いた／騎士の墓前で祈りを捧げ／神が御国に騎士を迎える／お役に立とうと思うゆえ

（一二八―一三〇歌節）。

偉大なる先人に対する、深い思い入れが感じられる詩行である。死者を記憶し祈りを捧げて、死者と生者の繋がりを実りあるものとするためには、「場」が必要だった。文芸愛好家であるピュータリヒは偶然墓を見つけたわけではなく、探し求めたすえたどり着いた。教会や修道院に眠る骨董品を熱狂的に求める彼のような人物は、時代を超えて多く存在した[93]。しかしピューータリヒの言葉から感じ取れるのは、単なる発見の喜びだけではない。そこには詩人の墓を王侯や聖人のそれと同等に扱う、つまり詩人の地位を高めようという主張が読み取れるのだ。ピューータリヒだけではない、ウィーンでナイトハルトの墓を訪ねたコンラート・ツェルティス、トレヴィーゾでフライダンクの墓を見つけたハルトマン・シェーデル、フラウエンロープの葬儀、埋葬場所、墓を詳細に記したマティアス・フォン・ノイエンブルク、そしてヴァルターの墓について伝えたミヒャエル・デ・レオーネなど、これらの人々が歴史研究、文学研究の礎を築いたのである。

建立から百五十年以上経った一六〇八年、ニュルンベルクの都市貴族ハンス・ヴィルヘルム・クレスがヴォルフラムの墓を確認し、ピューータリヒが伝える紋章（これはヴォルフラムの死後百年あまりを経た一三二四年、エッシェンバハ家の人間に初めて使われるようになったものである）を描写した。クレスはその紋章の上に彫られた銘文を引用している。「厳格なる騎士にしてマイスタージンガー、ヴォルフラム・フォン・エッシェンバハ殿、ここに眠る」。言葉遣いからして、これが偽物であることはすぐわかる。ヴォルフラムが亡くなった十三世紀初頭には「厳格なる騎士」「マイスタージンガー」という言い回しはなかったのだ。墓も偽物なのかはわからない。エッシェンバハ家の人間が墓を修復して、新たに銘文を入れたのかもしれないし、ヴォルフラムという著名な詩人を先祖に祭り上げ、自分たちのイメージを良くしようと企んで墓を建てたとも考えられるが、いずれにしても証拠はない。それでもなおし、このフランケン地方の小都市を訪れる数多くの旅人の足が途絶えることもなかった。ヴォルフラム・ファンを惹きつけるこの墓の魅力は、今日に至るまでその輝きを失うことはなかったという詩人の実在が、一切確認されていないにもかかわらずである。彼の存在をかすかにでも裏付ける史料はなく、それゆえ生没年も正確にはわからない。十二世紀末から十三世紀にかけて生きていたであろうことは、作品中の文言から推測できる。ハルトマン・フォン・アウエの作品『イーヴェイン』『エーレク』を暗示する箇所があることから、『パルツィヴァール』はこれらの作品の成立後に書かれたと判断できる（『パルツィヴァール』一四三・二一以下など）。同様に『ニーベルンゲンの歌』（同四二〇・一六以下）、ハインリヒ・フォン・フェルデケ（同二九二・一八以下）に関する言及もあるので、これらはヴォルフラム以前の作品／詩人であると言える。さらにヴォルフラムは作品中、いくつかの歴史的事件を挙げている。「エアフルトのワイン畑に今も残る荒廃の跡」（同三七九・一八以下）は、一二〇三年のエアフルト包囲戦を指し、またオットー四世の皇帝戴冠（『ヴィレハルム』三九三・三〇以下）が行なわれたのは一二〇九年十月のことである。そして『ティトゥレル』の中でテューリンゲン方伯ヘルマンが死者として言及されている（八七歌節）ことから、この詩節は方伯が亡くなった一二一七年以降に書かれたことになる。以上のことから、ヴォルフラムが作品を書いたのが十三世紀の最初の四半世紀であることは確実だといえる。

しかしこのような断片的な情報から、彼の人物像が浮かび上がってくることはない。貧乏な生活、妻や娘に関する彼のウィットに富んだ発言をなんとなくまとまりのある伝記に仕立て上げ、肖像画や彫刻で具体的な容姿を与えたのは、後世の人々なのである。町同様に彼の名を冠した博物館（ヴォルフラム・フォン・エッシェンバハ博物館）では、ヴォルフラムが作品の登場人物たちと共に、架空の人生を私たちに見せてくれている。

そのようなわけで、学術的にはまったく認められないものの、今なお読みつがれている中世詩人の創作伝記は、取り上げられている詩人についてより、その伝記が書かれた時代の人間や社会についてより多くを語っているのが普通である。中世の詩人が作品の中で「私」と言い、自分についての小咄を披露するときは、実話の要素が少しは含まれているかもしれないが、たいていは詩人として望まれる役割を果たしているか、もしくは読者に受け取ってもらいたい自分のイメージを演出している。ただし詩人が自分の名前を長々と名乗るときだけは、かなり強い自意識があると考えてよいだろう。

ルドルフ・フォン・エムスは古くから伝わるアレクサンダー物語を素材として『アレクサンダー』を書き上げたが、ラインボト・フォン・ドゥルネがしたようにパトロンを物語の創始者とするのではなく（九〇ページ参照）、自分こそが創始者だと宣言する（一五八〇五行）。そしてゴットフリートと同様に、タイトルともなっている主人公に関してこの世で初めて真実のすべてを語っていると自負する。そのようなルドルフの発言から聞こえてくるのは、自分の作品に対する誇りだけでなく、語り継がれた物語素材から紛れもない自分というひとりの詩人の創作とわかる作品を生み出すという、近代的な作者意識なのである。

## 職業詩人・アマチュア詩人

詩を作るのに階級は関係なく、興味があれば誰でも詩作を試みることができたが、扱うジャンルは詩人の身分によって異なった。一種の宮廷遊戯であったミンネザングは、少数ながら傑出した例外を除き、貴族詩人のジャンルであった。彼らにとって物質的報酬は重要ではなく、詩作し歌うことは気晴らし、宮廷的価値観の表現、社交生活への貢献であり、その芸術は名声と人々からの尊敬を約束した。たとえばウルリヒ・フォン・リヒテンシュタインは最初の試合相手ゴットフリート・フォン・トッツェンバハのことを、戦いの後で「ご婦人の抱擁」を求める真のドン・ファンとしてだけでなく、「美しい歌を歌う」と評している（『婦人奉仕』第八八六歌節）。またハルトマン・フォン・アウエも、当時の不治の病であったらい病に罹って人前から姿を消すことになる主人公ハインリヒのかつての姿を、次のように描く。

彼は助言で橋渡しをし／ミンネについてみごとに歌った／かくして彼はこの世の／名声賞賛を勝ち取った／雅びかつ賢明な男であった（『哀れなハインリヒ』七〇―七四行）。

ヴァルターやナイトハルトのような、「詩作し歌う」ことで生計を立てなければならないプロの詩人にとって、状況はまったく異なる。彼らがデア・マルナー、デア・カンツラー、バルテル・レーゲンボーゲン、タンホイザーらのように遍歴詩人だったとすれば、その生活は楽なものではなかった。定住地を得ることなど考えもせずに、収入を得るため宮廷から宮廷へと渡り歩き、芸術の香り高い歌を歌うというよりは、主君のために政治詩、教訓詩を作ってその徳を宣伝し、同時代の出来事について情報を伝える。そのような生活が安全であったはずはない。街道にあふれていた危険に対して遍歴芸人は身を守る術を持たず、法の庇護も与えられなかった。被害を受けた彼らに許されたのは、犯人の影を叩くといった象徴的な報復行為だけだった。床屋、町医者、曲芸師、乞食、歌手等々がひとまとめにこのような扱いを受け、一二四四年のバイエルン・ラント平和令にあるように、遍歴僧まで「俗人遍歴芸人同様、法の保護外に置かれる」とされた[94]。

遍歴芸人とひと口に言っても内実はさまざまであることを、教会は認識してはいたが、彼らを総じて、「悪魔の召使い」であり秘蹟を受けるに値しないと見なしていた[95]。多大な影響力を持った説教師ベルトルト・フォン・レーゲンスブルクは『天使の十階級とキリスト教徒について』という説教の中で、遍歴芸人は神から見放されていると熱く語り、彼らは地獄行きだと断罪した。本来「光をもたらす者」

と称えられたルシフェルがかつて神と同等になろうともくろんだとき、神はルシフェルを、彼が率いた第十階級の天使もろとも地獄へ落としている。同様に永劫の罰を下されたのが、ベルトルトによれば、

> 道化師、フィドル弾き、太鼓打ち等々、呼び名はさまざまあれど、すべて財のために名誉を売る輩。彼らは元はと言えば第十階級に属していたのだが、その不実のゆえに我らよりさらに墜ちてしまったのである。なんとなればその者たちは、耳を傾ける者にはこれ以上ないほどのお追従を述べ立て、その人が背を向けたとたん、これでもかとばかりに罵倒する。神とこの世の前で正しき者を悪しざまに言い、神にもこの世にも憚る者を褒め称える。彼らはその人生のすべてを罪と恥に向けており、罪と恥を省みることがない。そして悪魔でさえ口にするのを憚るようなことを口にし、悪魔が吹き込んだことすべてをその口から吐き散らす。ああ、こんな輩がかつては洗礼を受けたと思うことこそ口惜しい。彼らがいかに洗礼とキリスト教を愚弄したことか。彼らの受ける報酬は罪にまみれており、彼らに報酬を与えた者は、裁きの日に神の前でその責任を問われることになろう。彼らに報酬を与えるのは罪、彼らは報酬とともに罪と恥とを受け取るのだ。そのような輩がここにいるなら、すぐに去れ。そなたらはその悪巧みとたかり根性で、我らの世界から墜ちてしまったのだから。そなたらの行くべき場所は、地獄の悪魔たちのもと。なぜならそなたらは、悪魔の名で呼ばれているではないか。そなたの名は「悪童《ラスターバルク》」、その相棒は「恥辱《シャンドルフ》」、「藪茨《ハーゲドルン》」に「業火《ヘレンフォイアー》」に「雹災《ハーゲルシュタイン》」。そなたらは地獄の同輩同様に、さまざまな悪しき名を持っている。

ここで話題になっている楽士、曲芸師、語り部らは、最底辺の社会階層に属しているにもかかわらず聖俗の宮廷に頻繁に出入りするエンターテイナーたちだった。「名誉ある」詩人たちは、真面目な志と高

い教養を強調し、パトロンを実際の業績ゆえでなく金払いがよいから称えているのだといった非難を巧みにかわしながら、自分たちが単なる「道化師」とは違うことを示そうと躍起になったが、それも無理はない。実際、遍歴詩人のなかでの社会的地位の差は大きかった。聖俗宮廷に確固たる職を得れば、法的保護を受けて安定した生計を立てることができた。だから名誉より財、つまり名声を高めるだけの賛辞より実質的な報酬をという気持ちは、遍歴詩人に共通のものだった。しかしこの「名誉より財」という言いまわしが、法書の中で遍歴芸人のグループすべてに、十把ひと絡げに当てはめられてしまったのだ。名誉を重んじるという正反対の評価を受け、遍歴芸人集団のなかでも明らかに抜きん出た立場にあった詩人たちも、風見鶏のように権力になびくという非難を免れなかった。実際、ヴァルター・フォン・デア・フォーゲルヴァイデは長年にわたりそうした風見鶏生活を送ったようだ。彼自身の言葉によれば、至福に満ちた賛辞から「吐く息も臭うほどの（L二九・二行）」毒舌へと、歌の内容が変わったという。このような惨めな境遇から救ってくれたのは、これも彼の言によれば、皇帝から拝領した封土であった（L二八・三一行以下）。しかしながら悲惨な生活も彼の誇りを傷つけたりはしなかった。彼の歌のどこにも卑屈さは見当たらない。ヴァルターをはじめとする多くの詩人たちは、自分たちの才能、そして自分たちの言葉の力を権力者たちも無視できないことをよく知っていた。

宮廷叙事詩の作者もプロの詩人であった。しかし彼らは遍歴芸人ではなく、低位の貴族であったと思われる。『アレクサンダーの歌』の作者ラムプレヒト、『ローラントの歌』の作者コンラートがそれぞれ名乗っている「僧」という称号は、彼らが聖職者階級の出身であることを推測させる。とはいえ、無学ではなく教養、つまりラテン語の素養があることを強調したいがために「僧」を名乗っているだけの俗人であった可能性も捨てきれない(96)。

教育書、歴史書、宗教劇、聖書文学、聖人伝などは一般に「本物の」聖職者、修道士の手によるものだったが、中世後期になるとこの分野にも、世俗の学校教師や上流市民階級に属する詩人が参入してきた。

宗教に関するテキストや神秘主義的著作は、もっぱら修道士や修道女の独壇場だった。彼ら彼女らはメタファーに富んだ高度な文体で幻視体験や神性との遭遇を描写し、知的に神に取り組んだ。

笑話、小話、謝肉祭劇を作ったのは都市の書記、教師、職人であり、この分野でも悪口雑言の中傷詩、道徳的教訓詩、雅な宮廷詩、猥褻な小咄を変幻自在に書き分ける遍歴詩人が活躍した。そのなかでも有名なのがデア・シュトリッカーである。彼はミンネザング以外のあらゆるジャンルに手を染めた。『ローラントの歌』の新しいヴァージョンである英雄叙事詩『カール大帝』、パロディ風なアーサー王物語『花咲く谷のダニエル』、『僧アミース』は最古の笑話とされ、その他数多くの中傷詩、糞尿譚、猥談、そして道徳教訓物を書いており、女性を称えたかと思うと、返す刀で痛烈に揶揄してみせる。彼の例を見ると、詩人が扱うテーマは本人の経歴とは関係がなく、その時々のジャンルが内容と文体を決めるのだということがよくわかる。

文学世界に流通しているモチーフ、テーマ、言語表現を利用して、自分たちの状況に合わせて作品を創作したり、それらに変化を加えて新しい形式を生み出し新たな地平を切り開くことで、文学世界に創造的に関わることのない社会的グループは存在しなかった。ただし女性詩人の活躍の場は、ドイツ語圏では宗教詩に限られていた。フランスでは女性トルバドゥール（トロバイリッツ）が珍しくなかったが、ドイツでは世俗詩はもっぱら男性詩人のものだった。それがなぜだったのか、明確な答えはまだ出ていない。

## 文学的評価・間テキスト性・詩人フェーデ

同じ時代を生きた詩人たちが互いをどの程度知っていたのか、個人的な関係があったのか、あったとすればそれはどのようなものだったのか。詩人の伝記的史料が残っていない以上、その答えは彼らの作品中に現れるヒントから推測するしかない。現代でも中世でも、まったくの無から自分ひとりの力で作品を生み出す詩人はいない。創作に「きっかけ」は常に必要で、昔も今もテキストそして詩人は、文学的伝統やモチーフ、その時々の流行、作品を受け取る人々などと対話をし、そこからの影響を受けている。このことは文学テキストが創作者個人の所有物ではなく、他人が変更したり書き加えたりしてよいものと考えられていた時代、新しい物語を発明するのではなく、古い物語を新たに語り直すことが創作活動だと考えられていた時代には、とりわけよく当てはまるだろう。しかし作品内で同業者とやりあったり、他の詩人のテキストに言及したりする中世詩人の姿からは、テキストをそれを書いた個人と結びつけるという「著者意識」の萌芽が、まぎれもなく見て取れるのである。

「文学余話《エクスクルス》」つまり物語の中に自分の意見や思想を挿入した箇所で詩人は、ライバルや先人たちをあるいは褒めあるいは貶しながら、文学世界に自分を位置づける。ゴットフリート・フォン・シュトラースブルクはそのような形で文学批評を展開した初期の詩人のひとりで、後の詩人たち多くの手本となった。トリスタンの刀礼式の直前、語り手は突然、主人公を「皆さまのお気に召すように（『トリスタン』四五九五行）」着飾らせることができないと言い出す。そして主人公の衣装の描写をせずに、有名無名の詩人たちの名を挙げて、誰の詩作が最もすばらしいかの考察を始めるのである。彼は「言葉の荒野」でウサギのように跳びはねる「おかしな物語の考案者（四六三八行以下）」を断固として否定し、物語を「彩りよく飾り（四六二五行）」、古典修辞学が提示するような水晶のごとく透明な言葉を操るある詩人の後継者として名乗りを上げる。そのように高く評価され、「月桂樹の冠（四六三七行）」を与えられる詩人はといえば、ハルトマン・フォン・アウエをおいて他にはいない。さんざん糾弾された詩人は名前も挙げられていないが、こちらがヴォルフラム・フォン・エッシェンバハであることに疑いの余地はない。ヴォルフラムも同様に、『パルツィヴァール』ではなく『ヴィレハルム』の中で、これまた名前を出さずにゴットフリートに対する批判を展開する。「私、ヴォルフラム・フォン・エッシェンバハ」と名乗って『パルツィヴァール』の作者であると宣言するだけでなく、自分の作品に関する責任を負い、自己弁護の必要はないと言ってのける。

私、ヴォルフラム・フォン・エッシェンバハ／原典の導きのままに／パルツィヴァールについて語り／称える人にも恵まれた／しかし私を貶め、己のほうが／上と言い立てる者も多い（四・一九―二四行）。

語りを美しく飾り、そのことでハルトマンの後継者となる権利を持っているのは、ゴットフリートの評価に従えば、ブリガー・フォン・シュタイナハ、「小夜啼鳥」の異名を持つヴァルター・フォン・デア・フォーゲルヴァイデ、ラインマル、そしてその誰よりもゴットフリート自身だった。謙遜の美徳などどこ吹く風とばかりにゴットフリートは、ハインリヒ・フォン・フェルデケがドイツ語の中に「接ぎ木」をしたことで生まれた文学の系統樹の上に、自らの名を高々と掲げてみせる（『トリスタン』四七三六行以下）。

すべての詩人がゴットフリートのように自意識過剰なわけではないし、ヴォルフラム批判にいたってはゴットフリートに味方する詩人は誰もいなかった。しかし文学の歴史的な流れを描いたり、文学的規範を制定したりして、自らをその中に位置づけるという試みは、ゴットフリートに限らずどの詩人もが行なったことだった。その際、詩人たちが評価の対象としたのは作品ではなく作者で、多くの場合作者名が作品名と結びつけられる形で提示された。

先人が未完のまま終えた作品の続編を書く、先人を手本として賞賛する、先人と会話を交わすなど文芸批評以外の場でも、詩人たちは同業者の名を繰り返し作品内に挿入した。彼らの作品に言及したり、そこから引用したりするのは、物語のシチュエーションを比較したり、過去の作品とはっきり一線を画したり、ユーモラスなもしくは嫌みたっぷりのコメントをするためだった。『ニーベルンゲンの歌』の登場人物、ブルグント王家に仕える大膳職ルーモルトが、クリームヒルトの招待を断ってヴォルムスに残るべきであると主君に進言する場面は、ヴォルフラムにも取り上げられた。ヴォルフラムはリダムスの発言としてルーモルトの名を出し、ウィットに富んだ言い回しで『ニーベルンゲンの歌』をパロディにしてみせた。

私はむしろ、ルーモルトのごとくふるまいましょう／彼は王グンテルがヴォルムスより／フンの国へと向かわぬよう諫めたのです／暖炉の傍らで大きなパンを焼き／鍋をかき回しているほうがまし、と（『パルツィヴァール』四二〇・二六―三〇）。

ヴォルフラムの作品には、ハルトマン・フォン・アウエと彼の作品の登場人物たちの名も挙げられている。ヴァルターは冗談のネタに使われ、ラインマルの有名なチェスの比喩は（これについては後に触れるが）、ミンネザングに特徴的な愛の観念を否定するために引用される（『パルツィヴァール』一一五・五以下）。

あてこすり合戦が度を超えて、研究者が「詩人フェーデ」と呼ぶ状況になることもあった。しかし「フェーデ（私闘）」という表現は誤解を招きかねない。というのも、作品内で悪口を言い合ったとしても、実際に対立関係にあったかどうかはわからないからだ。有名な「ラインマル・ヴァルター・フェーデ」がよい例である。過去の研究が描き出したフェーデの成り行きは次のようなものであった。ヴァルターはウィーン宮廷においてラインマルに師事していた。しかしヴァルターは、高位の婦人に対する叶うことのない愛という従来の歌に対し、成就する愛を歌った。この異なる愛のコンセプト二つの争いはラインマルの側に軍配が上がり、ヴァルターは宮廷を去らざるを得なくなった。こうして二人の仲は決裂したのである。過去の研究者は、この争いは三つの局面から構成されているとまで断言した。しかし今、彼らが自説の証拠に取り上げた歌を詳細に分析してみると、その結論を疑わしく思わざるを得ない。ヴァルターの作品の中で、明らかにラインマルを取り上げていると判断できるのはラインマルを追悼する二詩節とミンネザングの一詩節の、合わせても三詩節しかない。マネッセ写本にはラインマル追悼の二詩節が残されているが、ひとつめは死者に対する通常の追悼文である。ヴァルターはラインマル風の言い回しを用いて、よきライバルといま一度対話を交わし、「あなたは女性を称えるために力を尽くした（L八二・二一以下）」と、あたかも互いの健闘を称えるような発言をしている。二番目の詩節はたしかにそれほど友好的ではなく、理解不能なところもある。

ラインマルよ、私の悲しみは／死んだのが私だったとして／あなたが悲しむよりずっと深い／わが誠にかけて言うが／あなたという人間はさほど惜しまれぬが／失われてしまったあなたのすばらしき芸を惜しむのだ／あなたはこの世の喜びを増すすべを心得ていた／①その行ないをよき事柄に捧げようとしたときは、②その意図がまともでさえあったなら、③もし正しく伝えていたなら、④もし最良のことを求めてさえいたなら／その雄弁な口と甘美な歌を惜しむ／それらが私の時代から消え去ってしまったことを／いましばし、この世に留まってくれておれば／まもなく仲間入りをしよう、私の歌も長くはない／あなたの魂が安らかに、あなたの舌は感謝されてあれ（L八三・一以下）。

個人的にこじれた関係にあったことを示唆する詩行も多いが、その反面ヴァルターはラインマルの芸術を高く評価し、近い将来あの世で再会しようと語りかけ、魂の平穏を祈り、彼の残した歌に感謝している。ヴァルターは明らかに人間ラインマルと芸術家ラインマルとを分けて考えているのだ。理解に苦しむのは中ほどの詩行である。ヴァルターは本気でねちねちと悪意を表明しているのだろうか(97)、これは裏切りを内に秘めた賞賛で、魂の平安を祈るのも偽善的行為なのだろうか(98)、はたまた逆にラインマルの詩的才能に対する絶賛なのだろうか？　すべては、「よき事柄」にさえ目を向けていたらラインマルはこの世の喜びを増すことができたろうという、ヴァルターの謎めいた表現をどう解釈するかにかかっている。評価の対象となっているのはラインマルの倫理的資質だろうか、美的資質だろうか？　よき事柄へと方向転換されるべきだったのは個人的な敵意だろうか、ラインマルの詩に見られる自虐的な嘆きのポーズだったのだろうか。答えをひとつに絞ることはできそうにない。現代語訳にヴァリエーションがあるのは、詩人フェーデに関して翻訳者がそれぞれ異なる理解をしているからである。翻訳者がフェーデを純粋に文学内での争いとみる場合、ヴァルターの表現の中にラインマル的な言い回しが使われているのを見て取り、「その行いをよき事柄（婦人礼賛）に捧げようとしたときは(99)」という訳が適当だと判断するだろう。これに対しフェーデが個人対個人の、徹底した闘いだったと考えるのなら、「意図がまともでさえあったなら(100)」と訳すだろう。さもなくばできる限り逐語訳して態度表明を避け、どっちつかずにして読者を煙に巻いてしまうだろう。この詩に批判が込められているのは明らかだが、それがどちらの方向に向かっているのかはヴァルターにしかわからないことなのかもしれない。

ともあれ二人の詩人が詩を通じて互いにやり合っていたことは間違いない。その証拠はしかし、双方が同じような主題や同じ言い回しをとりあげている点にあるのではない。中世の詩人はみな多かれ少なかれ同じトポス、モチーフ、慣用表現を用いて創作していたのだ。だから詩人フェーデ関連の作品を解釈するときには注意が必要なのである。ヴァルターに関して言えば少なくともひとつの詩を、間違いなくラインマルとの論争を扱った例として挙げることができる。その作品には「私は男として望みうる限りを求める、のメロディーで」という指示が添えられている。

ある男が勝手にゲームの掛け金を上げていて／誰もそれについて行くことができない／彼は言う、自分の目が女性を捉えたとき／彼女は自分の復活祭となると／彼のしたいようにさせておいたなら／われらはいったいどんな目に遭うだろうか／私は異を唱えねばならぬ／恋人からの優しい挨拶のほうがずっとありがたい／それでこそ王手を免れる（L一一一・二三行以下）。

ここで指摘されている詩句とメロディーがラインマルの以下の作品のものであることを、誰もが知っていたのだろう。

私は男として望みうる限りを求める／この世の喜びとして手に入れうる限りを／それはひとりの女性、そのお方の／すばらしさは語り尽くすことができない／他の女性と同じ程度に褒めたのでは／彼女は満足してはくださらない／しかしそのお方はいまあるがままで／婦人の美徳から一歩も離れてはおられない、と言えば／君たちはもう王手詰み（『ミンネザングの春』一五九・一行以下）。

内容が呼応していることで、聴衆はさらに興をそそられただろう。ヴァルターはラインマルの誇張を茶化し、ヴォルフラムと同様に、チェスのメタファーを用いて効果的に対抗したのである。同時にヴァルターは、「彼女は私の復活祭（『ミンネザングの春』一七〇・一九）」というようなラインマル風の婦人礼賛をパロディにしている。ところがラインマルの大袈裟な表現はこれに留まらない。ラインマルの『チェスの歌』はさらに続いて、「キス泥棒」の話になる。

もし幸運が私にほほえんで／彼女のよくしゃべる唇からキスを盗めるなら／神さま、それを持って逃げられますように／私はこっそり持ち去って、どこかに隠してしまおう／もし彼女がそれをひどく悲しまれるなら／私の行ないを憎まれるのなら／幸薄き私はなんとしよう／盗んだキスを元の場所に持ち帰ろう／私にできる限り（『ミンネザングの春』一五九・三七以下）。

ヴァルターは当意即妙に、このようなキス泥棒への憤りを女性に語らせる。男性たるもの、キスは正当に手に入れねばならない、盗むとは盗賊のやること。お返しするなどとんでもない、盗んだお宝はどこぞに捨てるがよい。

私は今の今まで／誠実で気立ても穏やかな女性でした／このままずっと名誉を保ち／盗みに遭うとは思ってもいませんでした／私からキスを得たいと思う者は／ふさわしいやり方で求めればよいのです／急いでその場で手に入れようとするなら／それは盗人、キスはそのまま持って行き／どこぞの誰かに返すがよい（L一一一・三二以下）。

ヴァルターは有名な婦人礼賛詩（L五三・二五以下）の中で改めてラインマル風のキス泥棒をユーモラスに取り上げ、キスは借りるだけでよく、借り物は婦人が望むたびに当然お返しすると歌った（L五四・一五以下）。自分が自分の恋人を称えることができるなら、他人がその恋人を称える権利を認めようと歌う彼が、ラインマルを標的としているのは明らかだ。

他の人には他の女性がいて／そのお方を称えてかまわない／私と同じ言葉と調べでも／私はこちら、その人はそちらを称えよう（L五三・三一以下）。

さらにラインマルの「彼女が死ねば、私も死ぬ（『ミンネザングの春』一五八・二八）」という詩行を、ヴァルターは「私を殺せば、彼女も死ぬ」（L七三・一六）と逆さまに変える。詩人こそが婦人を詩によって生かす、婦人は詩人の作品としてのみ存在しているのだ、というのである。

ラインマルもまた詩という武器で対抗した。彼もヴァルターの表現を使って、謂《いわれ》なき中傷に異議を唱えたのである。しかしラインマルも相手の名を記さなかったので、かなりの確率でヴァルターだと思われるものの誰という決定的な証拠はない。しかしこの二人の詩人が、互いに文学的構想をキャッチボールし合いながら、新しい傑作を生み出し続けるという目的を持って、文学の世界で競い合っていたことを、多くの状況証拠が物語っている。彼らが手本としていたフランスの中世詩人たちも、同じように他の詩人の作品を引用したり、詩形を拝借したり、特徴的な表現や韻をまねていた。(101) だから作品で批判し合っているように見えても、そこから二人の間の個人的な敵意を云々することはできないのである。

同輩詩人の名を挙げる、または作品の中で会話を交わす、その動機は千差万別だったろう。それを逐一同定するのは不可能に近い。たとえばウルリヒ・フォン・リヒテンシュタインは創作自伝の中の「ヴィーナスの旅」において、なぜ使者に有名なヴァルターの詩『ようこそとお言いなさい』（L五六・一四以下）を歌わせるのだろうか（『婦人奉仕』七七六歌節f）。自分の作品のフィクション性を強調しているのだろうか、他の詩人の作品がいまだに人の心を惹きつけ歌われていることを示しているのだろうか、それともヴァルター・フォン・デア・フォーゲルヴァイデが自分の使者であるという演出なのだろうか。またコンラート・フォン・ヴュルツブルクは読書をしている最中に「この世夫人」と出会ってしまう騎士を、なぜ『ヴィーガロイス』の作者として名が知られていたであろうヴィルント・フォン・グラーフェンベルクにしたのだろう（『この世の報い』）。そしてまた作品を受容した人々は、多くの場合巧妙に隠された引用を耳だけで聞き取れたのだろうか、読み飛ばしたりはしなかったのだろうか、という疑問も生じる。

確かなのは詩人たちがお互いを知っていたことだ。文学や芸術が栄え詩人たちが出会う場所でもあった宮廷は限られていたのだから、それも当然である。詩人たちの大多数は、特に俗語作品に関しては驚くほどたくさん読んでおり、自分が利用する原典だけでなく、他の詩人たちの作品も知っていた。その上で彼らは他の詩人のモチーフ、形式、修辞法を取り入れ、変更し、逆らい、論駁し、賛嘆しながら引用し、そしてパロディにした。このように考えると、詩人と詩人、詩人とパトロン、パトロンとパトロン、詩人と聴衆、パトロンと聴衆といった、さまざまな形のネットワークを形成している、活発な文学シーンのイメージが浮かび上がってくる。

2 作品――伝承・言語・文学概念

手で書く（書写する）と、どうしても書き間違いが生じる。だから叙情詩にせよ叙事詩にせよ、一言一句変わらないテキストが複数伝わることがないのは当然である。しかし現代の読者を悩ませるのは、写本間の異同が単語、綴り、構文の段階に留まらず、物語の展開にまで深く及んでいて、内容が完全に変わってしまうような場合である。近年に至るまで中世文学研究者は、このような相違を伝承過程でのミスによって生じたものと考え、相互に異なる複数の写本のテキストから、オリジナルのテキストを再構成することに力を入れていた。そうした研究の成果としてテキスト校訂版が出版されたのだが、これは極端なケースでは、近世初期の言語で写本に記されていたものを、それが最初に書かれたと思われる中世の言語に戻し、さらに伝承ミスと判断された箇所を削除した、いわば人工の「中世ドイツ標準語」で書かれていたのである。たとえば十六世紀初頭の『アンブラス英雄詩写本』によってのみ伝わる作者不詳の叙事詩『モーリッツ・フォン・クラウーン』は現在ただひとつの版でしか読めないが、そこに載っている中世語のテキストがかつてこの世に存在したことがあったのかどうかは、誰にもわからない。二十世紀も後半になってようやく、このようなテキスト校訂のありかたに異議が唱えられた。フランスの言語学者ベルナール・セルキーニは『ヴァリアント礼賛』の中で、写本の異同は特殊な例ではなく、中世文学の本質であると述べた。「中世文学は異文から生まれるのではなく、異文こそ中世文学なのだ」と主張し、中世文献学は完全に間違ったフィールドで仕事をしてきたのだと批判したのである。(102) セルキニーニによれば、「作者」「作品」といった概念は中世にはそぐわず、テキストはかなり自由に書き換えることができたのであり、「オリジナル」という考え方は十九世紀のものでしかない。ゆえに「新たな文献学（ニュー・フィロロジー）」には、写本で伝承されている同一作品のすべてのテキストを電子データとして、優劣なしに並べるという原則しか存在しない。作者と作品をわけるというセルキニーニのラディカルな主張が矛盾に直面するとしたら、技術的に実現不可能な場合だけだろう――『パルツィヴァール』の写本七十あまりを整然と読みやすく画面上に並べることなどできはしない。文学作品をひとりの「作者」の創作物とする慣例は、ポストモダンの議論の中で揺らぎはしたものの、実際にはなくなりはしなかった。しかしこと中世に関しては、それが当てはまらないことに疑問の余地はない。中世文学の作者同定には多くの不確かさがつきまとうし、中世詩人はパトロンの意向や、原典を基に書くという制約によって、テーマの選択においても創作活動においても自由が与えられていなかった。彼らは自身の世界観を披露することには消極的で、創造的な個人としてより伝統の仲介者としてふるまっていたため、単なる書記、編纂者、註釈者と作者との境界線は流動的で、その違いは中世人の目にもさだかでなかった。しかし俗語による、主として世俗のテーマを扱う文学が盛んになるにつれて、作者の自己意識にも変化が生じ、また受容する側のテキストや詩人に対する考え方も変わってきた。どうやら中世詩人の評価は、その詩人によるものと認められる、変更不可能なテキストを基になされたわけではない。むしろ実際は正反対で、「不確定な」テキスト（つまり写本の異同が多いテキスト）こそが、その歌や物語が広く人気を博したことの証拠であるように思われる。こうなると「作品」という概念はきわめて怪しくなってくる。その概念はポストモダン理論の中で批判の集中砲火を浴びているが、「作品」を単一で、完結した、不可変のものと理解するなら、それは中世のテキストには一切当てはまらない。

だからオリジナルのテキストを探し、また再構成するという旧来の文献学に逆戻りすることは間違いだし、もはや誰もそんなことをしようとはしていないのである。ただ、テキストの変更が、あってはならない非難されるべきことなのか否かについては議論の余地がある。それを判断するにはそのヴァージョンが、作者自身が手を入れたものなのか、作品を改編する意図を持った人物によって書かれたものなのか、それとも単なる筆耕の仕事なのかを慎重に吟味しなければならない。目の前のテキストに作者意識が見て取れるか、制作者とテキストを文学シーンにいかに位置づけるか、テキストをめぐる環境が受容者の理解や認識にどの程度影響を与えていたのかについては、そのつど十分に検討されるべきだ。そのための材料は、やはり中世の文学世界を探求することでしか得られない。というのも詩人は作品の中で頻繁に、きわめて自覚的に自身の文学的立ち位置を明らかにし、ときおり自分のテキストの扱われ方に関して、はっきりとした懸念を表明しているのである。彼らはその表明を中世ドイツ語の文学言語で行なっており、その文言は、方言的な違いはあれども、地域を越えて理解可能であったのだが、それ自体がすでに特筆すべきことだったのである。

## 文学言語としてのドイツ語

ドイツ語文学の発展のためには、単なる言語から、文字というメディアによって表現される文学言語を作り出すことが不可欠だった。ごく当然のことのように響くが、これがなかなかに厄介なのだ。話し言葉イコール書き言葉ではない。今日の状況を見ても、方言は口語には当然存在するが、普通書かれることはない。意識して文字を書く人は誰でも、話すとおりには書かないが、かといって書き言葉と話し言葉がまったく異なる言語というわけではない。話し言葉はドイツ語の各種ヴァリエーション、書き言葉はかなり規格化された標準ドイツ語といえようか。これに対し中世では、話し言葉と書き言葉の間に明確な違いがあった。話されていたのはさまざまなドイツ語、書かれていたのはラテン語だったのだ。ラテン語は近世に至るまで学術言語として広く認められていたが、文学言語としては十二世紀以降、徐々にそれまでの絶対的地位を失っていった。ドイツ語が書かれる契機となったのは千年紀のはるか前、ラテン語テキストにつけられた註釈だった。ラテン語の単語に該当する古ドイツ語が割注、欄外注、行間注として添えられたのだ（図版3）。基になっているラテン語と俗語であるドイツ語を同列に並べようという意図があったわけではなく、学生や、これからキリスト教に改宗させようとしているドイツ語部族に、理解の手がかりを与えるためのものだった。現存する最古のドイツ語写本が、今から千二百年以上前の羅独辞書『アブロガンス』であるのも偶然ではない。最初の見出し語から名付けられたこの書物は、古ドイツ語三二三九語をアルファベット順に、二八〇ページ以上にわたって並べている。辞書に続いて現れるのは会話本で、ラテン語／ドイツ語の単語だけでなく、自由な対訳が可能な句や例文も載っている。『カッセル語釈』（図版3）は語彙集と会話集をつなげたものである。語彙は人体の部位に始まり、家畜、家屋、衣服、什器等々に至るまで整然と配置されている。続く会話は簡単な問答形式になっていて、内容は自分と相手の身元照会（「出身はどちらですか？」「あなたはどなたですか？」）、衛生、栄養、宿泊などの日常生活に関するもの（「ひげを剃ってください」）、そして相互理解の確認（「わかりました」）などである。また装備、身分、身分相応の食事などに関する語彙など、封建制初期の雰囲気を感じさせる興味深い指摘もある。十世紀の『パリ会話集』に収録された、旅人が不愉快な状況や好ましからざる出会いに際し吐く罵り言葉のたぐいはここにはないが、現代の感覚からすると外国人に対する差別だと思われるような発言、いまなお意味がよくわからない民族的偏見は出てくる。

フランス人は馬鹿で、バイエルン人は賢い、フランスに賢い者は少なく、ほとんどが利口というより愚か（『カッセル語釈』、図版3の一〇行目、穴の右側から、まずラテン語、続いてドイツ語で書かれている）。

このようなテキストは、狭義には文学とは言いがたい。これはラテン語ができる遍歴僧用に書かれたもの、たとえて言うなら現代のわれわれが休暇先でとりあえずメニューから正しい料理を注文し、期待するサービスと情報を得るのに役立つ小型版辞書のようなものである。しかし書き言葉、文学言語としてのドイツ語を形成するにあたり、これら語彙集は宗教関連テキスト――主の祈り、信仰告白など――の翻訳と並んで、きわめて重要な先駆的役割を果たしたのだ。俗語には、ラテン語と同等の書記言語だとされるだけの信用が欠けていた。学問、文学の世界で認知されていたのはヘブライ語、ギリシア語、ラテン語のみ。福音書記者ヨハネによれば、十字架上に掲げられたキリストの名はその三つの言語で記されており（『ヨハネ福音書』一九・一九―二〇）、そのことがこれらの言語を侵すべからざる聖なる存在としたのである。ドイツ語はもとよりその他の俗語も、聖書には出てこない。認知されるには何か別の根拠を示す必要があったことが、初期近世に至るまでの言語理論家たちにとって、思考の原動力となった。ドイツでその先陣を切ったのはオトフリート・フォン・ヴァイセンブルクで、彼は総合福音書を俗語であるドイツ語で書く、という革新的な試みを行なった。この『オトフリートの福音書』は八六三年から八七一年の間に、まさに突如、無から生み出された作品であるといえる。オトフリート自身、自分の試みが同時代の知識人たちの目には奇異に映らざるをえないことを知っていた。これまで誰も――と彼は自信を持って言う――これほどの大著を俗語で書いた者はいない。そして同時に彼は、この仕事をするにあたり説得力のある理由が説明できなければ、執筆に関して教会上層部の認可が望めないことも十分にわかっていた。その理由を彼は上司であるマインツ大司教リウトベルト宛ての、当然のごとくラテン語で書かれた献辞の中で詳細に語っている。そしてその内容を今度は古ドイツ語韻文による本文の冒頭で、補足を加えながら繰り返すのだが、見出しはラテン語で以下のように書かれていた、「なぜ著者は本書をドイツ語で書いたのか」。

執筆理由としてオトフリートは、リウトベルトへのラテン語献辞の中で、友人たち、そしてユーディトという女性からの要請を挙げているが、このユーディトについてはいまだその正体が明らかになっていない。ひょっとすると架空の依頼主の名を出して、責任がすべて自分にのしかかるのを避けようとしたのかもしれないが、彼の言い分を真実と取るなら、彼以外にも俗語による書物に興味を持つ人間がいた、つまり書記文化の新たな形態が生まれる条件が整っていたといえる。オトフリートはギリシア語、ラテン語に比べて、俗語であるドイツ語がこれまで十分な表現力を持っていなかったと認め、自分の教育的目標を表明し、神秘的な数の象徴性を用いて叙述を五部に分けた。さらに正書法の問題に触れ、韻律と構文を検討して俗語のぎこちなさを嘆き、母語で書くことを避ける同時代人の傾向が、母語を書記言語としては粗野で無骨なままにしたのだと非難した。この主張のうちのいくつかを彼は再度古ドイツ語で取り上げ、さらに自分の母語である「フランク語」を使用する政治的理由についても述べている。

カロリング朝時代の聖職者として当然ながら、オトフリートにとっては俗語を含むどの言語も、ただひとつの目的のために使われるべきものだった。神を称えることである。オトフリートは俗語の野卑な歌を厳しく糾弾しているが、残念ながらそれがどのような歌かは説明していない。世俗の英雄詩がないことを嘆く箇所があるので、そのジャンルの歌ではないと思われる。おそらくはキリスト教と関係しない、ゲルマンの文化風習から生まれた異教の歌が、批判のターゲットだったのだろう。異教の歌は誰かの役に立つどころかみなを傷つける、言語が人々に本来伝えねばならないこと、つまり神の御言葉を学び、神の掟を自らの言語という手段で理解することから人々を遠ざける、単なる娯楽にすぎない。神の御言葉を学ぶというのは、俗語使用を正当化する根拠でもあった。神の言葉は人間の五感のすべてを、これ以上余分なスペースがないほどに、不断かつ徹底的に満たさねばならない。ここまでのオトフリートの主張は、カロリング朝の教育プログラムと完全に一致している。しかしオトフリートはさらに一歩踏み出して言う。俗語を単なるラテン語の補足と考えようとしているわけではない、ラテン語やギリシア語をしのがずとも、せめて同等の文学言語にしたいのだ、と。同時代の常識とはまったく異なり、オトフリートにとって俗語使用は教養のなさを露呈するものではなく、信心深さと政治的に正統な後継の証なのである。オトフリートは「ドイツ語」とは言わず、「フランク語」と言っている（一一・三四、一一四、一二二、一二五行）。つまりカール大帝のフランク王国こそ、ローマ帝国の正式な後継なのである。ローマ帝国が「ドイツ国民の神聖ローマ帝国」となるのは、イタリアにおける領土を最終的に失うことになる十五世紀末のことなので、「ドイツ」という国家は、さしあたりこれとは関わりがない。オトフリートが『福音書』を書く少し前、八五〇年頃に、ローマ皇帝位がカール大帝に移譲されたという文言が初めて確認される（『聖ヴィレハド伝』）。当然ながらこの「帝国遷移《トランスラティオ・インペリイ》」は「言語遷移」を伴い、帝国と共にもたらされたラテン語が、聖なる言語のうちでも最も重要であるという評価は揺らいでいなかった。しかしオトフリートはそれとは異なる意見を述べる。ローマの支配者たちがフランクの王に位を譲ったということは、フランク人が歴史上の偉大な民族たちと肩を並べただけではなく、それらを凌駕したことを意味する。フランク人は神の御意志が実現するよう、熱心に励まねばならない。神はわれらの味方である、なぜなら神は力を持つ者の側におられる、いや、神を味方につけた者が力を持つのだ。権力、統治能力、そして戦いにおける勝利は、その支配が神の御意志にかなっているという、まごうかたなき証である。唯一われらに欠けているものが、自らの文学を紡ぐ言葉だ。一流の民族はすべて──オトフリートはギリシア人とローマ人を想定している──支配権を維持するために、戦闘能力と並んで、その世界的評価にふさわしい文学を必要としている。何かを成し遂げたというだけでは歴史に名を残せない。文学があって初めて名声が保証され、それがまた新たな行為への励ましとなるのである。そのような文学を創り出すのは大変な作業であることを、オトフリートは包み隠さず述べ、それでもなおその労苦を買って出るよう、断固として人々に促すのである。なんとなれば、詩脚もまた、神の足跡をたどる手立てとなるからだ。フランク人がかくも忠実に神の御指示に耳を傾けるのであれば、詩作においても大成しないことがあろうか。オトフリートが志していたのはまさに、フランク語を聖なる言語と同列に並べることだった。神御自身がフランク語を話し、フランク語でその御意志を執筆者にお示しになるのである。

それゆえに「ドイツの」とか「ドイツ語」という概念は一切出てこない。ラテン語の献辞にのみ数回「ドイツの（theodiscus）言葉」という言い回しが登場するが、これはドイツ語を意味するのではなく、ラテン語ではない言語の総称であり、「民衆（thiota）」から派生しているので、「民衆の」「民衆が話す」と訳すべき言葉である。「民族に固有の」や「国民の」といった、民族的、国家的特性に関係づけるような訳は、どれも根本的に間違っている。なぜならそういった訳語は十八世紀に初めて生まれ、二十世紀になって忌まわしい結果をもたらした民族、国家という概念を連想させるからである。「ドイツの言葉」を話す人というのはつまり、ラテン語を使わない人、およびロマンス系の言語を話さない人という意味で、「ドイツ語」というのもある単一の言語ではない。バイエルン人、アレマン人、テューリンゲン人、フランク人、ザクセン人などは、それぞれ言語的に異なる地域、異なる共同体に属しているが、すべて「ドイツ語」を話す人々である。十一世紀も末になって初めて、「ドイツの」という単語が俗語で、数ある方言に分かれてはいるが同じ根を持つ言語、その話し手、その居住地域に対して使われるようになった。ヨーロッパの他の国家の場合と異なり、ドイツという民族名、国名は言語名から二次的に成立したのである。

オトフリートがラテン語の「ドイツの（theodiscus）」に当たる古ドイツ語を使わないのも不思議ではない。なぜならそのような形容詞はドイツ語には存在しなかったのだ。その代わりに彼は「フランク人の」言葉、「フランク語」という表現を使い、そのことによって、共通の話し／書き言葉としてのフランク語を俗語統一の基礎とする考えを示した。この事例に限らず、文学が言語の安定化に多大な寄与をすることは、文学史を通して見られる現象である。

とはいえフランク語がその役割を果たすまでには、なお長い道のりがある。言語は書かれることによって洗練されるものだが、そのような場で使われていない俗語はまだ垢抜けしていない、とオトフリートは言う。そして、外国語であるラテン語では几帳面すぎるほど正確に書くくせに、母語を間違いなく書くことに積極的ではない同輩たちの態度を嘆く。俗語を書記言語に育て上げるというのは、オトフリートが断固たる決意で行なわんとする文化的貢献である。しかしそれを困難にする障害が多々ある。俗語には、文法、正書法、韻律といった、羊皮紙に書き記されるに値する言語が持つべき要素が決定的に欠けている。ラテン語の規則を熟知しているオトフリートだが、それを俗語に適応させるのは簡単ではない。たとえば二重否定の問題、ラテン語では――現代ドイツ語同様――二重否定は強い肯定を表すが、中世ドイツ語では単なる否定表現だった。さらにはラテン語と俗語における名詞の単数複数の使い方の違い、名詞の性の違いなどもある。そんななかでオトフリートが一番力を入れたのが韻律の問題だった。韻律における両者の違いは大きかった。ラテン語の韻律が音節の長短の組み合わせから構成されるのに対し、ゲルマン語には強弱を交替させる韻律しかなく、詩脚に含まれる音節数は自由になっている。オトフリートは二つの単語を融合させたり、母音を省略することによって、なんとか形を整えた。そしてそれまで頭韻しか知らなかった俗語に、脚韻を導入したのである。オトフリートが単なる理論家に留まらなかったことは、彼の『福音書』を見ればわかる。彼は新しい韻を使い、これまでの俗語になかった創造的な造語を取り入れ、かなり統一的な正書法を用い、ラテン語との文法的な相違を注意深くあぶり出していったのである。

オトフリートは詩学書を書いたわけではなく、『福音書』は規範詩学でも詩学理論でもない。多くの事柄が曖昧なまま残され、解決されていない。しかし彼の著作は、話し言葉としてのみ存在していた言語を書き言葉に作り替える難しさについて、彼が非常に鋭い感覚を持っていたことを示している。それゆえ口承と書記の交差点に立ち、会話言語を文学言語に成長させるには何が必要なのか、きめ細やかな認識を有していたオトフリートの指摘はきわめて重要である。ラテン語を重視する聖職者という立場で、俗語による聖書文学という新機軸を擁護しようとするオトフリートの、古ドイツ語の不備に対する嘆きには、時として誇張があるかもしれない。しかし全体としてみれば、彼の主張は正しい。練りに練られた書き言葉で書かれたきわめて複雑で新しい内容を、ほとんど文字に記されたことのない言語で表現する作業の難しさは、並大抵のものではない。そこではかたや「グローバルな」教養言語から地域的な俗語への流れ、かたやもっぱら口頭でしか使われていなかったその地域言語が書き言葉として定着する流れ、この二つのきわめて重要なメディアの交代が、重なり合って起こっていたのである。「正しい」言語をめぐる論争は中世後期に至るまで尽きることがなかったが、ドイツ語による世俗文学への道はオトフリートによって切り開かれたといってよい。とはいえ書記文化が成立したことで、口承の物語伝承が途絶えてしまったわけではない。文字で固定化されたテキストは、文学作品の受容の実態が示すように、朗読、朗唱により再び口承の場に戻された。「読む」「聞く」はこれ以降パラレルに行なわれる。重要なのはヴァイセンブルクの修道士オトフリートが軌道に乗せたこの流れが、独自の世俗文学が確立するまでにそれから二百年以上かかったとはいえ、もはや後戻りできるものではなかったことだ。その点から見てオトフリートが、十七世紀初頭にドイツ語で初となる規範詩学を著して、ドイツ文学新時代の生みの親と称えられるマルティン・オーピッツと比較されるのも、当然のことなのである。

## 「不確定」なテキスト

「アーサー王物語」の主人公のひとりイーヴェインが、長きにわたる放浪のすえ、ついに愛する妻ラウディーネの足元にひざまずき、その赦しを請うたとき、彼女は赦しを与えるだけでなく、自らも夫の足元にひざまずいて、涙ながらにかつての非情な仕打ちを詫びた。彼女は、約束を破って一年以内に修行の旅から帰国しなかった夫を国から追放し、その結果彼は一時は狂気に陥り、正気を取り戻してからも危険な冒険を続けることになったのだった（『イーヴェイン』八〇四〇—八一三六行）。互いに過ちがあったことを認め、和解する二人。原典となったフランス語版では、ローディーヌ（ラウディーネ）は強制されてしかたなくイヴァン（イーヴェイン）を迎え入れるのだが、ドイツ語版では二人の間の心からの愛情が強調される結末になっている。このなごやかなハッピーエンドにはしかし、ちょっとした問題がある。刊行されたすべての校訂版に採用されているラウディーネの謝罪シーンは、三三ある写本（完本だけでも一六）のうちただひとつにしか登場しないのである。その他の写本では赦しを請うのはイーヴェインだけで、ラウディーネは「獅子を連れた騎士」をイーヴェインだと知らぬままに赦しを与えてしまったという理由で、やむなく彼を受け入れるという筋立てになっている。権高にふるまう彼女に、夫を愛する妻の面影はない。この二つの異なる態度は和解のシーンの様相を変えるだけでなく、物語全体の解釈に影響を与えてしまうのだ。

この二つのヴァージョンの背後に、それぞれを書いた人物の思惑が隠されていることは間違いない。わからないのは、二つのヴァージョンのいずれをも作者のハルトマン自身が手がけたのか、それともラウディーネをひざまずかせるという結末を考えた別の人物がいたのか、である。もしオリジナルを書き換えた別の人物がいたとするなら、その要素を排除した「ハルトマンが書いた『イーヴェイン』」とか、「オリジナルに近いヴァージョン」というものを抽出することができるのだろうか。『イーヴェイン』という作品は、幅広く異本が存在するため、ひとりの作者を想定する近代的な文学観が当てはまらないという、ほとんどすべての中世のテキストに見られる現象を的確に示す良い例である。伝承された文言を一語一句変えないことが、テキストの正しさの基準になっていないことはわかっている。隠者トレフリツェントが、甥であるパルツィヴァールがかつて犯した過ちを本人に説いて聞かせるとき、彼は聖杯城でパルツィヴァールがすべきだった問いの文言を口にする。「殿、あなたのお苦しみはいかに」(四八四・二七行)。しかし再び聖杯城を訪れたパルツィヴァールが病める聖杯王にかけた言葉は「伯父君よ、どこがお悪いのですか」(七九五・二九行)だった。一語として重なっていないのだが聞かんとすることは同じで、その結果聖杯王アンフォルタスはすぐさま痛みから解放される。これを文学に置き換えて考えれば、内容が同じであれば単なる言葉上の違いは、中世では作者によるオリジナルのテキストの変更とは見なされていなかった、ということになる。内容の変更を伴う改変がどのように扱われていたかは謎のままである。『イーヴェイン』には大まかに二つのヴァージョンがあるが、『ニーベルンゲンの歌』には少なくとも三つ、『ニーベルンゲン哀歌』には四つのヴァージョンが存在する。それらの間では歌節の数、人物像、世界観とも大きく異なっており、共通しているのはテーマだけといってよいほどである。これは口承の中で起きた記憶違いによるものなのだろうか、それとも口承を装った書記文学が故意に生み出した異本なのだろうか。

ミンネザングに複数ヴァージョンが存在する理由として、歌唱中の歌手の記憶違いが挙げられたこともあったが、[103] それを証明することは難しい。とはいえ歌詞カードを見ながら歌ったというのも、ありそうにない話である。むしろ歌節の置き換え、省略、追加は、ころころと変わるパトロンの好みを反映したものか、もしくは新情報をつけ加えたり、不都合な文言を取り去ったり、あてこすりを忍ばせたりしたほうが伝承の効果が上がると思わせるような、さまざまな現場のシチュエーションがあったのだ、と考えるのが適切だろう。ただ、仮にそうだったとしても、詩人自身が異なるヴァージョンに関わっていたのか、歌手が勝手に変えてしまったのかまではわからない。確かなのはミンネザングが、その時々の上演状況に合わせて形を変える可能性のある「ワーク・イン・プログレス（進行中）」の作品だったということである。

流動性は中世文学の本質である。[104] しかし詩人が自らその流動性に関与したのか、他の力がテキストに介入したのかは判断が難しい。詩人以外の手によるテキストの改変があったことは、何人かの作者が、自分が書いたテキストの不可侵性についてはっきりと言及していることからも推測できる。たとえばコンラート・フォン・フーセスブルンネンは、単なる間違いの訂正以外の変更はすべて越権行為であると断じている（『幼児のキリスト』三〇一―三行以下）。コンラート・フォン・ハイメスフルトも、何かとんでもないものを自分の手でつけ加えないことには作品に良い評価を与えない輩を恐れずにはおれない、と必要以上に熱心な自称芸術家に対する懸念を表明している（『ウルステンデ』一―三行以下）。ヴァルター・フォン・ライナウは多少控えめに、自分の作品に手を加えないようにと批評家たちに頼む（『マリアの生涯』五九―七九行）。しかし彼らの望みは叶えられず、その作品は他の詩人の作品同様、さまざまな異本からなる写本で伝わることになった。自分のテキストが不変であることを望む作者がいたことは確かだ。しかしこの願いを一般化することはできない。というのも、そのような主張がなされるのはすべて宗教テキスト、ごく稀に法律テキストなのだ。聖書関連のテキストはその性格上、不変でなければならないし、法律書が拘束力を持つためには変更不可能な字句内容であることが求められる。テキスト改変を拒むのは決然たる作者意識というより、ジャンルの要求だと言ってよいだろう。作者が作品を自分のものと考えていたかどうかは、判断できない。念入りに韻を踏んだことを強調するなど、詩人がテキストの形式について詳細に語っているのは、彼らにとって物語の内容より語りの形式が、作者としての矜持に関わる事柄であったことを示しているのかもしれない。詩人が物語を独創的に考え出したわけではなく、すでに存在していた作品を基に創作していたという事実も、そのことを示唆している。

## 素材・テーマ選び――発明ではなく発見

中世の文学がめざすのはオリジナリティではない。新しいことを考えつくのが重要なのではなく、すでにある素材を取り上げて、それを新たに、これまでとは違う形で語ることが求められたのである。パトロンが原典を提供して制作を依頼することもあったので、作者が素材を探さずにすむことも多かった。執筆作業はたいていの場合、まずは翻訳から始まった。というのも原典のほとんどは、キリスト教的英雄詩である「武勲詩（シャンソン・ド・ジェスト）」やアーサー王物語を中心とする「ブルターニュ物」の発祥の地であるフランスからもたらされたものだったのだ。詩人は自分の作品に種本があることを隠さず、ときにはさらにそれ以前の伝承ルートをつけ加えてくることもあった。

たとえばヘルボルト・フォン・フリツラルは『トロイアの歌』の原典を、最初のトロイア物語が書かれたギリシアにまでさかのぼり、そこから物語がラテン語、さらにフランス語に翻訳されたと語る。ドイツ語訳は車の四番目の車輪だという彼の言葉は、控えめではあるが自負に満ちあふれている。そもそも車は四つの車輪が揃って初めて動くものである、ということはつまり、ヘルボルトが物語に最後の仕上げを施し、完成に導いたことになるのである(『トロイアの歌』四七行以下)。

僧コンラートは『ローラントの歌』のフランス語原典をまずラテン語に訳し、それからドイツ語に書き直したと言っている。

物語はフランス語で/書物に記されていたので/それをラテン語に翻訳し/それからドイツ語に置き換えた/何ひとつつけ加えず/何ひとつ省かなかった(『ローラントの歌』九〇八〇―九〇八五行)。

コンラートは原典に忠実であることを宣言し、聖なる言語として特別な威厳を有していたラテン語に翻訳したと言うことで、物語の真実性を担保したのである。

流動性はそれゆえ、中世におけるテキスト伝承の一現象であるだけでなく、中世文学の本質なのである。とはいえ中世詩人は自分たちの作品を、原典に対する可変性でかたづけられたら、猛烈に抗議したことだろう。なぜならその背後にはきわめて拘束力の強い記号理論が存在しているからである。言語には、世の中のすべてのものと同様に、多義性が与えられている。言語は意味を付与する文字や言葉からなる「もの」だが、同時に「もの」の「しるし」でもある。つまり表面的な記号の背後にひとつもしくは複数の、字面を越えた意味が隠れているのだ。この「しるし」を解読し自作において明らかに示すことが必要なのである。原典を一切変更しなかったという僧コンラートの宣言は、明らかに変更されている部分があるにもかかわらず正しい。というのも中世の詩人にとってそれは改ざんではなく、隠された意味の開示であるのだから。長い伝統をもち古くから知られてきたことこそ信頼するに値し、それを語ることによって真実に到達する。それゆえ伝承されてきた物語を取り上げるのは、作品に権威を与えることになる。物語の真実は字句の上にあるのではなく、その奥底に隠されており、テキストを比較し熱心に検討することによってのみ、作者はそこに近づくことができるのだ。その意味では詩作とはつまるところ、既存のテキストの解釈なのである。解釈はしかし、常にそれぞれの解釈者が生きている世界の状況に影響されるので、固定されたものでも変更不可能なものでもない。だが権威ある原典が根底にある以上、勝手な解釈だという批判を受けるわけにはいかない。自分の作品（解釈）の真実性を証明したいと思う者は、仮に原典がなかったとしても、原典検討を行なったと主張しなければならない。ハルトマンは「本の中に」、心地よい時間を過ごさせてくれて、神の御意志にかない、詩人に名声を約束し、読者たちが詩人のために祈ってくれるような素材を探した（『哀れなハインリヒ』一―二五行）。それを彼は、宮廷的な筋立ての聖人伝と奇蹟譚を組み合わせることで手に入れたのだ。しかし「哀れなハインリヒ」についてのこの物語を、原典を探していて発見した、という彼の主張は真実とは思えない。なぜならハルトマンが物語の主人公を「アウエのハインリヒ」とした、つまり自分と同じ氏素性を与えたことは、この物語がハルトマンの実際の人生に深く関連づけられていることを思わせるからである。原典を示すことがテキストの権威づけにどれほど重要だったかは、原典偽造がなされたケースをみればより明確になる。当時の創作慣習を平然と無視してのけたヴォルフラムでさえ、自分が使用した原典についでは詳細に語った。ただし情報提供者としてキオートという詩人の名を挙げ、読者も後世の中世研究者をも煙に巻いたのである。ヴォルフラムのでっち上げと考えられているキオートと聖杯物語の発見に至る波乱に富んだ経緯とは、以下のようなものである。著名なプロヴァンス詩人キオートはトレドの街角で、忘れ去られていた異教の書物を発見する。それは教養高き異教徒フレゲターニースによって書かれたもので、この人物は星の運行から聖杯の存在を初めて知り、畏敬の念を持ってそのことを記したが、彼にできたのはそこまでだった。なぜならキリスト教の信仰を持った人間にしか、聖杯の秘密は解明できないからである。キオートはまず書物に記された異国の言葉を学び、また多数のラテン語文献にあたって聖杯に関する記述を探したすえに、謎の解明に成功した。そしてキオートが得た知識をフランス語で書き記したものがヴォルフラムの原典となった、というのである（『パルツィヴァール』四一六・二〇行以下、四三一・二行、四五三・一行以下）。ヴォルフラムが実はクレティアン・ド・トロワの『聖杯物語』を原典としていたという事実は、かくも興味深いキオートの原典探求物語の前には完全に色褪せてしまう。『聖杯物語』が原典であることはテキスト分析の結果明らかなのだが、ヴォルフラムは『パルツィヴァール』のエピローグで、クレティアンの物語は誤っており（八二七・一行以下）、キオートこそがこの物語の原典であると再度強調する（八二七・四行）。

ゴットフリート・フォン・シュトラースブルクがヴォルフラムの嘘を見破り、苦々しく思っていたことは想像に難くない。ゴットフリートは、残念ながら断片でしか残っていないが、実在した作品を原典としている。彼もまた、手に入るすべてのトリスタン物語を読んだと主張し、どの作者も力を尽くしてはいるが、物語を正しく語ったのはブルターニュのトマだけであると結論づけた。トマのヴァージョンが彼の指針であったが、物語のすべての真実を明らかにするために、彼はラテン語、フランス語の各原典を検討し、補足を加えたのである（『トリスタン』一三一―一六六行）。彼が作品中で展開する宗教としてのミンネ論などは、読者にトリスタン物語の新たな一面を開いてみせたことだろう。

中世詩人の仕事とは、すでに知られた素材に大小の変更を加えて新たな側面を付与すること、そしてそれを芸術的な文体で表現し、読者の心を捉え、美的感動を与えることだった。物語の「原作者」であることを自慢する者がほとんどいなかったのは、そのためだろう。

## 詩作——頭で、手で？

テキストの流動性の問題と深く結びついているのが、詩人の創作方法の問題である。叙事詩人が作品の構想を、文字を書きながら練ったことは間違いない。そうでなければハインリヒ・フォン・フェルデケが写本盗難後に、あれほど長い間仕事を進められなかった理由が説明できないし、「軽石やナイフで(『ウルステンデ』一五行)」テキストを変えないようにというコンラート・フォン・ハイメスフルトの言葉も、それが羊皮紙上の単語や文を削り取ることだと解釈しなければ理解不能である。羽根ペンに、主人の休みを知らぬ働きぶりや、宮廷での人付き合いをまったくしない隠者のような生活を嘆かせるトマジーン・フォン・ツェルクレーレも、教訓詩『イタリアの客人』ができあがるまでを、たゆみない執筆プロセスとして表現している。形式的にも内容的にも明らかに口承の伝統に基づいて創作された『ニーベルンゲンの歌』でさえ、さまざまな伝説をひとつの作品にまとめ上げる段階の作業は、文字なしには考えられないものである。口頭による創作がありそうなのは、簡単なミンネザングくらいだろう。abc abc または cbc bac の形で韻をふむ組み合わせ韻、独唱者と合唱が交互に歌う応唱《レスポンソリウム》、反復モチーフなどの、技巧を駆使する、美的要求が高い複雑な構成の歌は、詩人の頭の中だけで完成するのではなく、はじめから蠟板や羊皮紙に草稿をしたためながら仕上げられたものと思われる。

しかしどのような状況下で作者が仕事をしていたのかは、よくわかっていない。人によって大きく違ったものと考えられる。トマジーンの仕事場の禁欲的な孤独に対し、ゴットフリート・フォン・ヴィテルボは著作『世界史』を、「ひとりきりで、もしくは修道院で、もしくは静寂な場所で」ではなく、「日々の出来事の混乱の中で、戦時にあっては軍営で、また(常に出仕を求められる)大宮廷の喧噪の中で」、「昼夜を問わず、ミサや定時課、食事、交渉、書状作成、宿舎設営、日々の口過ぎに当たりながら」書いたと語る。[105] テューリンゲン方伯の宮廷はカオス状態でゆっくり仕事をすることなど考えられない、と語るヴァルター・フォン・デア・フォーゲルヴァイデも、同じような状況を経験したのだろう。しかし、結論を下すには資料が少なすぎる。また詩人が自ら書いたのか、口述筆記のほうが好まれたのかもわからない。宮廷詩人の自筆原稿は残っておらず、写本の挿絵にも、自ら文字を記す詩人より口述している詩人のほうが頻繁に登場する（図版4）。作品の成立過程の詳細な記録を初めて残したのはフィリップ・コリンで、彼の『ラポルトシュタイン版パルツィファル』には一三三六年という成立年が記されているが、成立年を特定できる例は大変珍しい。創作と書記作業はどうやら同時進行だったらしい。長く詳細なエピローグによれば作者はひとりではなく、複数の人物の名が挙げられている。ウルリヒ・フォン・ラポルトシュタインの依頼を受けて、プロローグと物語の第一部を書いたと思われるのがクラウス・ヴィッセという人物で、それを引き継いで物語の大部分をフランス語からドイツ語の韻文にしたのがフィリップ・コリン、その際ユダヤ人ザムプソン・ピーネの助けを借りたという。書記をしたのはヘンゼリンともうひとりオンハイム出身の男性である。作品の原典はヴォルフラム・フォン・エッシェンバハの『パルツィヴァール』で、それに加えてクレティアン・ド・トロワの『ペルスヴァル』、フランス語によるその続編と十三世紀初頭に、クレティアンの『ペルスヴァル』のプロローグとして書かれた『エリュシダシオン』の一部、複数のドイツ詩人のミンネザング、古フランス語の恋愛詩などが使われている。フィリップ・コリンが愛のアンソロジーとして世に送り出したこの『新パルツィファル』は、原典に意図的に介入するのではなく、個々のテキストを混ぜ合わせるように並べることでできあがっている。中世の文学活動に特徴的な事柄が、この作品にはすべて現れている。文芸に熱心なパトロンと、基礎となる文学素材を加工し、フランス語原典を翻案し、手に入る材料を新たな作品にまとめ上げる、ひとりもしくは複数の詩人。できあがった作品の文学的価値については評価が分かれるだろうが、次のことだけは確かに言える。すべての原典テキストは編纂作業を経て別な意味合いを獲得し、個々の断片からひとつのまとまった作品が生み出されていったのである。

## 作品としての写本

中世の文学テキストは、著作権によって一文字たりとも勝手に変えることのできない現代のテキストとはまったく違う、ということを、ここでもう一度明らかにしておきたい。パフォーマンスの状況、音楽や身振りといった非言語的要素も、テキストの複数のヴァージョンや形式と共に考慮されなければならない。そしてこれまでの研究ではほとんど扱われてこなかったが、作品解釈にきわめて重要なのが、それぞれのテキストが記された写本の問題である。

『ニーベルンゲンの歌』については、読んだことがなくても多くの人が知っている。伝説の竜退治の英雄ジークフリート、クリームヒルトとの愛、ハーゲンによる暗殺、そしてクリームヒルトの復讐心が引き起こしたブルグント族の滅亡は、オペラ、映画、フェスティバルの素材となり、何度もリライトされている。かつて、とくに十九、二十世紀の人々は、家の壁をニーベルンゲンの絵で飾り、登場人物の「ドイツ的美徳」と称するものを賞賛し、無慈悲に殺し合う勇者たちを模範にせよと駆り立てるなど、イデオロギー的に利用もした。(106) それに対し『ニーベルンゲン哀歌』は、さほど注目を集めることがなかった。『哀歌』は歌節形式ではなく、二行押韻形式で、『ニーベルンゲンの歌』が伝える恐ろしい出来事の原因を探り、死者たちを悼んで埋葬し、ハーゲンを断罪し、勇者たちの傲慢さが悲劇を引き起こしたのだと語って、非情なゲルマン的英雄気質をキリスト教的世界へ導こうとする。『哀歌』は間違いなく『ニーベルンゲンの歌』の註釈であり、物語のその後を伝えて再び世界に未来を与え、滅亡という結末に恐れおののく読者を救いだそうとするものである。『ニーベルンゲンの歌』の完本写本にはすべて、この『哀歌』がともに収録されているが、現在出版されている『ニーベルンゲンの歌』には、『哀歌』は載っていない。つまりわれわれは、伝承を改ざんされた形で受容していることになるのだ。[107]というのも、どう考えてもこの二つの作品は、はじめからひとつのまとまりとして構成されており、写本の書記も、詩形が異なる両作品を、どちらのテキストかひと目ではわからないように似せて書写しているのである。たとえば写本Bでは、『哀歌』は先行する『ニーベルンゲンの歌』の各歌章はじめのイニシャルと同じデザインのイニシャルで始まっている（図版5）。「哀歌」というタイトルは後から、おそらくは写本の所有者によって書き入れられたと考えられる。大文字の配置によって数行ごとにまとまっているように見えるのは、『ニーベルンゲンの歌』の歌節形式を模したものである。写本Aでは、長詩行の『ニーベルンゲンの歌』と見かけが一致するように、『哀歌』の二行ずつをまとめて一行に書いている。二行まとめると少々長くなるのだが、書記は小さめの文字で書くことでその問題を解決しようとしている。とはいえところどころ入りきらずに、詩行が欄外にはみ出している部分もある（図版39）。カールスルーエにある写本Cでは、『哀歌』の最初の大文字は『ニーベルンゲンの歌』の最初の大文字と同じスタイルになっており、ここに新たな物語が始まることを示しているが、「哀歌の歌章」というタイトルがこのテキストを、三九の「歌章」からなる『ニーベルンゲンの歌』に結びつけている（図版40）。こうしてみると主要三写本すべてにおいて『ニーベルンゲンの歌』と『哀歌』は、視覚的にほとんど区別できなくなっていることがわかる。内容的にも『哀歌』は英雄叙事詩に対応している。『哀歌』は『ニーベルンゲンの歌』の歌節を模した四つの詩節で始まっているが、意味内容も詩節ごとに完結しており、書記だけではなく作者がすでに、『哀歌』を『ニーベルンゲンの歌』に近づけるように創作していたことを示している。二つのテキストがこれほどはっきりと関連づけられている以上、それぞれを

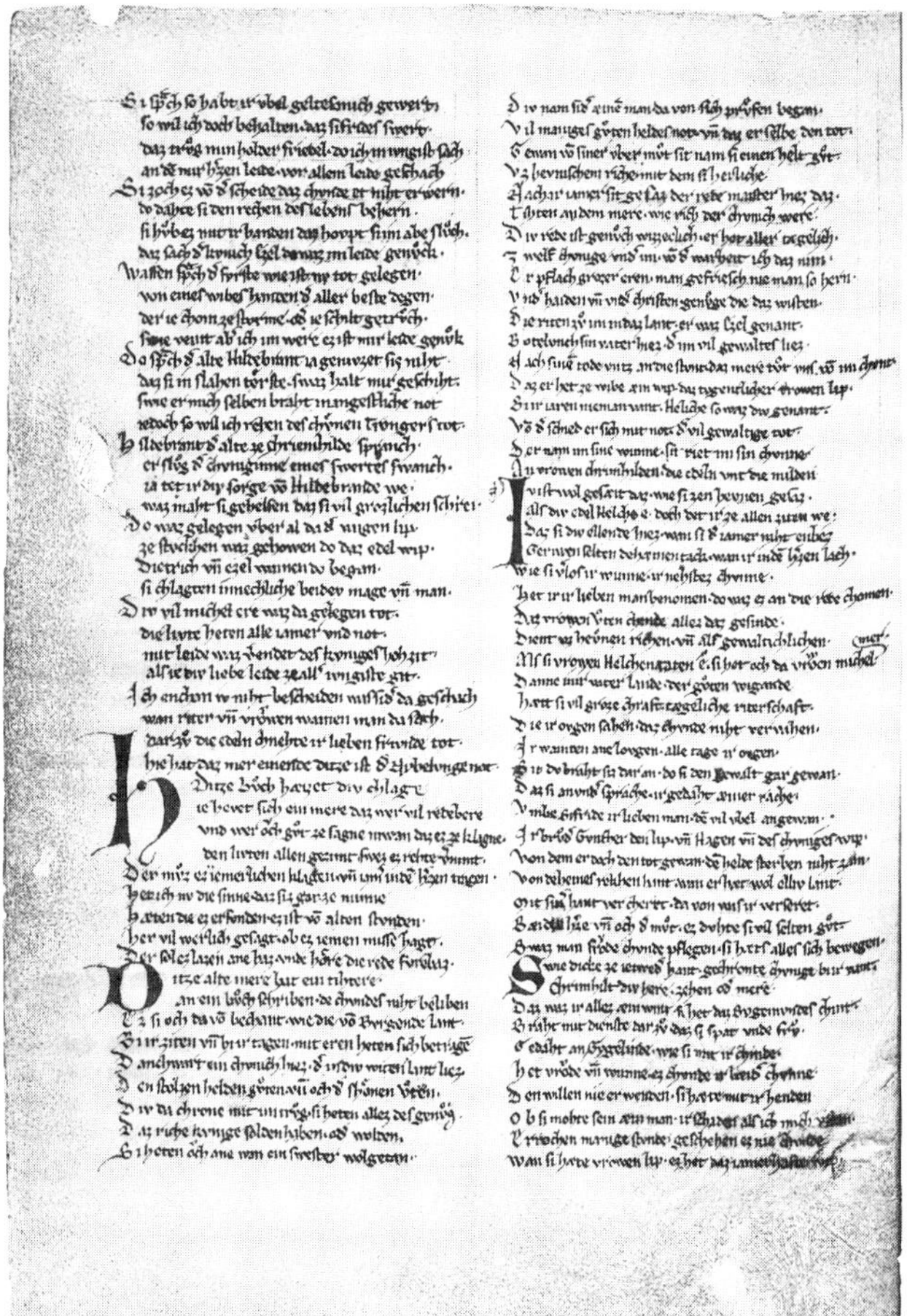

39　『ニーベルンゲンの歌』と『哀歌』、写本A（ミュンヘン、バイエルン州立図書館、Cgm 34、fol. 47v、13世紀後半）。『哀歌』は左段下から18行目「この本は哀歌という」という文で始まっている。『ニーベルンゲンの歌』との間にスペースはなく、レイアウトの変更もない。

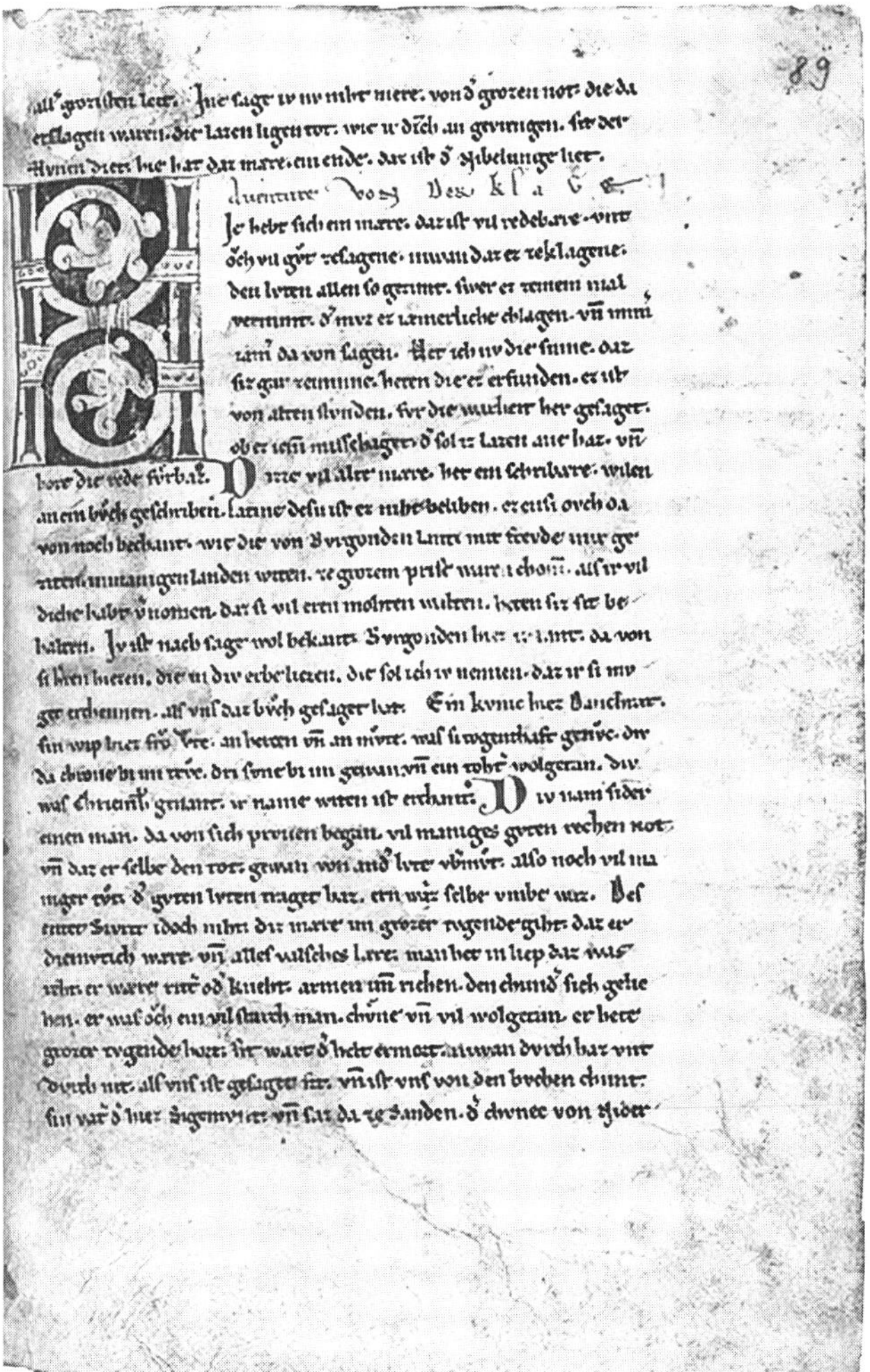

40　『ニーベルンゲンの歌』と『哀歌』、写本C（カールスルーエ、バーデン州立図書館、Cod. Donaueschingen 63、fol. 89r、13世紀前半）。『哀歌』には『ニーベルンゲンの歌』と同じタイプの冒頭イニシャルが与えられ、新しい歌章であるかのように扱われている。

単独で受容することの是非は問われるべきであろう。なぜなら『ニーベルンゲンの歌』の解釈は、『哀歌』による理解の手引きがあるのとないのとで大きく様変わりしてしまうからである。

通常は別の作者による続編とともに写本伝承されている未完の叙事詩についても、同じことが言える。カッセル版『ヴィレハルム』写本には、ウルリヒ・フォン・デム・テュルリーン作『アラベル』、ヴォルフラム・フォン・エッシェンバハ作『ヴィレハルム』、ウルリヒ・フォン・テュルハイム作『レンネヴァルト』の三作品が、挿絵やレイアウトを統一してひとつの作品のようにまとめられている。ヤーコプ・ピュータリヒ・フォン・ライヒェルツハウゼンは、ヴォルフラムの『ヴィレハルム』の前後を語る二作品を「聖ヴィレハルム本」の初巻、終巻と呼んでいる（『表敬書簡一〇二詩節』）。この場合、ピュータリヒの念頭にあるのは個々の作者ではなく、全体としての物語であり、それぞれの作品に出来不出来があったとしても、それは問題ではなかったと言えよう。ヴォルフラム作『ヴィレハルム』の中世の読者は、われわれとは違って、異教の王女アラベルがキリスト教に帰依する貴婦人ギブルクになった次第をあれこれと想像する必要も、物語が突然終わってしまったために行方知れずになったレンネヴァルトの運命に頭を悩ませる必要もなかった。ヴォルフラムがまったく異なる物語を創造しようとしていたにもかかわらず、彼の未完のテキストはある全体像の中に組み入れられ、登場人物も物語の文体も意図したものとは違うひとまとまりの物語として理解されるようになってしまった。写本の書記が書写すべきテキストに言語的にも内容的にも介入して書き換えを行なうこともあったのは、作品間の相違があまりにも大きかったからかもしれない。そしてこのような事態が、根本的に異なる二つのヴァージョンを持つトリスタン物語に起こっていたなら、読者は宮廷的なゴットフリート・フォン・シュトラースブルク版、口承の荒々しさを残すアイルハルト・フォン・オーベルク版のそれぞれを読むのとは、また違ったトリスタン物語に接していただろう(108)。

集成写本においても、収録された作品は必ずしも個別の美的芸術作品として認識されていたわけではなく、読者に人生の指針を与えるべくまとめられていた。全体のプランは常に明白なわけではない。有名なザンクト・ガレン第八五七写本には『ニーベルンゲンの歌』写本Bと『哀歌』の他に、デア・シュトリッカーの『カール大帝』、ヴォルフラムの『ヴィレハルム』と『パルツィヴァール』、さらに少し古い時代の作品としてコンラート・フォン・フーセスブルンネンの『幼児のキリスト』、コンラート・フォン・ハイメスフルトの『マリア被昇天』が収録され、一見さまざまなテーマ、ジャンルを無作為に集めた寄り合い写本のように見える。しかし詳細に内容を吟味してみれば、『ニーベルンゲンの歌』と『哀歌』は二つでひとつの作品になっているし、すべてのテキストに共通して「キリストによる救済史」というテーマが隠されていることがわかる。(109)

さて、中世の文学世界を探るわれわれの論考にも、こうして結論が出ようとしている。中世の文学世界（そもそもそれはひとつであるとは限らない）は、個々のテキストや作者、受容の一局面、もしくは歴史的発展段階からうかがい知れるものではない。写本の一つひとつがその物質的存在感と、その成立に関わった作者、書記、編集担当者、挿絵画家、装飾画家、註釈者、編纂者との結びつきの中で「多声《ポリフオニツク》的な意味連関」(110)を生み出している。そしてそれこそが詩人、思想家およびテキストの活力、創造性、衝撃性、ユーモア、教化性、破壊性、そして美的な魅力を輝かせているのである。

# 訳者あとがき

本書は、Claudia Brinker-von der Heyde, *Die literarische Welt des Mittelalters.* Darmstadt 2007. の全訳です。ブリンカー・フォン・デア・ハイデはカッセル大学の中世ドイツ文学講座で教鞭を取り、テキスト研究の他に中世の書物文化や図書館についてなど、中世文学とそれをめぐる環境を幅広く視野に入れた研究をしてきた人物です。また研究書のかたわら児童文学『ドラゴン城の騎士』で、中世の城での生活を物語として紹介するなど、一般向けの中世ヨーロッパ入門書も書いています。本書もまた、中世文学研究が「唯一のテキスト」としての校訂本をもとにテキスト分析をするという従来の方法から、写本ごとに異なるテキストを総合的に取り扱うという新たな方向に展開したのを受け、その新しい中世研究のあり方を一般向けにわかりやすく解説したものであるといえるでしょう。

本をめぐる状況は、日々刻々と変化しつつあります。インターネットがわたしたちの生活に広く浸透するにつれ、「本を」読むという行為は、以前のように当然のことではなくなってきました。ネット上の大量の情報にさらされ、それを飲み込む（消化まではとても無理か）のに精一杯で、あるいはそれで十分な知識情報が得られるという確信があってのことなのか、書棚から本を取り出し、広げ、ページをめくり、読むという、多くの人がほんの少し前まで日常的に行なってきた動作が、いまではコンピューターを立ち上げ、マウスでクリックする、もしくはタブレットの画面を指でタッチするという動作に取って代わられつつあるように思われます。読者が次に読む本を探す、という本来主体的である（べき）選択も、コンピューターが親切にも肩代わりして、「あなたにおすすめの本」をリストアップしてくれる時代になってしまいました。

メディアの革新により、知をアーカイブ化する方法、そしてそこにアクセスする方法が変わってくるのは当然のことです。知識を伝えるテキストを紙に印刷し、それを綴じてコンパクトな形にした本を、図書館という入れ物に整然と配置する。知識を必要とする人間は図書館へ（自分で買えるお金があるなら書店へ）足を運び、内容によって決まった場所に配架された本を手に取る。そのような従来の知識の保管・伝達方法は、物理的にも限界を迎えつつあります（次々と出版されるすべての本を、図書館という限りある空間に入れ込むのは不可能でしょう）。しかし一方で、電子化されたデータをコンピューターに呼び出して読むという新たな形の「読書」で、知識の確実な伝達がこれまでどおり可能であるのか、わたしたちはまだその自信をもてないでいます。

つまりわたしたちは、後の時代の人々がおそらくグーテンベルク以来のメディア史上の革新期と呼ぶであろう時代、希望と不安がうずまく文化の革命に立ち会うという、歴史的に見ても稀有な存在となってしまったのです。

そんな時代認識から出発して、著者はグーテンベルク革命のもうひとつ前、口承で伝えられていた物語、とくにラテン語ではなく俗語（ドイツ語）で語られた物語が写本に書き下ろされた時代、つまり中世ヨーロッパでいかなる変化が起こったのかを、当時の文献をたどり、また図版を駆使しながら解き明かしていきます。母語で書かれた物語を本で読むという受容の形は、ヨーロッパではこの時代に成立し、グーテンベルクの革命によってさらに勢いを増して、現代にまで引き継がれたのです。

本書で引用される文章は、中世文学のなかでも、これまで専門家以外にはあまり注目されてこなかった箇所から取られています。たとえば四三ページの、自分の書写能力のなさを恥じる書記のことばなどは、どの校訂本にも載ることのない、いわば落書き、コメントです。この文言が書かれた写本のページは、現在ネット上に公開されているので、書記の書いた文字を実際に見ることができます。著者はこれを反省の弁と取っていますが、書写し終えたあと数行をあけて、本文と同じ乱れのない筆致で書かれたその文字を見ると、ひょっとすると書記は逆に、自分が理解できないようなドイツ語を書いた作者、もしくは原典の書記に静かな怒りを抱いていたのかもしれないという気もしてきます。マネッセ写本からの図版引用でも、有名な挿絵ではなく、破れていたり、つぎはぎされていたりする、これまであまり目に触れることのなかったページが選ばれているのは、文学そのものではなく、文学活動をテーマとしている本書の特色のひとつであるといえるでしょう。

口承から写本へ、写本から印刷本へというメディアの交替は、伝えられる内容にも当然影響を及ぼしてきます。口承の物語は、本書でも叙情詩の受容の場面で示されるように、その場その場の雰囲気、朗読者のパフォーマンスによって、極端な場合その内容を正反対に変化させます。口承で伝えられるテキストほどではありませんが、写本も書写されるたびに少しずつ文言が変わっていきます。活版の上に固定して、けっして動かさず、著作権でもって変更を禁止する、というテキストのありように慣れてしまったわたしたちにはどうも違和感があるのですが、中世のテキストは、書記化されてはいても流動的に変化するものなのです。しかし考えてみれば、データ化されてネットに上がるテキストのなかには、不特定多数の人間によって書き換えが可能になっているものもあります（ウィキペディアなど）。その意味では、現代のテキストのありようは、中世写本時代に回帰したともいえるのではないでしょうか。テキストだけではありません。四七ページ図版九の「指差す手」などはそのまま、コンピューターの手のマークのマウスポインターにも見えてくるではありませんか。メディアの交替にあたっては、このように先祖返りの傾向もみられるのです。

メディアの交替が起こるとき、新しいメディアは旧メディアの形式を踏襲しつつ、徐々にそれに取って代わっていくものだということも、本書で触れられています。写本が印刷本になっても、グーテンベルクの聖書に見られるように、まずは写本の豪華さをまねて、手仕事感のある印刷本が作られました。そして印刷本が電子書籍に変わっても、本に近い、目に優しい画面を作ることが目標となり、ページをめくるような指の動きが求められています。口承の物語が書記化された中世でも、同じようなことが起こりました。朗読しやすくするために句読点が入れられたり、作者が聴衆と語り合う場面など、口承の文体がテキストに根強く残ったりしたのです。しかし当初は旧メディアの影響を強く受けたものの、新メディアはやがて独自の変化を遂げていきます。

典型的な口承文学としてはメルヘンや神話が挙げられますが、それらと中世文学作品を比べてみると、中世の騎士物語や英雄詩が、いまだ萌芽的ではありますが、複雑な人間心理を、つまり人間そのものを描き出そうとしつつある様子が見て取れます。口承で伝えられていたころの『ニーベルンゲンの歌』では、宝に対する物質的欲望だけが、登場人物の行動を決定していました。しかし写本に書き下ろされた『ニーベルンゲンの歌』の登場人物たちは、宝をめぐって争うばかりではなく、かけがえのないただひとりの存在として異性を心に抱き、信頼を裏切った肉親を恨み、ほぼ全員が葛藤を抱えながら破滅への道を突き進んでいくという物語に変わっていきます。『トリスタン』も同様です。妻を寝取った若い男を追い詰め、死に至らしめるだけの存在だった主人公の伯父マルケ王は、甥を愛し妻を愛するがゆえに、そのふたりの間の分かちがたく深い結びつきに猜疑心をかき立てられ、悩み苦しみ、傷つく人間として、多面的に造形されるようになります。このような物語の深みは、語られるストーリーを聞くという物語受容の中からは生まれてきません。母語が書記化され、書き手読み手の双方に、本という熟考の場が与えられて初めて成立する、新たなタイプのテキストだったのです。その意味で、近代小説の原点は、本書で扱われているメディア転換期、中世にあったといえるでしょう。

テキストが電子データという新たなメディアにそのすみかを変えつつある現状で、今後本が生き残っていくのか、そのことにも本書は重要な示唆を与えてくれています。本書では、本が身体であると考えられてきたことに触れられていますが、本が身体になぞらえられる空間であることは、記憶術とも結びついています。記憶にとどめる必要がある重要な文言は、本の場合、空間の中の位置として認識されます。前からどのくらいの箇所で、開いたページの右上だったのか、真ん中あたりだったのか。本はユーグ・ド・サン゠ヴィクトールが言うところの「記憶の宮殿」（本書一五九ページ）そのものです。このように位置と結びつけて記憶を確かなものにすることは、電子書籍やコンピューターの画面上ではほぼ不可能です。立ち止まり、行きつ戻りつし、そのつどテキストに書かれた情報を吟味し、思考しつつ読み進めるような性格のテキストは、それゆえ今後も本という形で受容せざるをえないということになるでしょう。それは学術書ばかりではありません。たとえばテキストに巧妙に織り込まれた手がかりをあれこれと集めて犯人を当てる推理小説などの娯楽物も含まれるでしょうし、辞書など目当ての項目の周囲も視野に入れることで学習効果が上がるようなテキストも同様だと思われます。

また本には、物としての価値もあります。豪華な写本は持ち主の財力とともに、知性・教養をも示します。本書に登場する権力者の多くが、写本を製作させることにより、もしくは写本を所有することにより政治的な目的を達成しようとしていました。そこに記されているテキストの内容もさることながら、本そのものの、物としての価値が、中世人の思考や行動に影響を及ぼしていたのです。中世人だけではありません、ごく最近まで日本でも、文学全集（とくに漱石全集）が並べられた書棚が自宅にあるというのは、知識人の証でした。りっぱな書棚は見る者を圧倒し、所有者の価値を高める役割を果たしましたし、また世間もそれを当然と考えていたように思います。住宅事情や、新書・文庫版の普及、さらには電子書籍の登場により、本をそのような用途で使うことは難しくなってきていますが、喫茶店やパブなどの壁紙が書棚を模してあったり、映画などで図書室のシーンが登場人物の知性を表象する場として使われているところなどに、いまだ物としての本がもつイメージの力が表れていて、それを受容するわれわれの感性もまだ廃れてはいないことがわかります。

「記憶の宮殿」としての本の強みも、いずれは新しいメディアの進化によって、もしくはわれわれの認識能力がメディアに適応していくことによって、消え去ってしまう運命にあるのかもしれません。初期印刷本の時代に生きていた人たちが、印刷本の可能性と写本の未来のすべてを予測できたわけではないように、現代のわたしたちも旧メディアとしての本がどこまで生き残るのか、新しいメディアで流通する物語が内容的にも変化していくのかどうかを見通すことはできないのです。しかし中世の写本がもっていたような、物としての価値は失われることがないでしょう。本というのは知識を媒体するメディアであると同時に、それそのものが芸術作品でもある、そして同じ内容を集録していても、一冊ごとに異なる風合いでもって、内容とはまた別のアウラを伝達するものだということは、本書でも明らかにされているところです。

最後に、邦訳について、いくつかお断りをしておきたいと思います。

原著タイトルは直訳すれば「中世の文学世界」となります。中世ヨーロッパ文学を、テキストの文学史としてではなく、写本製作に携わったさまざまな人々（注文主、作者、書記、職人など）、できあがった写本の使われ方、写本の性質が書かれるテキストに与える影響など、すべてを網羅した「文学世界」として見ていくというのが、原著タイトルの意図だと思われます。しかしこれをそのまま日本語にすると、「文学（の中の）世界」といった、テキストの中に限定される、著者の意図とは異なる狭い対象範囲を連想させてしまうおそれがあると思われたため、本書で中心的に扱われている「写本」をタイトルにいれ、邦題を『写本の文化誌』とさせていただきました。

　中世をあつかった書物を翻訳するさい、必ず直面する問題に「ハンセン氏病」があります。この病をめぐる差別の歴史を無視するつもりはないのですが、「ハンセン氏病」という名称がなかった中世の文献の訳語としてこの言葉を使うのがはばかられたため、あえて「らい病」という表現を使わせていただきました。この点をご了解いただければ幸いです。

　聖書の引用には基本的に新共同訳を使用しましたが、二〇五ページの詩編引用に限り、ラテン語聖書の一節を取り込んで文章を成立させる都合上、口語訳聖書の文言を使用していることを、お断りしておきます。

　現在、多くの写本がデジタル化されており、インターネットで閲覧することができるようになっています。本書で扱われたおもな写本のＵＲＬを以下に挙げておきます（二〇一七年六月現在）。

ザンクト・ガレン修道院所蔵の写本
http://www.cesg.unifr.ch/virt_bib/handschriften.htm
ディーボルト・ラウバー工房の写本
http://digi.ub.uni-heidelberg.de/de/bpd/glanzlichter/oberdeutsche/lauber.html#Kap3
マネッセ写本　http://digi.ub.uni-heidelberg.de/cpg848
写本の検索サイトとして　http://www.handschriftencensus.de/

中世ドイツ文学に関するさまざまな情報を集めるには　http://www.mediaevum.de/

本書が最初から最後に至るまで縷々つづっているのは、一冊の（写）本を製作するのに、どれだけ多くの職種の人間が関わっていたかです。資金を出してくれる注文主、テキストを作り上げる作者や編者、版面を決めて書き入れる書記、本という形に仕上げる職人などなど。実際、本書ができあがるまでにも、中世の写本製作同様、数多くの方々の力が必要とされました。本書の企画をお認めくださった白水社、マネッセ写本の肖像画に味わい深い書体のタイトルを合わせて、美しい装丁に仕上げてくださった柳川貴代さん、そしてなんといっても、遅々として進まぬ訳者の仕事に粘り強くお付き合いくださり、中世の編集者もかくやとばかり（？）ミスを訂正し、簡潔で読みやすい文体に整えてくださった編集部の糟谷泰子さん、栗本麻央さん、その他印刷所や製紙工場やインク工場など、ここにお名前を挙げることのできない方々も含めて、みなさまに心よりお礼申し上げます。

幼い頃から本が好きで、本とともに人生を送ってきた人間のひとりとして、本書が同じように本がお好きな方々の「膝の上に」載せていただける（本書一八二ページ）ことを願ってやみません。

二〇一七年六月

一條麻美子

**訳者略歴**

一條麻美子（いちじょう・まみこ）
東京大学大学院総合文化研究科・教養学部准教授（中世ドイツ文学・表象文化論）。
おもな訳書は、ノルベルト・オーラー『中世の死』（法政大学出版局、二〇〇五年）、ヨアヒム・ブムケ『中世の騎士文化』（共訳、白水社、一九九五年）など。

# 写本の文化誌

ヨーロッパ中世の文学とメディア


二〇一七年八月一〇日　第一刷発行
二〇二五年一月三〇日　第六刷発行

著者　クラウディア・ブリンカー＝フォン・デア・ハイデ
訳者 © 一條麻美子
発行者　岩堀雅己
印刷所　株式会社理想社
発行所　株式会社白水社

東京都千代田区神田小川町三の二四
電話　営業部〇三（三二九一）七八一一
　　　編集部〇三（三二九一）七八二一
振替　〇〇一九〇‐五‐三三二二八
郵便番号　一〇一‐〇〇五二
www.hakusuisha.co.jp

乱丁・落丁本は、送料小社負担にてお取り替えいたします。

株式会社 松岳社

ISBN978-4-560-09559-1
Printed in Japan

# 索引

## あ行

## か行

## さ行



## た行



## な行

## は行

## わ行

# 注と典拠

1 Gumbrecht
2 Trost（1986）, p. 16.
3 Reudenbach.
4 Trost（1994）, p. 137.
5 List.
6 Bischoff.
7 Hamel（1994）, p. 86.
8 Peters（1983）, p. 232.
9 PL, 1844–1900, 89, Sp. 193A/B　→『ラテン教父全集』
10 Trost（1994）, p. 120.
11 PL, 1844–1900, 89, Sp. 192B　→『ラテン教父全集』
12 Trost（1994）, p. 120.
13 Römer.
14 Bumke（1996）, pp. 77.
15 Vogler, p. 186. フォーグラー編『修道院の中のヨーロッパ』、pp. 151.
16 Bumke（1986）, pp. 734. ブムケ『中世の騎士文化』、pp. 681.
17 Tritemius, pp. 58.　→『写字生の賛美について』
18 Vogler, p. 146. フォーグラー編『修道院の中のヨーロッパ』、pp. 122.
19 Gibson.
20 Peters（1983）, pp. 227.
21 Wattenbach, p. 259.
22 Seidel, p. 148.
23 Wattenbach, p. 435.
24 Legner, p. 216.
25 Wattenbach, p. 527.
26 Schubert, p. 138.
27 Baisch（1）, p. 91.
28 Seidel, p. 153.
29 Hinkel.
30 Trost（1994）, p. 114.
31 Hamel（1992）, p. 13.
32 Künast, p. 185–188.
33 Fasbender, p. 115.
34 Embach.

35　Müller, J-D, p. 205.

36　Schreiner.

37　Erich König（Hg.）: Historia Welforum. Sigmaringen 1978. p. 4–5.　→『ヴェルフェン家史』

38　Schreiner, p. 71.

39　Behr, pp. 16.

40　Curschmann（1996）, Schupp.

41　Bumke（1979）, p. 158.

42　Peters（1983）, pp. 169.

43　Holladay, p. 15–26.

44　Ulrich Pretzel（Hg.）: Deutsche Erzählungen des Mittelalters ins Neuhochdeutsche übertragen. München 1971. p. 227.　→『ドイツ中世物語集』

45　Lucidarius. Hg. v. Felix Heidlauf. Berlin 1915（= Deutsche Texte des Mittelalters 28）. pp. 10. →『ルキダーリウス』

46　Peters（1981）, p. 19.

47　Bumke（1986）, p. 608.　ヨアヒム・ブムケ『中世の騎士文化』p. 562.

48　Max Schiendorfer（Hg.）: Die Schweizer Minnesänger. Neubearb. d. Ausg. v. Karl Bartsch. Tübingen 1990.　→『スイスのミンネゼンガー』

49　Bumke（1979）, Kap. 6.

50　Bumke（1979）, p. 15.

51　Verfasserlexikon, Bd.3, Sp. 901.　→『ドイツ中世文学事典』

52　Bastert.

53　Fried.

54　Steer.

55　Bumke（1995）.

56　Klemm, p. 35.

57　Ziegeler.

58　Koschorreck, p. 24.

59　Bäuml.

60　Max Schiendorfer（Hg.）: Die Gedichte des Züricher Minnesängers Johannes Hadlaub. Zürich 1986.　→ハートラウプ、ヨハネス

61　Schiendorfer（1993）.

62　Max Schiendorfer（Hg.）: Die Gedichte des Züricher Minnesängers Johannes Hadlaub. Zürich 1986.　→ハートラウプ、ヨハネス

63　Schedler, p. 55.

64　Wehrli, p. 152.

65　Bayerische Staatsbibliothek München（Hg.）: Jakob Püterich von Reichertshausen: Der Ehrenbrief. Cgm 9220. München 1999.　→『表敬書簡』

66　Curschmann（1992）.

67　Richard de Fournival: Master Richard's Bestiary of Love and Response. Hg. v. Jeannette

Beer. Berkeley und Los Angeles 1986. →『愛の動物誌』
68 Illich, p. 39. 『テクストのぶどう畑で』p. 30. なお全訳がメアリー・カラザース『記憶術と書物』別宮貞徳監訳、工作舎、1997年、付録A、pp. 414にある。
69 Illich, pp. 40. 『テクストのぶどう畑で』、p. 32.
70 Ott, pp. 108.
71 Heinzle, pp. 12.
72 Schiendorfer（1995）.
73 Brunner, pp. 216.
74 Strohschneider, p. 9.
75 Müller, U., Texte I, pp. 74.
76 Bein（1997）, p. 236.
77 Green.
78 Wenzel, p. 211.
79 Ott, pp. 107.
80 Wurst.
81 Wenzel（2000）, pp. 42.
82 Illich, p. 58. 『テクストのぶどう畑で』、p. 54
83 Schwob.
84 Haubrichs.
85 Hucker.
86 Kästner, p. 239.
87 Schäfer, p. 11.
88 Haug, p. 151–173; Schnyder
89 Ohly.
90 口語訳聖書より引用。ただし「わたしはその数を知らないからです」の箇所をラテン語聖書訳に変えている。
91 Ohly, pp. 462.
92 Ohly, p. 465.
93 Kästner, p. 247.
94 Bumke（1986）, p. 696. ヨアヒム・ブムケ『中世の騎士文化』p. 645.
95 Honorius Augustodunensis, PL, 1844–1900, 172, Sp. 1148. →『ラテン教父全集』
96 Bumke（1986）, p. 682. ヨアヒム・ブムケ『中世の騎士文化』p. 633.
97 Bertau, pp. 848.
98 Reichert, pp. 63.
99 Walther von der Vogenweide: Werke. Mittelhochdeutsch/Neuhochdeutsch. Hg. v. Günter Schweikle. 2 Bde. Stuttgart 1994（= Reclam Universal-Bibliothek 819）. p. 484. →ヴァルター・フォン・デア・フォーゲルヴァイデ
100 Bertau, p. 848.
101 Kasten.
102 Cerquiglini, p. 111.

103 Green.

104 Zumthor.

105 Bunke（1996）, p. 61.

106 Heinzle（1991）, Frembs.

107 Bunke（1996）, Heinzle（2004）.

108 Baisch（2002）–2, pp. 115.

109 Fromm, Heinzle（2004）.

110 Baisch（2002）–2, p. 112.

# 書名・人名リスト

**アイケ・フォン・レプゴウ**（1180 頃–1235 頃）　ドイツ語圏最古の法典『ザクセンシュピーゲル』の作者。

**『愛の動物誌』**　→リシャール・ド・フルニヴァル

**アインジーデルン修道院長**（13 世紀）　→ハートラウプ、ヨハネスの「恋の助っ人」のひとり。

**アウグスティヌス**（354–430）　ヒッポ司教、中世ヨーロッパで最も影響力のあった教父。

**アグネス**（バイエルン公妃）（1201 頃–67）　→ラインボト・フォン・ドゥルネ作『聖ゲオルク』の注文主。

**『阿呆船』**　→ブラント、ゼバスティアン

**『アポローニウス・フォン・テュルラント』**　→ハインリヒ・フォン・ノイシュタット

**『アラベル』**　→ウルリヒ・フォン・デム・テュルリーン

**アリエノール・ダキテーヌ**（1122 頃–1204）　フランス王ルイ 7 世、イングランド王→ヘンリー 2 世の妃、文学・芸術の重要なパトロン。

**アルクィン**（735 頃–804）　→カール大帝の宮廷学校主宰、助言者。

**アルドヘルム**（聖）（639–709）　マームルベリー修道院長。

**アルヒポエータ**（1130 頃–65 頃）　遍歴詩人、ケルン大司教→ライナルト・フォン・ダッセルの宮廷に滞在した。

**アルブレヒト１世**（1255–1308）　ハプスブルク家出身のドイツ王（ローマ王）。

**アルブレヒト・デア・コルベ**（1331–87 以降）　オーストリアの教会保護権者、書記。

**アルブレヒト・フォン・シャルフェンベルク**（13 世紀後半）　→ヴォルフラム・フォン・エッシェンバハ作『ティトゥレル』の続編、『新ティトゥレル』の作者と思われる。生没年、伝記は不明。

**アルブレヒト・フォン・ハルバーシュタット**（12 世紀末–13 世紀初）　→ヴィクラム、ゲオルクによれば、オウィディウスの『変身物語』を中世ドイツ語に訳した。

**『アレクサンダー』**　→ルドルフ・フォン・エムス

**『アレクサンダーの歌』**　→ラムプレヒト（僧）

**『哀れなハインリヒ』**　→ハルトマン・フォン・アウエ

**『アンブラス英雄詩写本』**　宮廷叙事詩、英雄叙事詩、教訓詩の重要な集成写本。→マクシミリアン 1 世（皇帝）の命により、1504–16 年に→リート、ハンスにより書記された。

**アンブロジウス**（340 頃–397）　ミラノ司教、教父。

**『イーヴェイン』**　→ハルトマン・フォン・アウエ

**『家の書』**　→ミヒャエル・デ・レオーネ

**『イタリアの客人』** →トマジーン・フォン・ツェルクレーレ

**『ヴァインガルテン歌謡写本』**（14 世紀初） 詩人 26 人の作品を作者別に並べた歌謡写本。→『マネッセ写本』の典拠となったと考えられる。

**ヴァルター・フォン・デア・フォーゲルヴァイデ**（12 世紀末–13 世紀初） 中世ドイツの最重要叙情詩人。数多くの恋愛詩、政治的・社会的時事問題を扱う格言詩を残した。

**ヴァルター・フォン・ライナウ**（13 世紀後半） アールガウ州ブレームガルテン出身、『マリアの生涯』の作者。

**『ヴァルトブルクの歌合戦』** →ヘルマン 1 世（テューリンゲン方伯）の宮廷で行われたとされる架空の詩人論争。

**『ヴィーガロイス』** →ヴィルント・フォン・グラーフェンベルク

**ヴィクラム、ゲオルク**（1505 頃–62 頃） 謝肉祭劇、物語を書き、また→アルブレヒト・フォン・ハルバーシュタットによるオヴィディウス作『変身物語』の中世ドイツ語版を改訂した。

**ヴィッセ、クラウス**（14 世紀） →『ラポルトシュタイン版パルツィファル』の編者のひとり。

**ヴィニタール**（740 頃–780 以降） ザンクト・ガレン修道院で名前がわかっている最古の書記。

**ヴィルント・フォン・グラーフェンベルク**（13 世紀前半） おそらくオーバーフランケン出身。アーサー王物語『ヴィーガロイス』を 1230 年以前に書いた。→コンラート・フォン・ヴュルツブルク作『この世の報い』に、主人公として登場する。

**ヴィレ**（11 世紀） →『エツォの歌』

**『ヴィレハルム』** →ヴォルフラム・フォン・エッシェンバハ

**ヴェルフ 6 世**（1115–91） トスカーナ辺境伯で『ヴェルフェン家史』の注文主。宮廷文化、文学の奨励者。

**『ヴェルフェン家史』** →ヴェルフ 6 世の命により 1170 年頃に編纂された、貴族家に関する初めての年代記。

**ヴェルンヘル**（司祭）（12 世紀後半） おそらくアウクスブルク出身の聖職者。1172 年に叙事詩『マリアの生涯』を書いた。

**ヴェルンヘル・デア・ガルテネーレ**（13 世紀） おそらく遍歴職業詩人。農民出身の盗賊騎士を主人公とした 13 世紀半の叙事詩『ヘルムブレヒト』の作者。

**ヴェンゲン、デア・フォン**（13 世紀） 政治格言詩人、おそらくスイスのトゥールガウ州の出身。

**ヴォルフガー・フォン・エルラ**（1140 頃–1218） パッサウ司教、後にアクィレイア大司教。文学・芸術のパトロンで、その会計簿は→ヴァルター・フォン・デア・フォーゲルヴァイデに関する唯一の史料となっている。

**ヴォルフコツ**（9 世紀） ザンクトガレン修道院の修道士、書記、挿絵画家。

**ヴォルフラム・フォン・エッシェンバハ**（12 世紀末–13 世紀初） 中世ドイツの最重要詩人のひとり。代表作は聖杯物語『パルツィヴァール』。パルツィヴァール誕生前のエピソードを語る『ティトゥレル』と、異教徒との闘いを描く『ヴィレハルム』両作

品は断片で伝わるのみ。叙事詩の他に恋愛叙情詩にも名作を残す。

**『ウルステンデ』** →コンラート・フォン・ハイメスフルト

**ウルリヒ・フォン・ツァツィクホーフェン**（12世紀末–13世紀初） おそらくスイスのトゥールガウ州ツェツィコンの出身。アーサー王物語『ランツェレト』の作者。

**ウルリヒ・フォン・デム・テュルリーン**（13世紀） おそらくボヘミア王の宮廷に仕えていた。→ヴォルフラム・フォン・エッシェンバハ作『ヴィレハルム』の前編となる『アラベル』の作者。

**ウルリヒ・フォン・テュルハイム**（13世紀前半） おそらくアウクスブルク近郊出身のシュヴァーベンの家人。→ゴットフリート・フォン・シュトラースブルク作『トリスタン』の続編、および→ヴォルフラム・フォン・エッシェンバハ作『ヴィレハルム』の続編『レンネヴァルト』を書いた。

**ウルリヒ・フォン・ラポルトシュタイン**（14世紀） →『ラポルトシュタイン版パルツィファル』の注文主。

**ウルリヒ・フォン・リヒテンシュタイン**（13世紀初–1275） 1227–74年に史料で確認できるシュタイアーマルクの家人。創作自伝『婦人奉仕』、騎士と貴婦人の間のミンネをめぐる論争詩『婦人の書』を書いた。『婦人奉仕』に収録された叙情詩はマネッセ写本でも伝えられている。

**エアドウィン**（12世紀） 豪華写本『エアドウィン詩編』の書記。

**エウメネス二世**（BC.197–158） ペルガモン王。領土を現トルコ南部のトロス山脈まで拡大し、ペルガモンをギリシア文化の中心地とした。図書館を拡張し、ペルガモンの大祭壇を建設した。

**エツォ**（11世紀） →『エツォの歌』

**『エツォの歌』** 1057から65年に制作された初期中高ドイツ語による頌歌、作者エツォと作曲者ヴィレの名が記されている。

**エッケハルト4世**（980頃–1057頃） ザンクト・ガレン修道院の修道士、学者、詩人、教師。ラトペルトの仕事を引き継いで『ザンクト・ガレン修道院史』を書き、中世の修道院生活について具体的な報告を残した。

**『エネアス物語』** 作者不詳のフランス語叙事詩、→ハインリヒ・フォン・フェルデケ作『エネイーデ』の原典。

**『エネイーデ』** →ハインリヒ・フォン・フェルデケ

**『エルシダリウム』** →ホノリウス（オータンの）

**『エーレク』** →ハルトマン・フォン・アウエ

**『エレックとエニード』** →クレティアン・ド・トロワ

**『黄金詩編』** 挿絵や装飾文字を使い、金のインクで書かれた詩編、860年頃ソワソンのカール禿頭王の宮廷学校で製作が開始され、870から900年にザンクト・ガレン修道院で引き続き製作されたが、未完に終わった。

**オスヴァルト・フォン・ヴォルケンシュタイン**（1376/78–1445） 有力な政治家にして詩人、作品の著者校訂最終版を出し、また作品集の冒頭に自画像を載せた。

**オットー4世**（ドイツ王、皇帝）（1177–1218） →ハインリヒ3世（ザクセン公、獅子公）の息子。

**オットー・フォン・パッサウ**（14 世紀後半）　フランシスコ会士。1362 から 1385 年にバーゼル修道院で講師兼地区代表者を務める。『二十四長老』の作者。

**オトフリート・フォン・ヴァイセンブルク**（800 頃–870 頃）　ドイツ語初の総合福音書を脚韻詩で書いた。写本のひとつにはおそらく彼の自筆が含まれている。

**オンハイム、フォン**（14 世紀）　→『ラポルトシュタイン版パルツィファル』の書記。

**ガスパリーノ・バルツィッツァ**（15 世紀）　イタリアの著名な文法家

**『カッセル語釈』**（9 世紀初）　古高ドイツ語の用語・慣用句集。

**カッセル版『ヴィレハルム』**　→ハインリヒ 2 世（ヘッセン方伯）

**ガルス**（聖）（550 頃–640/50）　アイルランド出身の修道士で、ザンクト・ガレン修道院の創設者。

**カール大帝**（742–814）　西欧カトリック世界初のローマ皇帝、12 世紀に列聖された。

**『カール大帝』**　→シュトリッカー、デア

**カンツラー、デア**（13 世紀後半）　格言詩、叙情詩人。

**キオート**　→ヴォルフラム・フォン・エッシェンバハによれば、『パルツィヴァール』の原典となる作品の作者。おそらくは原典偽造と思われる。

**キューレンベルク、デア・フォン**（12 世紀後半）　ドイツ最古の叙情詩人のひとり、伝記的史料はない。

**グイゴ・ド・シャステル**（1083–1136）　1110 年よりカルトゥジオ会グランド・シャルトルーズ修道院長を務め、修道生活を律する慣習律を定めた。

**グイード・ダレッツォ**（992 頃–1050）　聖歌隊指揮者、歌手、教師、音楽学者。今日の記譜法の基礎である階名唱法（音の高さをドレミに対応させて歌う）を考案し、それを左手の関節を使って記憶するモデル「グイードの手」を作った。

**クィンティリアヌス、マルクス・ファビウス**（35–96）　古代ローマの修辞学者。近世に至るまでヨーロッパの修辞学の規範とされた全 12 巻の教科書『弁論家の教育』を書いた。

**グータ**（12 世紀）　修道士で書記の→ジントラム（12 世紀）とともに、1154 年頃マールバハとシュヴァルツェンタン修道院で『グータ・ジントラム写本』を製作した女性書記。

**グーダ**（12 世紀後半）　説教集の女性書記。

**グーテンベルク、ヨハネス**（1400 頃–68）　ヨハネス・ゲンスフライシュとしてマインツに生まれる。可動式金属活字を開発したことにより、印刷術の発明者とされる。最初の作品は『四十二行聖書』。

**クノル、コンラート**（1829–99）　ミュンヘン高等工業学校教授、→ヴォルフラム・フォン・エッシェンバハの泉を含む中世の重要人物の記念碑を多数製作した。

**クリングゾール**（ハンガリーの）『マネッセ写本』では『ヴァルトブルクの歌合戦』の作者とされる。『パルツィヴァール』では「魔法の城」の城主で魔術師。

**クリンゲンベルク、ハインリヒ・フォン**（1240 頃–1306）　コンスタンツ司教、政治家として影響力を発揮したハプスブルク家支持者。→ハートラウプ、ヨハネスの「恋の助っ人」のひとり。

**グレゴーリウス 1 世**（大グレゴーリウス）（540 頃–604）　教父、教皇、聖人。その著作

は中世の神学者、哲学者に大きな影響を与えた。「絵画は文字の読めない人にとっての聖書」という彼の言葉は、聖像を破壊したマルセイユ司教セレヌスに反省を促すためのものだったが、後世たびたび中世美学の根本概念であると誤解された。『ヨブ記注解』は修道院世界における道徳、禁欲、神秘を扱った著作で、最も読まれ、翻訳された書物のひとつである。

**グレゴーリウス 10 世**（1210–76） 教皇在位 1271–76 年。ハプスブルク家のルドルフ 1 世のドイツ王位を承認した。

**クレス、ハンス・ヴィルヘルム**（16 世紀末–17 世紀初） ニュルンベルクの都市貴族。→ヴォルフラム・フォン・エッシェンバハの墓碑銘を引用した。

**クレティアン・ド・トロワ**（12 世紀後半） アーサー王物語のジャンルを作り上げた古フランス語詩人。『エレックとエニード』『イヴァン』『ランスロ』『聖杯物語』など。

**君主鑑** 君主のための政治指南書。

**ゲッチェル、ヨハネス**（14 世紀末） インスブルック出身の書記。

**ケラー、ゴットフリート**（1819–90） チューリヒ市書記、詩人。短編小説『ハートラウプ』の作者。

**ゲルトルート・フォン・ズップリンゲンブルク**（ザクセン公妃）（1115–43） →ハインリヒ 3 世（ザクセン公、獅子公）の母。

**ゴットフリート・フォン・ヴィテルボ**（1125 頃–92 頃） コンラート 3 世、→フリードリヒ 1 世、ハインリヒ 6 世の下で外交使節を務めた、宮廷礼拝堂司祭。

**ゴットフリート・フォン・シュトラースブルク**（12 世紀末–13 世紀初） 中世ドイツの最重要詩人のひとり。1200 から 20 年にかけて『トリスタン』を書いたと思われるが、伝記的史料は残っていない。

**ゴットフリート・フォン・トッツェンバハ**（13 世紀） →ウルリヒ・フォン・リヒテンシュタインが名を挙げる武芸試合の相手、おそらくレーゲンスブルク大聖堂代官オットー・フォン・レンゲンバハの家臣。

**『この世の報い』** →コンラート・フォン・ヴュルツブルク

**コリン、フィリップ**（14 世紀） →『ラポルトシュタイン版パルツィファル』の編者。

**コンラート**（僧）（12 世紀） スペインのイスラム教徒による暴力的な改宗運動を→カール大帝が討伐する物語『ローラントの歌』の作者。

**コンラート・フォン・ヴュルツブルク**（1225 頃–87） ヴュルツブルク出身、バーゼルで生涯を送る。様々なテーマで作品を制作した職業詩人のひとりで、バーゼルの上流階級に属する多くの注文主、パトロンの名を挙げている。『この世の報い』など。

**コンラート・フォン・ハイメスフルト**（13 世紀） 司祭、詩人。キリストの受難、磔刑、冥府行、復活を描く『ウルステンデ』や『マリア被昇天』など宗教詩を作った。

**コンラート・フォン・フーセスブルンネン**（12 世紀後半） 聖母マリア賛歌『幼児のキリスト』の作者。

**コンラート・フォン・ムーレ**（13 世紀） 1244 から 71 年に掛けてチューリヒ大聖堂付属学校校長を務める。教育、詩学についての著作のほか、紋章教訓詩『ドイツ人の盾形紋章』などがある。

**コンラート・フォン・メゲンベルク**（1309–74） 神学、政治学、自然科学についての著

作がある博学者。ラテン語著作に範を取ったドイツ語による『自然の書』もある。

**『ザクセンシュピーゲル』** →アイケ・フォン・レプゴウ

**ザトラー、ガブリエル**（15世紀） ヨハン・ヴェルナー・フォン・ツィンマーマン（父）の書記、フレンドルフ出身。文学愛好家の側面を持ち、書記を担当した現存する7つの写本には、彼がテキストを独自の判断で書き換えた形跡が残っている。

**サロモン**（9世紀後半–10世紀初） 890から919年にザンクト・ガレン修道院長を務め、数多くの豪華写本を作らせた。

**『ザンクト・ガレン修道院史』** →エッケハルト4世

**『散文ランスロット』** フランス語の三部作『ランスロ』『聖杯の探索』『アーサー王の死』をドイツ語散文に翻案した作品。おそらく1250年頃に完成した。

**シェーデル、ハルトマン**（1440–1514） ニュルンベルク出身の人文主義者、医師、愛書家。著作『世界年代記』は最も美しい初期印刷本のひとつ。

**『自然の書』** →コンラート・フォン・メゲンベルク

**シモニデス**（ケオスの）（BC556頃–468頃） ギリシアの詩人。「詩は言葉の絵、絵は無言の詩」という言葉を残した。

**『写字生の賛美について』** →トリテミウス、ヨハネス

**『シュヴァーベンシュピーゲル』** 1275年頃に成立した法典。→アイケ・フォン・レプゴウの『ザクセンシュピーゲル』を改訂したもの。

**シュトリッカー、デア**（13世紀） 遍歴の職業詩人。1220から50年ごろオーストリア地域で活動した。アーサー王物語のパロディ『花咲く谷のダニエル』、『ローランの歌』を基にした『カール大帝』、ドイツ語初の笑話『僧アミース』に加え、数々の短編を書いた。

**シュトローマー、ウルマン**（1329–1407） ニュルンベルクの工場主。アルプス以北で初の製紙工場を建てた。著書『わが家系と冒険の書』においてその設立と経営について詳細に伝えている。

**『小ハイデルベルク歌謡写本』** 中高ドイツ語叙情詩最古の歌集、1270年頃アルザス地方で成立。

**『諸技芸教程』** →テオフィルス・プレスビター

**ジョフロワ・ド・ヴァンソフ**（12世紀） イングランドのリチャード1世（獅子心王）の教育係。教皇インノケンティウス3世に献呈された『新詩学』は、その後長年にわたり教科書として使用された。

**ジョン**（ソールズベリの）（1115頃–80） カンタベリー大司教テオボルト、トーマス・ベケットに仕え、後にシャルトル司教となる。『ポリクラティクス』で国家論を展開した。

**『新詩学』** →ジョフロワ・ド・ヴァンソフ

**『新ティトゥレル』** →アルブレヒト・フォン・シャルフェンベルク

**ジントラム**（11世紀） ザンクト・ガレン修道院の修道士、→『縦長の福音書』の書記。

**ジントラム**（12世紀） →グータとともに彼の名を冠した写本の画家。

**『新パルツィファル』** →『ラポルトシュタイン版パルツィファル』

**スウィヒェル**（12 世紀） 修道士、書記。
**『スラブ年代記』** 12 世紀後半に成立。獅子公ハインリヒと、皇帝オットー 4 世と含むその息子たちについて記す。
**『聖ゲオルク』** →ラインボト・フォン・ドゥルネ
**『聖杯物語』** →クレティアン・ド・トロワ
**『善人ゲールハルト』** →ルードルフ・フォン・エムス
**ゾイゼ、ハインリヒ**（1295–1366） コンスタンツ出身のドミニコ会修道士、神秘主義者。
**『僧アミース』** →シュトリッカー、デア
**『大ハイデルベルク歌謡写本』** →『マネッセ写本』
**『縦長の福音書』** 11 世紀ザンクト・ガレン修道院で製作された豪華挿絵入り典礼本。
**タングマール**（940/950–1003 以降） →ベルンヴァルト・フォン・ヒルデスハイムの伝記作家。
**タンホイザー**（13 世紀） 遍歴詩人。オーストリア公フリードリヒ 2 世（喧嘩公）の宮廷にいたことが分かっている。
**ツィンク、ブルクハルト**（1396 頃–1475 頃） 『アウクスブルク年代記』を書き、その中に自伝を織り込んだ。1422/23 年以降、市の行政に関与した。
**ツィンマーマン、ヨハン・ヴェルナー・フォン**（父）（1423–83） →ザトラー、ガブリエル
**ツェルティス、コンラート**（1459–1508） 人文主義者、ラテン語詩人。
**『デア・レンナー』** →フーゴ・フォン・トリムベルク
**『ティトゥレル』** →ヴォルフラム・フォン・エッシェンバハ
**ディートリヒ・フォン・ベルン** ゲルマン英雄叙事詩の主人公、モデルとなったのは東ゴート王国のテオドリク大王。
**ティレマン・エルヘン・フォン・ヴォルフハーゲン**（1347 頃–1402 頃） カッセル近郊ヴォルフハーゲンに近いニーダーヘッセンの村エルヘン出身。リムブルクの公証人兼書記を務め、1335 から 98 年の出来事を記す『リムブルク年代記』を書いた。
**ティロ、マルクス・トゥリウス**（BC103 頃–4） キケロの奴隷、後に解放奴隷。秘書としてキケロに仕え、「ティロの速記」と呼ばれる速記術を発明した。
**テオフィルス・プレスビター**（12 世紀） おそらくヘルマルスハウゼンの修道士ロゲルス（1070 頃–1125 頃）と同一人物。著作『諸技芸教程』は近世に至るまで読み継がれ、→レッシングによりその一部が出版された。
**テシュラー、ハインリヒ**（13 世紀後半） スイスの叙情詩人、1286 年以降記録がある。
**『トイアーダンク』** →マクシミリアン 1 世（皇帝）の伝記。ブルゴーニュ女公マリへの求婚の旅と結婚が騎士物語風に脚色されている。
**『ドイツ人の盾形紋章』** →コンラート・フォン・ムーレ
**トマ**（ブルターニュの）（12 世紀） 古フランス語詩人。1165 年頃に書いたトリスタン物語は→ゴットフリート・フォン・シュトラースブルク作『トリスタン』の原典となった。
**トマジーン・フォン・ツェルクレーレ**（1186 頃–1238 頃） おそらく現イタリアのチヴ

ィダーレ・デル・フリウーリの家人貴族の出身で、アクィレイア大司教の宮廷に仕えていた。唯一の著作である宮廷教訓詩『イタリアの客人』は1215/16頃の作品。

**トマス・ア・ケンピス**（1379/80–1471）　聖アウグスチノ修道会士、ニーダーライン地方の神秘主義者。『キリストに倣いて』の作者であると同時に、書記としても活躍した。

**『トリスタン』**　→ゴットフリート・フォン・シュトラースブルク

**トリテミウス、ヨハネス**（1462–1516）　人文主義者、シュポルンハイムとヴュルツブルクの修道院長を務める。『写字生の賛美について』の作者であり、また1494年に出版された『教会著作者鑑』により書誌学の祖とされる。最も有名な著作『ステガノグラフィア』は暗号理論に関するもの。また二千を超える蔵書を誇る図書室を作り上げた。

**『トロイアの歌』**　→ヘルヴォルト・フォン・フリツラル

**『トロイア物語』**　→ブノワ・ド・サント＝モール

**ナイトハルト**（13世紀）　おそらくバイエルン出身の叙情詩人。貴族ではなく農民の世界を舞台とし、粗野で性的暗示に満ちたいわゆる農民詩でミンネザングに新たなジャンルを創出した。

**『二十四長老』**　→オットー・フォン・パッサウ

**『ニーベルンゲン哀歌』**　→『ニーベルンゲンの歌』のすべての完本写本において後に収録されている続編。

**『ニーベルンゲンの歌』**　民族大移動時代の伝説を基にした最も有名なゲルマン英雄叙事詩。1200年頃に書記化され、以後広く受容された。

**ハインリヒ１世**（シュヴァルツブルク伯）（1130頃–84）　→ハインリヒ・フォン・フェルデケ作『エネイーデ』写本盗難の容疑者のひとり。

**ハインリヒ２世**（ザクセン公、傲慢公）（1102頃–39）　→ハインリヒ（ザクセン公、獅子公）の父。

**ハインリヒ２世**（ヘッセン方伯）（1302頃–76）　豪華写本カッセル版『ヴィレハルム』の注文主。

**ハインリヒ３世**（ザクセン公、獅子公）（1130頃–95）　シュタウフェン朝のドイツ王たちと抗争したザクセン公、バイエルン公。ブラウンシュヴァイクを政治文化の中心とし、著名な文学作品のパトロンとなった。

**『ハインリヒ獅子公の福音書』**　→ハインリヒ３世（ザクセン公、獅子公）

**ハインリヒ・デア・タイヒナー**（1310頃–75頃）　ウィーンの教訓詩人。史料による裏付けはなし。

**ハインリヒ・フォン・ノイシュタット**（13世紀末–14世紀初）　ウィーンの医者、詩人。韻文物語『アポローニウス・フォン・テュルラント』、宗教詩『神の未来について』、幻視物語『フィリベールの幻視』が伝えられている。

**ハインリヒ・フォン・フェルデケ**（12世紀後半）　リンブルク出身の詩人。叙事詩『エネイーデ』はドイツ語圏初の古典物語。その他聖人伝、叙情詩も残した。

**ハインリヒ・フォン・ヘスラー**（13世紀）　韻文による『黙示録』という作品を残した詩人。

**ハインリヒ・ラスペ**（1155 頃–80）→ハインリヒ・フォン・フェルデケ作『エネイーデ』写本盗難の容疑者のひとり。

**ハートラウプ、ヨハネス**（13 世紀後半–14 世紀初）スイスの詩人、→マネッセ、リューディガーが歌謡写本を製作させたと主張した。

**『花咲く谷のガレル』** →プライアー、デア

**『花咲く谷のダニエル』** →シュトリッカー、デア

**バーベンベルク家** 976 から 1246 年にかけてオーストリアを支配した家系。

**『パリ会話集』** 9 世紀末から 10 世紀に、おそらくロマンス語話者が旅行のために必要な古ドイツ語を書き記し、ラテン語訳を付けた会話集。

**『パルツィヴァール』** →ヴォルフラム・フォン・エッシェンバハ

**ハルトマン・フォン・アウエ**（12 世紀後半）中世ドイツの最重要詩人のひとり。活動期は 1180 から 1200 年を少し過ぎた頃まで。本人によればシュヴァーベンの家人。『エーレク』はドイツ語で書かれたアーサー王物語の中で最も古く、その他アーサー王物語の『イーヴェイン』、聖人伝『グレゴーリウス』、宮廷叙事詩『哀れなハインリヒ』、ミンネをめぐる心と身体の論争詩『哀歌』などが伝わる。

**ハルビッヒ、アンドレアス**（1807–69）ヴュルツブルクにある→ヴァルター・フォン・デア・フォーゲルヴァイデ記念碑を手がけた彫刻家。

**『秘中の秘』** アリストテレスの名を借りた 10 世紀の教訓詩。→ヒルトガルト・フォン・ヒュルンハイムを始め、何度かドイツ語に翻訳された。

**ピッコローミニ、エネア・シルヴィオ**（1405–64）神学者、詩人、政治家、後の教皇ピウス 2 世。

**『美徳の鑑』** 13 世紀半にオーストリアで成立した、貴族の若者向けの教訓詩。

**ピーネ、ザムプソン**（14 世紀）→『ラポルトシュタイン版パルツィファル』独訳の際、→コリン、フィリップを助けたユダヤ人。

**ピュータリヒ・フォン・ライヒェルツハウゼン、ヤーコプ**（1400 頃–69 頃）ミュンヘンの商家の出身でミュンヘン宮廷の一員。宮廷文化、とりわけ馬上槍試合と宮廷文学に造詣が深く、『表敬書簡』に中世詩人、作品名を多く記す。→ヴォルフラム・フォン・エッシェンバハの墓に関する記述もある。

**『表敬書簡』** →ピュータリヒ・フォン・ライヒェルツハウゼン、ヤーコプ

**ピルグリム**（パッサウ司教）（920 頃–991）→『ニーベルンゲン哀歌』の中で→『ニーベルンゲンの歌』を書かせたとされるパッサウ司教。

**『ヒルデブラントの歌』** 断片のみ現存する、840 年頃のゲルマン英雄叙事詩。

**ヒルトガルト・フォン・ヒュルンハイム**（1255 頃–87 頃）ツィンメルンのシトー会修道女。アリストテレスの名を借りた教訓詩『秘中の秘』をドイツ語に訳した。

**フィリップ**（シュヴァーベン公）（1177–1208）→フリードリヒ 1 世（赤髭王）の息子、ドイツ王。

**『フィロビブロン』** →リチャード・ド・ベリー

**フィントラー、ニクラウス**（1345 頃–1413）ボルツァーノの有力な商人。1385 年に半ば廃墟と化していたロンコロ城を買い取り、宮廷風な物語絵を描いた部屋を含む豪華な居城に改築した。

**フォルヒャルト**（9 世紀） ザンクト・ガレン修道院の写字室を率いた人物。彼の指導の下に 864 から 883 年にかけて、中世装飾文字芸術の傑作『フォルヒャルト詩編』が製作された。

**『福音書（オトフリートの）』** →オトフリート・フォン・ヴァイセンブルク

**武勲詩** 11 世紀から 13 世紀に成立したフランスの英雄叙事詩。→カール大帝時代の歴史的事件、伝説的人物をテーマとする。

**フーゴ・フォン・トリムベルク**（1230 頃–1313 頃） バンベルク出身の教師、書記。教育詩『デア・レンナー』やラテン語の著作がある。

**フーゴ・フォン・モントフォルト**（1357–1423） モントフォルト＝ブレゲンツ伯。叙情詩、恋愛書簡、教訓的講話を書いた。

**『婦人奉仕』** →ウルリヒ・フォン・リヒテンシュタイン

**ブノワ・ド・サント＝モール**（12 世紀） →ヘルボルト・フォン・フリツラルの作品の原典となった『トロイア物語』の作者。

**フュエトラー、ウルリヒ**（1450 頃–1500 頃） バイエルン公アルブレヒト 4 世の命で『冒険の書』を執筆した。これはトロイア戦争に始まり、ほとんどすべての騎士文学の要約とミュンヘン宮廷関係者に関する数多くの情報を記載した大作。

**プライアー、デア**（13 世紀） バイエルン・オーストリア地域出身の詩人。アーサー王物語『花咲く谷のガレル』『タンダーレイスとフローディベル』『メレランツ』を書いた。

**フライダンク**（13 世紀前半） おそらくシュヴァーベン出身の詩人。格言詩『分別の書』の作者。

**ブライティンガー、ヨーハン・ヤーコプ**（1701–76） 文献学者。スイスのギムナジウムでヘブライ語とギリシア語を教える。→ボードマー、ヨハン・ヤーコプとともに仕事をした。

**フラウエンロープ**（1250 頃–1318） 別名ハインリヒ・フォン・マイセン、中部ドイツ出身の詩人。

**ブラント、ゼバスティアン**（1457–1521） 人文主義者、バーゼル市書記。法律書、歴史地理書、風刺教訓書、ラテン語文書を著した。最も有名な『阿呆船』は、同時代人の放縦な素行を鋭く批判した風刺文学。

**ブリガー・フォン・シュタイナハ**（12 世紀後半） 今日のネッカーシュタイナハ付近を本拠地としていた家系の出の詩人。

**フリードリヒ 1 世**（赤髭王）（1122–90） シュタウフェン朝の皇帝。マインツで宮廷祝宴を催した。

**フリードリヒ 2 世**（1194–1250） フリードリヒ 1 世の孫、シュタウフェン朝最後の皇帝。

**プリニウス・セクンドゥス**（大プリニウス）（22/23–79） 37 巻からなる『博物誌』の作者。中世に広く読まれ、世界の周縁に住む怪物についての彼の記述が、中世人の他者表象に影響を与えた。

**フレク、コンラート**（13 世紀） →ルードルフ・フォン・エムスによれば、作者不明の叙事詩『フローレとブランシェフルール』の作者。

**フレゲターニース**　→ヴォルフラム・フォン・エッシェンバハによれば、聖杯について初めて報告した学識ある異教徒。

**フロイデンレーレ**（13 世紀後半）　1271 から 91 年に成立した笑話『ウィーンの航海』の作者。

**『フローレとブランシェフルール』**　→フレク、コンラート

**『分別の書』**　→フライダンク

**『ベアトゥス黙示録注解シロス写本』**　シロス、サント・ドミンゴ修道院の修道士リエバーナのベアトゥスによるヨハネ黙示録注解の写本。11 世紀写本挿絵の最も重要な作品のひとつ。

**ペータースハウゼン修道院長**（13 世紀）→ハートラウプ、ヨハネスの「恋の助っ人」のひとり。

**ヘッツラリン、クララ**（1430 頃–76 頃）　女性書記。アウクスブルクの公証人バルトロモイス・ヘッツラー（1444/45 没）の娘で、帝国公証人を務めた父と、同名の兄を持つ。彼女の名前は 1452 から 76 年の市の租税帳に現れる。

**ヘルヴォルト・フォン・フリツラル**（12 世紀末–13 世紀初）　トロイア戦争物としては、ドイツ語で書かれた現存する最古の作品『トロイアの歌』の作者。

**ベルトルト・フォン・ホレ**（13 世紀）　断片で残る 3 つの英雄叙事詩『デマンティン』『ダリファント』『クラーネ』の作者。

**ベルトルト・フォン・レーゲンスブルク**（1210 頃–72）　ドミニコ会修道士、13 世紀の最も有名な巡回説教師。

**ベルナール・ド・クレルヴォー**（1090 頃–1153）　シトー会修道院長、教会博士、神学者。

**ヘルマン 1 世**（テューリンゲン方伯）（1155 頃–1217）　方伯在位 1190–1217 年。当時最も重要な文学・芸術のパトロン。

**『ヘルムブレヒト』**　→ヴェルンヘル・デア・ガルテネーレ

**ベルンヴァルト・フォン・ヒルデスハイム**（960 頃–1022）　ヒルデスハイム司教、大聖堂に「ベルンヴァルトの扉」として知られる青銅の扉を奉献した。

**ヘンゼリン**（14 世紀）　→『ラポルトシュタイン版パルツィファル』の書記。

**ヘンリー 2 世**（イングランド王）（1133–89）　プランタジネット朝初代のイングランド王。妃→アリエノール・ダキテーヌとの間の娘→マティルデは→ハインリヒ 3 世（ザクセン公、獅子公）の妃。

**『冒険の書』**　→フュエトラー、ウルリヒ

**『方伯の詩編』**　→ヘルマン 1 世（テューリンゲン方伯）

**『菩提樹の歌』**　→ヴァルター・フォン・デア・フォーゲルヴァイデの有名な歌のひとつで、鳥だけが見ていた菩提樹の下の秘密の逢い引きについて、乙女が歌うもの。今日に至るまで繰り返し演奏されている。

**ボードマー、ヨーハン・ヤーコプ**（1698–1783）　スイスの歴史学教授、文献学者、翻訳家、詩人。『マネッセ写本』の叙情詩、『ニーベルンゲンの歌』の一部を初めて出版刊行した。

**ボナヴェントゥラ、ジョヴァンニ**（1221–74）　アルバーノ司教、枢機卿、トマス・アク

ィナスと並ぶ著名な神学者。

**ホノリウス**（オータンの）（1080 頃–1150 頃） 教義学、典礼、説教学、聖書釈義、教授学、歴史に関するラテン語著作多数。師弟の対話形式による教育書『エルシダリウム』は中世に広く受容され、翻訳された。

**ホラティウス**（BC65–8） 古代ローマ詩人、「詩は絵のように」という一節を残した。

**ホルンブルク、ルーポルト**（14 世紀） 詩人、ヴュルツブルクにある→ヴァルター・フォン・デア・フォーゲルヴァイデの墓碑銘の情報提供者。

**マクシミリアン1世**（皇帝）（1449–1519） 「最後の騎士」と呼ばれる。自らの生涯を騎士物語2作に脚色させ、また重要な中世叙事詩写本である『アンブラス英雄詩写本』を作らせた。

**マティアス・フォン・ノイエンブルク**（1295 頃–1364 頃） →フラウエンロープの墓について伝えるラテン語による年代記を書いた。

**マティルデ**（1156–89） イングランド王→ヘンリー2世と→アリエノール・ダキテーヌの娘、→ハインリヒ3世（ザクセン公、獅子公）の2度目の妻。

**マネッセ、ヨハネス**（?–1297） →マネッセ、リューディガーの息子で大聖堂の聖具室係。

**マネッセ、リューディガー**（1234–1304） チューリヒの市参事会員で、彼の名を取った→『マネッセ写本』製作の中心人物。

**マネッセ、リューディガー**（子）（?–1304） →マネッセ、リューディガーの息子。

**『マネッセ写本』** 別名『大ハイデルベルク歌謡写本』、1300 年頃チューリヒで製作された中世の最重要叙情詩集成。

**『マリアの生涯』** →ヴェルンヘル（司祭）

**『マリアの生涯』** →ヴァルター・フォン・ライナウ

**『マリア被昇天』** →コンラート・フォン・ハイメスフルト

**マリ・ド・シャンパーニュ**（1145–98） →アリエノール・ダキテーヌの娘、フランス語文学とりわけ→クレティアン・ド・トロワを後援した。

**マリ・ド・フランス**（1135 頃–1200 頃） イングランド王の宮廷で活躍した、最初期の女性詩人。→レーに才能を示した。

**マルティン・オーピッツ**（1597–1639） 『ドイツ詩学』（1624）においてドイツ語で初の規範詩学を著したバロック期の詩人、理論家。

**マルナー、デア**（13 世紀） 遍歴の格言詩人。

**マンゴルト、ブルクハルト**（14 世紀） →フーゴ・フォン・モントフォルトの歌の作曲者。

**ミニステリアーレ** 下位の勤務貴族、家人。

**ミヒャエル・デ・レオーネ**（1300 頃–55） ヴュルツブルク領主司教の書記局長、文学収集と批評を行い、『家の書』『文書集』などを書いた。

**ミュリヒ、ヘクトル**（1420 頃–90 頃） アウクスブルクの商人、立派な図書室を作り、また自らいくつかの作品を書写し、挿絵を付けた。

**『ミンネザングの春』** 19 世紀に編纂されたミンネザングのアンソロジー。

**メヒトヒルト**（オーストリア公妃）（1419–82） →ピュータリヒ・フォン・ライヒェル

ツハウゼン、ヤーコプ作『表敬書簡』の名宛人。

**『メルゼブルクの呪文』** 9世紀の写本に残る、紀元前の呪文2編。

**『黙示録』** →ハインリヒ・フォン・ヘスラー

**『モーリツ・フォン・クラウーン』** 13世紀初の作者不詳の叙事詩。16世紀初の→『アンブラス英雄詩写本』によってのみ伝わる。

**『文書集』** →ミヒャエル・デ・レオーネ

**ヤーコプ・フォン・ヴァルテ**（13世紀–14世紀） スイスの詩人。→アルブレヒト1世殺害に関わった兄を持つ。

**ユーグ・ド・サン=ヴィクトール**（1096頃–1141） 12世紀最も影響力のあった神学者のひとり。1128年頃に執筆された『ディダスカリコン（学習論）』において幅広く扱われているテーマのひとつが記憶術。

**ユーグ・ド・モルヴィル**（12世紀） →ウルリヒ・フォン・ツァツィクホーフェンによれば、皇帝ハインリヒ6世に捕らわれたリチャード1世（獅子心王）の身代わりに捕虜となった人物のひとり。

**ユーディト** →オトフリート・フォン・ヴァイセンブルク『福音書』制作の女性主唱者。

**『幼児のキリスト』** →コンラート・フォン・フーセスブルンネン

**ヨーハン**（ブラウンシュヴァイク公）（1242頃–77） ブラウンシュヴァイク=リューネブルク公、→ハインリヒ3世（ザクセン公、獅子公）の曾孫。→ベルトルト・フォン・ホレに原典を与えたとされる。

**ヨーハン・フィリップ・フォン・ホーエンザックス**（1550頃–96） →『マネッセ写本』のかつての所有者。

**『ヨブ記注解』** →グレゴリウス1世（大グレゴリウス）

**ライナルト・フォン・ダッセル**（1120頃–67） 帝国宰相、ケルン大司教、詩人アルヒポエータのパトロン。

**ラインハルト・フォン・ヴェステルブルク**（1308頃–53） →ルートヴィヒ4世（皇帝）の臣下、詩人。

**ラインボト・フォン・ドゥルネ**（13世紀前半） おそらくはバイエルン出身。『聖ゲオルク』の作者で、バイエルンで記録が残る最古の職業詩人。

**ラインマル・デア・アルテ**（1200頃） 別名ラインマル・フォン・ハーゲナウ。最も重要な叙情詩人のひとりで、高位の貴婦人に対する報われぬ愛を歌った。

**ラインマル・フォン・ツヴェーター**（13世紀前半） 格言詩人。

**『ラヴェンナの戦い』** →ディートリヒ・フォン・ベルンを巡る英雄叙事詩のひとつ。

**ラウバー、ディーボルト**（15世紀） 1427から71年にハーゲナウ（現フランス領アグノー）で有名な書記工房を率いた。

**『ラポルトシュタイン版パルツィファル』** 『新パルツィファル』とも呼ばれる。パルツィヴァールを扱ういくつかの叙事詩をまとめたもの。1331から36年に成立。

**ラムプレヒト**（僧）（12世紀） おそらくは1140年頃のケルンの聖職者。プロヴァンス語で断片として伝わる原典を基に『アレクサンダーの歌』を書いた。

**『ランツェレト』** →ウルリヒ・フォン・ツァツィクホーフェン

**リウトベルト**（9世紀） 863から889年までマインツ大司教。東フランク王ルートヴィヒ2世（ドイツ人王）に仕える。→オトフリート・フォン・ヴァイセンブルクが『福音書』をドイツ語で執筆する理由を説明する献辞を捧げた相手。

**リシャール・ド・フルニヴァル**（1201–60） アミアンの聖職者。著作『愛の動物誌』において、愛のさまざまな段階を動物の特性と結びつけて述べた。

**リチャード・ド・ベリー**（1287–1345） イングランドの聖職者、外交官、作家、愛書家。著作『フィロビブロン』に本の価値やその売買について記す。本を人間存在のはかなさを埋め合わせる神からの贈り物であるとした。

**リーデル、エドゥアルト・フォン**（1813–85） バイエルンの宮廷建築家。ヴォルフラムス＝エッシェンバハの→ヴォルフラム・フォン・エッシェンバハ記念碑を設計した。

**リート、ハンス**（16世紀） →マクシミリアン1世（皇帝）に仕え、1504年から死ぬまで→『アンブラス英雄詩写本』製作に携わった。

**リヒェンツァ**（1087頃–1141） →ロタール3世（皇帝）妃、→ハインリヒ3世（ザクセン公、獅子公）の祖母。

**『リムブルク年代記』** →ティレマン・エルヘン・フォン・ヴォルフハーゲン

**『ルオトリエプ』** 11世紀のラテン語叙事詩。断片でのみ伝わる。

**『ルキダーリウス』** 1190年頃に→ホノリウス（オータンの）作『エルシダリウム』を基に書かれた著作。

**『ルッカ手稿』** 8世紀末から9世紀初成立。彩色、書記、装飾に必要な各種材料を作るための方法を集めたもの。処方はすべて分類なく並べられ、粗野なラテン語で書かれている。ギリシア語の単語が混じっていることから、ギリシア語原典があったものと推測される。

**ルートヴィヒ3世**（テューリンゲン方伯）（1151頃–90） →ヘルマン1世（テューリンゲン方伯）の父。

**ルートヴィヒ4世**（皇帝）（1282頃–1347） 1314年よりドイツ王、1328年より皇帝。

**『ルートヴィヒの歌』** 西フランク王ルイ3世（ドイツ語ではルートヴィヒ）を讃える作者不詳の歌。古高ドイツ語のラインフランケン方言で書かれている。

**ルドルフ1世**（ドイツ王、皇帝）（1218–91） ハプスブルク家初のドイツ王、神聖ローマ皇帝。

**ルドルフ・デア・シュライバー**（書記ルドルフ） 『マネッセ写本』でのみ伝わる詩人。存在を証明する史料はない。

**ルドルフ・フォン・エムス**（1200頃–54頃） 自ら述べるところによれば、今日のホーヘネムス（オーストリア）、モントフォルトの貴族に仕える家人。『善人ゲールハルト』『アレクサンダー』など幅広い作品を残した教養ある騎士で、『世界年代記』は豪華な挿絵入り写本で伝えられている。

**ルドルフ・フォン・ランデンベルク**（13世紀） →ハートラウプ、ヨハネスの「恋の助っ人」のひとり。有力な家人貴族家の出身。

**レー** ケルト伝説に基づく1行8音節、2行押韻の短詩。宮廷でハープの伴奏を伴って朗読されたと考えられる。

**レオポルト4世**（オーストリア公）（1371–1411） →フィントラー、ニクラウスの主君。

**レーゲンスベルク**（敬虔な）（13 世紀）　リュートルト・フォン・レーゲンスベルク。チューリヒ近郊の高位貴族家の出身。→ハートラウプ、ヨハネスの「恋の助っ人」のひとり。

**レーゲンボーゲン、バルテル**（1300 年頃）　遍歴詩人。

**レッシング、ゴットホルト・エフライム**（1729–81）　ドイツ啓蒙主義時代の代表的な詩人、劇作家、思想家、批評家。

**『レンネヴァルト』**　→ウルリヒ・フォン・テュルハイム

**ロタール 3 世**（1075–1137）　皇帝、→ハインリヒ 3 世（ザクセン公、獅子公）の祖父。

**ローテ、ヨハネス**（1360 頃–1434）　アイゼナハの市尚書局書記。歴史物数編、聖エリーザベト伝、教訓本『騎士鑑』などを執筆した。

**ローラン**（ブルターニュ辺境伯）　→カール大帝の家臣で、778 年ピレネーでバスク人の奇襲を受け戦死した後、伝説の主人公となった。武勲詩『ローランの歌』、またそのドイツ語版である僧コンラート作『ローラントの歌』では、異教徒と戦ったキリスト教の殉教者となっている。

**『ローラントの歌』**　→コンラート（僧）

**『わが家系と冒険の書』**　→シュトローマー、ウルマン

# 参考文献

## 一次文献


『哀歌』　Hartmann von Aue: Das Klagebüchlein und das zweite Büchlein. Hg. v. Ludwig Wolff. München 1972（＝Altdeutsche Texte in kritischen Ausgaben 4）.

『愛の動物誌』　Richard de Fournival: Master Richard's Bestiary of Love and Response. Hg. v. Jeannette Beer. Berkeley und Los Angeles 1986.　リシャール・ド・フルニヴァル『愛の動物誌』福本直之訳、松原秀一・天沢退二郎・原野昇編『フランス中世文学名作選』白水社、2013 年

『阿呆船』　Sebastian Brant: Das Narrenschiff. Übertr. v. Hermann A. Junghans. Durchgesehen und mit Anm. sowie einem Nachwort neu hg. v. Hans-Joachim Mähl. Stuttgart 1998（＝Reclam Universal-Bibliothek 899）.　ゼバスティアン・ブラント『阿呆船』尾崎盛景訳、現代思潮社、1968 年

『アポローニウス・フォン・テュルラント』　Heinrich von Neustadt: Apollonius. Hg. v. S. Singer. Berlin 1906（＝Deutsche Texte des Mittelalters VII）.

『アポローニウス・フォン・テュルラント』　Heinrich von Neustadt: Leben und Abenteuer des großen Königs Apollonius von Tyrus zu Land und zur See. Hg. v. Helmut Birkhan. Bern 2001.

『アレクサンダー』　Rudolf von Ems: Alexander. Hg. v. Victor Junk. 2 Bde. Leipzig 1928–29（＝Bibliothek des literarischen Vereins in Stuttgart 272/274）.

『哀れなハインリヒ』　Hartmann von Aue: Der arme Heinrich. Hg. v. Ursula Rautenberg und übers. v. Siegfried Grosse. Stuttgart 1993（＝Reclam Universal-Bibliothek 456）.　ハルトマン・フォン・アウエ『ハルトマン作品集』平尾浩三、中島悠爾、相良守峯、リンケ珠子訳、郁文堂、1982 年

『イーヴェイン』　Hartmann von Aue: Iwein. Hg. v. Thomas Cramer. Berlin 2001.　ハルトマン・フォン・アウエ『ハルトマン作品集』平尾浩三、中島悠爾、相良守峯、リンケ珠子訳、郁文堂、1982 年

『家の書』　Michael de Leone: Das Haubuch des Michael de Leone（Würzburger Liederhandschrift）in der Universitätsbibliothek München. Hg. v. Horst Brunner. Göppingen 1983（＝Litterae 100）.

『イタリアの客人』　Thomasin von Zerclære: Der Welsche Gast. Hg. und übers. v. Eva Willms. Berlin 2004.

『イタリアの客人』　Thomasin von Zerklære: Der Wälsche Gast. Hg. v. Heinrich Rückert. Berlin 1965.

ヴァルター・フォン・デア・フォーゲルヴァイデ　Walther von der Vogenweide: Werke. Mittelhochdeutsch/Neuhochdeutsch. Hg. v. Günter Schweikle. 2 Bde. Stuttgart 1994（＝Rec-

lam Universal-Bibliothek 819).
『ウィーンの航海』 Der Freudenleere: Der Wiener Meerfahrt. In: Ulrich Pretzel (Hg.): Deutsche Erzählungen des Mittelalters ins Neuhochdeutsche übertragen. München 1971.
『ヴィーガロイス』 Wirnt von Grafenberg: Wigalois. Text - Übersetzung - Stellenkommentar. Text der Ausgabe von Johannes Marie Neele Kapteyn. Übers., erl. und mit einem Nachwort versehen v. Sabine Seelbach und Ulrich Seelbach. Berlin 2005.
『ヴィルギナール』 Virginal. Hg. v. Julius Zupitzka. Berlin 1870 (= Deutsches Heldenbuch 5, S. 1–200).
『ヴィレハルム』 Wolfram von Eschenbach: Willehalm. Hg. v. Joachim Heinzle. Mit Miniaturen aus den Handschriften und einem Aufsatz v. Peter und Dorothee Diemer. Frankfurt a. M. 1991 (= Bibliothek deutscher Klassiker: Bibliothek des Mittelalters 9).
『ヴェルフェン家史』 Erich König (Hg.): Historia Welforum. Sigmaringen 1978.
『ウルステンデ』 Konrad von Heimesfurt: „Unser vrouwen hinvart“ und „Diu urstende“. Tübingen 1989 (= Altdeutsche Textbibliothek 99).
『エツォの歌』 Walter Haug und Benedikt Konrad Vollmann (Hgg.): Frühe deutsche Literatur und lateinische Literatur in Deutschland 800–1150. Frankfurt a. M. 1991 (= Bibliothek des Mittelalters 1).
『エネイーデ』 Heinrich von Veldeke: Eneasroman. Mittelhochdeutsch/Neuhochdeutsch. Hg. v. Dieter Kartschoke. Nach dem Text von Ludwig Ettmüller ins Neuhochdeutsche übersetzt, mit eine Stellenkommentar und einem Nachwort. Stuttgart 1986 (= Reclam Universal-Bibliothek 8303).
『エネイーデ』 Heinrich von Veldeke: Eneasroman. Hg. v. Hans Fromm. Mit Miniaturen aus der Berliner Handschrift und einem Aufsatz von Dorothea und Peter Diemer. Frankfurt a. M. 1992 (= Bibliothek deutscher Klassiker 4).
『エネイーデ』 Heinrich von Veldeke: Eneasroman. Hg. v. Staatsbibliothek zu Berlin PK. Deutsches Historisches Museum. Berlin 2003.
オスヴァルト・フォン・ヴォルケンシュタイン Anton Schwob (Hg.): Die Lebenszeugnisse Oswalds von Wolkenstein. Edition und Kommentar. 4 Bde. Wien, Köln u. a. 1999-.
『カッセル語釈』 Kasseler Glossen. In: Althochdeutsches Lesebuch. Hg. v. Wilhelm Braune und Ernst A. Ebbinghaus. Tübingen 1968, S. 8f.
『クラーネ』 Berthold von Holle: Crane. Hg. v. C. v. Kraus, Heidelberg 1858.
『告白』 Aurelius Augustinus: Confessiones - Bekenntnisse. Lateinisch/Deutsch. Frankfurt a. M. 1987. アウグスティヌス『告白』山田晶訳、中央公論新社、2014 年
『語源』 Isidor von Sevilla: Etymologiae. Hg. v. W. M. Lindsay. Oxford 1911 (Neudruck: Oxford 1987).
『この世の報い』 Konrad von Würzburg: Heinrich von Kempten. Der Welt Lohn. Das Herzmaere. Mittelhochdeutsch/Neuhochdeutsch. Hg. v. Heinz Rölleke. Stuttgart 1986 (= Reclam Universal-Bibliothek 2855). コンラート・フォン・ヴュルツブルク『コンラート作品選』平尾浩三訳、郁文堂、1984 年
『ザクセンシュピーゲル』 Eike von Repgow: Der Sachsenspiegel: Landrecht. Hg. v.

Freiherr von Schwerin. Stuttgart 1974 （＝Reclam Universal-Bibliothek 3355/56）. アイケ・フォン・レプゴウ『ザクセンシュピーゲル・ラント法』久保正幡、石川武、直居淳訳、創文社、1977 年

『ザンクト・ガレン修道院史』 Ekkehard IV.: Casus Sancti Galli - St. Galler Klostergeschichten. Hg. v. Hans H. Haefele. Darmstadt 1989.

『散文ランスロット』 Prosalancelot I–V. Nach der Heidelberger Handschrift Cod. Pal. germ. 147. Hg. v. Reinhold Kluge, ergänzt durch die Handschrift Ms. allem. 8017–8020 der Bibliothèque de l'Arsenal Paris. Übers., komm. und hg. v. Hans-Hugo Steinhoff. Frankfurt a. M. 1995–2005 （＝Bibliothek des Mittelalters 14–18）.

『自然の書』 Konrad von Megenberg: Das Buch der Natur. Hg. v. Franz Pfeffer. Hildesheim und New York 1971.

『写字生の賛美について』 Johannes Trithemius: De laude scriptorum. Zum Lobe des Schreibers. Eingel., hg. und übers. v. Klaus Arnold. Würzburg 1973 （＝Mainfränkische Hefte 60）.

『諸技芸教程』 Erhard Brepohl（Hg.）: Theophilus Presbyter und das mittelalterliche Kunsthandwerk. Gesamtausgabe der Schrift DE DIVERSIS ARTIBUS in zwei Bänden. Köln, Weimar und Wien 1999.

『新ティトゥレル』 Albrecht von Scharfenberg: Jüngerer Titurel. Hg. v. Kurt Nyholm. Berlin 1955 （＝Deutsche Texte des Mittelalters 45, 55, 61, 73, 77）.

『スイスのミンネゼンガー』 Max Schiendorfer（Hg.）: Die Schweizer Minnesänger. Neubearb. d. Ausg. v. Karl Bartsch. Tübingen 1990.

『聖ゲオルク』 Reinbot von Durne: Der heilige Georg. Hg. v. Carl von Kraus. Heidelberg 1907.

『デア・レンナー』 Hugo von Trimberg: Der Renner. Hg. v. Gustav Ehrismann. Berlin 1970 （＝Deutsche Neudrucke. Reihe: Texte des Mittelalters 4）.

『ティトゥレル』 Wolfram von Eschenbach: Titurel. Hg. v. Helmut Brackert und Stephan Fuchs-Jolie. Berlin 2003.

『ドイツ語著作集』 Heinrich Seuse: Deutsche Schriften. Hg. v. Karl Bihlmeyer. Stuttgart 1907.

『ドイツ初期・盛期中世叙情詩』 Ingrid Kasten（Hg.）: Deutsche Lyrik des frühen und hohen Mittelalters. Frankfurt a. M. 1995 （＝Bibliothek des Mittelalters 3）.

『動物の性質について』 Konrad von Mure: De naturis animalium. Hg. v. Arpád Peter Orbán. Heidelberg 1989.

『トリスタン』 Gottfried von Straßburg: Tristan. Hg. v. Rüdiger Krohn. Nach dem Text von Friedrich Ranke. Ins Neuhochdeutsche übers., mit Stellenkommentar und Nachwort. 3 Bde. Stuttgart 1980 （＝Reclam Universal-Bibliothek 4471–4473）. ゴットフリート・フォン・シュトラースブルク『トリスタンとイゾルデ』石川敬三訳、郁文堂、1976 年

『トリスタン』 Gottfried von Straßburg: Tristan. Berlin 2004 （＝de Gruyter Texte）

『トロイアの歌』 Herbort von Fritslâr: Liet von Troye. Hg. v. Karl G. Frommann. Quedlinburg und Leipzig 1837 （＝Bibliothek der gesammten deutschen National-Literatur von der ältesten

bis auf die neuere Zeit 5).
ハインリヒ・デア・タイヒナー　Heinrich der Teichner: Gedichte. Hg. v. Heinrich Niewöhner. Berlin 1953–56（= Deutsche Texte des Mittelalters 44, 46, 48).
『ハインリヒとクニグンデ』　Ebernand von Erfurt: Heinrich und Kunigunde. Hg. v. Reinhold Bechstein, Quedlinburg, Leipzig 1860.
『博物誌』　C. Secundus Plinius: Naturalis historiae - Naturkunde. Lateinisch/Deutsch. Darmstadt 1973–（auch als CD-ROM: Patrologia Latina Database). プリニウス『プリニウスの博物誌』中野定雄、中野里美、中野美代訳、雄山閣、1986 年
ハートラウプ、ヨハネス　Max Schiendorfer（Hg.): Die Gedichte des Züricher Minnesängers Johannes Hadlaub. Zürich 1986.
『パルツィヴァール』　Wolfram von Eschenbach: Parzival. Hg. v. Eberhard Nellmann. Übers. von Dieter Kühn. 2 Bde. Frankfurt a. M. 1994（= Bibliothek deutscher klassiker 8). ヴォルフラム・フォン・エッシェンバハ『パルツィヴァール』加倉井粛之、伊東泰治、馬場勝弥、小栗友一訳、郁文堂、1974 年
『パルツィヴァール』　Wolfram von Eschenbach: Parzival. Übers. von Peter Knecht. Berlin 1998.
『美徳の鑑』　Der Magezoge. In: Mittelhochdeutsche Fabeln und Lehrgedichte. Hg. v. G. Rosenhagen. Hamburg 1909（= Deutsche Texte des Mittelalters 17). S. 21–29.
『表敬書簡』　Bayerische Staatsbibliothek München（Hg.): Jakob Püterich von Reichertshausen: Der Ehrenbrief. Cgm 9220. München 1999.
『表敬書簡』　Fritz Behrend und Rudolf Wolkan（Hgg.): Der Ehrenbrief des Püterich von Reichertshausen. Weimar 1920.
フーゴ・フォン・モントフォルト　Hugo von Montfort: Das poetische Werk. Texte - Melodien - Einführung. Hg. v. Wernfried Hofmeister. Mit einem Melodie-Anhang v. Agnes Grond. Berlin, New York 2005（= de Gruyter Texte)
『福音書』　Otfrid von Weißenburg: Evangelienbuch. Auswahl. Althochdeutsch-Neuhochdeutsch. Hg. v. Gisela Vollmann-Profe. Stuttgart 1987（= Reclam Universal-Bibliothek 8384).
『婦人奉仕』　Ulrich von Liechtenstein: Frauendienst. Hg. v. Franz Viktor Spechtler. Göppingen 1987（= Göppinger Arbeiten zur Germanistik 485).
『婦人奉仕』　Ulrich von Liechtenstein: Frauendienst. Aus dem Mittelhochdeutschen ins Neuhochdeutsche übertr. v. Victor Spechtler. Klagenfurt 2000.
『分別の書』　Freidank: Fridankes bescheidenheit. Hg. v. Heinrich Ernst Bezzenberger. Halle 1872.
ベルトルト・フォン・レーゲンスブルク　Berthold von Regensburg: Vier Predigten. Mittelhochdeutsch/Neuhochdeutsch. Hg. v. Werner Röcke. Stuttgart 1983（= Reclam Universal-Bibliothek 7974).
ベルナール・ド・クレルヴォー　Bernhard von Clairvaux: Sämtliche Werke. Hg. v. Gerhard B. Winkler. 10 Bde. Innsbruck 1990–.
『ポリクラティクス』　Ioannis Saresberiensis（Johannes von Salesbury): Policraticus, Bd.

I–IV. Hg. v. K. S. Keats-Rohan, Turnhout 1993（= Corpus Christianorum Continuatio Mediaevalis, Bd. 118）.
『マリアの生涯』（司祭ウェルンヘル）　Priester Wernher: Driu liet von der maget. Hg. v. Carl Wesle. Halle a. d. Saale 1927.
『マリアの生涯』（ヴァルター・フォン・ライナウ）　Walther von Rheinau: Von dem lebenne Marien. Tübingen 1852.
『マリア被昇天』　Konrad von Heimesfurt: „Unser vrouwen hinvart“ und „Diu urstende“. Tübingen 1989（= Altdeutsche Textbibliothek 99）.
『ミンネザングの春』　MF = Des Minnesangs Frühling. Hg. von Helmut Tervooren. Stuttgart 1988.
『モーリツ・フォン・クラウーン』　Mauricius von Craun. Mittelhochdeutsch/Neuhochdeutsch. Nach dem Text v. Edward Schroeder. Hg., übers. und komm. v. Dorothea Klein. Stuttgart 1999（= Reclam Universal-Bibliothek 8796）.
『黙示録』　Heinrich von Hesler: Apokalypse. Berlin 1907（= Deutsche Texte des Mittelalters 8）.
『文書集』　Michael de Leone: Manuale des Michael de Leone, Pergament, Sammelhandschrift um 1350 UB Würzburg, M. p. misc. f. 6.
『幼児のキリスト』　Konrad von Fußesbrunnen: Kindheit Jesu. Hg. v. Klaus Fromm und Klaus Grubmüller. Berlin und New York 1973.
『ラテン教父全集』　PL = Patrologia Latina. Hg. von Jean-Paus Migne（Hg.）. 221 Bde. Paris 1844–1900.
『ルキダーリウス』　Lucidarius. Hg. v. Felix Heidlauf. Berlin 1915（= Deutsche Texte des Mittelalters 28）.
『ルッカ手稿』　Compositiones ad tingenda musiva. Hg., übers. und philolog. erkl. v. Hjalmar Hedfors. Uppsala 1932.
『ローラントの歌』　Pfaffe Konrad: Das Rolandslied des Pfaffen Konrad. Hg., übers. und komm. v. Dieter Kartschoke. Stuttgart 1993（= Reclam Universal-Bibliothek 2745）.
『わが家系と冒険の書』　Ulman Stromer: Püchel von mein geslecht und von abentewr. Teilfaksimile der Handschrift Hs 6146 des Germanischen Nationalmuseums Nürnberg. Zur 600–Jahrfeier der Gründung der ersten Papiermühle Deutschlands hg. v. Verband deutscher Papierfabriken. Auswahl von Lotte Kurras. Bonn 1990.

上記文献の他、原著文献表にはないが本文中で言及されており、かつ邦訳がある文献を以下に挙げておく。

『エーレク』　ハルトマン・フォン・アウエ『ハルトマン作品集』平尾浩三、中島悠爾、相良守峯、リンケ珠子訳、郁文堂、1982 年
『善人ゲールハルト』　ルドルフ・フォン・エムス『善人ゲールハルト』平尾浩三訳、慶應義塾大学出版会、2005 年
『ニーベルンゲンの歌』　『ニーベルンゲンの歌』相良守峯訳、岩波書店、1975 年（写本 B）。石川栄作訳、筑摩書房、2011 年（写本 C）

『フィロビブロン』　リチャード・ド・ベリー『フィロビブロン　書物への愛』古田暁訳、講談社、1989 年
『ランツェレト』　ウルリヒ・フォン・ツァツィクホーフェン『湖の騎士ランツェレト』平尾浩三訳、同学社、2010 年
『ワルトブルクの歌合戦』　岸谷敞子、柳井尚子訳著『ワルトブルクの歌合戦――伝説資料とその訳注』大学書林、1987 年

ミンネザングに関しては、以下の邦訳（対訳）がある。

『愛の歌　ヴァルター・フォン・デア・フォーゲルヴァイデ』　山田泰完訳、大学書林、1986 年
『ミンネザング』　高津春久訳、郁文堂、1978 年
『ミンネザング　ドイツ中世恋愛抒情詩撰集』　ヴェルナー・ホフマン、岸谷敞子、石井道子、柳井尚子訳、大学書林、2001 年

## 二次文献

Andersen, Elizabeth und Jens Haustein, Anne Simon und Peter Strohschneider（Hgg.）: Autor und Autorschaft im Mittelalter. Tübingen 1998.

Assmann, Jan: Das kulturelle Gedächtnis: Schrift, Erinnerung und politische Identität in frühen Hochkulturen. München 1997.

Baisch, Martin（1）: Got lert den man daz er sy Mit trawen sinem dienner by. Gabriel Sattler, der sprechende Schreiber. In: Der Schreiber im Mittelalter. Hg. v. Martin J. Schubert.Berlin 2002（＝Das Mittelalter 7）. S. 74–91.

Baisch, Martin（2）: Was ist ein Werk? Mittelalterlichen Perspektiven. In: Thomas Bein（Hg.）: Abhandlungen zum Rahmenthema XL. Überlieferungsgeschichte - Textgeschichte - Literaturgeschichte 2002（＝Jahrbuch für Internationale Germanistik 34）, S.105–125.

Bastert, Bernd: „Dô si der lantrâve nam“: Zur „Klever Hochzeit“ und der Genese des Eneasroman. In: Zeitschrift für deutsches Altertum und deutsche Literatur 123（1994）, S. 253–273.

Bäuml, Franz H. und Richard H. Rouse: Roll and Codex. A New Manuscript Fragment of Reinmar von Zweter. In: Beiträge zur Geschichte der deutschen Sprache und Literatur 105（1983）, S. 192–231; 317–330.

Behr, Hans-Joachim: Literatur als Machtlegitimation. Studien zur Funktion der deutschsprachigen Dichtung am böhmischen Königshof im 13. Jahrhundert. München 1989（＝Forschungen zur Geschichte der Älteren Deutschen Literatur 9）.

Bein, Thomas: Walther von der Vogelweide. Stuttgart 1997（＝Reclam Universal-Bibliothek 17601: Literaturstudium）.

Bein, Thomas（Hg.）: Abhandlungen zum Rahmenthema XL. Überlieferungsgeschichte - Textgeschichte - Literaturgeschichte 2002（＝Jahrbuch für Internationale Germanistik 34）.

Bertau, Karl: Deutsche Literatur im europäischen Mittelalter. 2 Bde. München 1973.

Bischoff, Bernhard: Paläographie des römischen Altertums und des abendländischen Mittelalters.

Berlin 1986 (= Grundlagen der Germanistik 24).

Brinker, Claudia und Dione Flühler-Kreis (Hgg.): edele frouwen - schoene man. Die Manessische Liederhandschrift in Zürich. Ausstellungskatalog. Zürich 1991.

Brinker-von der Heyde, Claudia: Autorität dank Autoritäten. Literaturexkurse und Dichterkataloge als Mittel zur Selbststilisierung. In: Autorität der/in Sprache, Literatur, Neuen Medien. Vorträge des Bonner Germanistentags 1997. Hg. v. Jürgen Fohrmann, Ingrid Kasten und Eva Neuland. Bielefeld 1999. S. 442–464.

Brinker-von der Heyde, Claudia: Der ‚Welsche Gast' des Thomasin von Zerclære: Eine (Vor-) Bildgeschichte. In: Beweglichkeit der Bilder. Text und Imagination in den illustrierten Handschriften des „Welschen Gastes" von Thomasin von Zerclære. Hg. v. Horst Wenzel und Christina Lechtermann. Köln, Weimar, Wien 2002 S. 9–32.

Brunner, Horst: Reinhard von Westerburg: "Ob ich durch sie den hals zubreche". In: Helmut Tervooren (Hg.): Gedichte und Interpretationen. Mittelalter. Stuttgart 1993 (= Reclams Universal-Bibliothek 8864). S.216–229.

Bumke, Joachim: Mäzene im Mittelalter. München 1979.

Bumke, Joachim: Höfische Kultur. 2 Bde. München 1986. ヨアヒム・ブムケ『中世の騎士文化』平尾浩三、和泉雅人、相澤隆、斎藤太郎、三瓶慎一、一條麻美子訳、白水社、1995 年

Bumke, Joachim: Heinrich der Löwe und der Lucidarius-Prolog. In: DVjS 69 (1995), S. 603–633.

Bumke, Joachim: Die vier Fassungen der „Nibelungenklage". Untersuchungen zur Überlieferungsgeschichte und Textkritik der höfischen Epik im 13. Jahrhundert. Berlin und New York 1996.

Cerquiglini, Bernard: Eloge de la variante: Histoire critique de la philologie. Paris 1989.

Curschmann, Michael: Pictura laicorum litteratura? Überlegungen zum Verhältnis von Bild und volkssprachiger Schriftlichkeit im Hoch- und Spätmittelalter bis zum Codex Manesse.In: Pragmatische Schriftlichkeit im Mittelalter. Hg. v. Hagen Keller, Klaus Grubmüller und Nikolaus Staubach. München 1992 (= Münstersche Mittelalterschriften 65). S. 211–229.

Curschmann, Michael: Vom Wandel im bildlichen Umgang mit literarischen Gegenständen. Rodenegg und Wildenstein. Freiburg i. Ue. 1996 (= Wolfgang Stammler Gastprofessur 6).

Embach, Michael: Skriptographie versus Typographie: Johannes Trithemius' Schrift „De laude scriptorum". In: Gutenberg-Jahrbuch (2000), S. 132–144.

Fasbender, Christoph: Werkstattschreiber. Aus Anlass der jüngeren Forschung zur Handschriftenprodukt Laubers. In: Der Schreiber im Mittelalter. Hg. V. Martin J. Schubert. Berlin 2002 (= Das Mittelalter 7). S. 110–124.

Frembs, Susanne: Nibelungenlied und Nationalgedanke nach Neunzehnhundert. Über den Umgang der Deutschen mit ihrem „Nationalepos". Stuttgart 2001.

Fried, Johannes: Königsgedanken Heinrichs des Löwen. In: Arbeiten zur Kirchengeschichte 55 (1973), S. 312–351.

Fromm, Hans: Überlegungen zum Programm des St. Galler Codex 857. In: Der Ginkgo-Baum 13

(1995), S. 181–193.

Ganz, Peter (Hg.): The role of the book in medieval culture: proceeding of the Oxford International Symposium 26. 09. - 01. 10. 1982. Turnhout 1986.

Gibson, Margarete T. and T. A. Heslop und Richard W. Pfaff (Hgg.): The Eadwine Psalter. Text, Image, and Monastic Culture in Twelfth-Century Canterbury. London 1992.

Green, Dennis Howard: Medieval Listening and Reading: The Primary Reception of German Literatur 800–1300. Cambridge 1994.

Gumbrecht, Hans Ulrich und K. Ludwig Pfeiffer (Hgg.): Materialität der Kommunikation. Frankfurt. a. M. 1988 (= Suhrkamp Taschenbuch Wissenschaft 750).

Hamel, Cristopher de: Scribes and Illuminators. Toronto 1992.

Hamel, Cristopher de: A History of Illuminated Manuscripts. London 1994.

Haubrichs, Wolfgang: Die Epiphanie der Person. Zum Spiel mit Biographiefragmenten in mittelhochdeutscher Lyrik des 12. und 13. Jahrhunderts. In: Autor und Autorschaft im Mittelalter. Hg. v. Elizabeth Andersen, Jens Haustein, Anne Simon und Peter Strohschneider. Tübingen 1998. S. 129–147.

Haug, Walter: Literaturtheorie im deutschen Mittelalter. Von den Anfängen bis zum Ende des 13. Jahrhunderts. Eine Einführung. Darmstadt 1985.

Haug, Walter und Benedikt Konrad Vollmann (Hgg.): Frühe deutsche Literatur und lateinische Literatur in Deutschland 800–1150. Frankfurt a. M. 1991 (= Bibliothek des Mittelalters 1).

Heinzle, Joachim: Handschriftenkultur und Literaturwissenschaft. In: Literaturwissenschaftliches Jahrbuch 45 (2004), S. 9–28.

Heinzle, Joachim und Anneliese Waldschmidt (Hgg.): Die Nibelungen. Ein deutscher Wahn, ein deutscher Alptraum: Studien und Dokumente zur Rezeption des Nibelungenstoffs im 19. und 20. Jahrhundert. Frankfurt a. M. 1991 (= Suhrkamp Taschenbuch. Materialien 2110).

Hernad, Béatrice: Prachteinbände 870–1685. Schätze aus dem Bestand der Bayerischen Staatsbibliothek München. München 2001.

Hinkel, Helmut (Hg.): Nibelungen-Schnipsel. Neues vom alten Epos zwischen Mainz und Worms. Mainz 2004.

Holladay, Joan A.: Illuminating the Epic. The Kassel Willehalm Codex and the Landgraves of Hesse in the early fourteenth century. Seattle 1996 (= Monographs on the fine arts 54).

Huber, Christoph: Gottfried von Straßburg. Tristan. Berlin 2000 (= Klassiker Lektüren 3).

Hucker, Bernd Ulrich: Ein zweites Lebenszeugnis Walthers. In: Walther von der Vogelweide. Beiträge zu Leben und Werk. Hg. v. Hans-Dieter Mück. Stuttgart 1989. S. 1–30.

Illich, Ivan: Im Weinberg des Textes. Als das Schriftbild der Moderne entstand. Ein Kommentar zu Hugos „Didascalicon". Frankfurt a. M. 1991. イヴァン・イリイチ『テクストのぶどう畑で』岡部佳世訳、法政大学出版局、1195 年

Jackson, Donald: Alphabet. Die Geschichte vom Schreiben. Frankfurt a. M. 1981.

Jakobi-Mirwald, Christine: Das mittelalterliche Buch. Funktion und Ausstattung. Stuttgart 2004 (= Reclams Universal-Bibliothek 1815).

Kartschoke, Dieter: Ich-Darstellung in der volkssprachigen Literatur. In: Entdeckung des Ich.

Die Geschichte der Individualisierung vom Mittelalter bis zur Gegenwart. Hg. v. Richard van Dülmen. Köln, Weimar und Wien 2001. S. 61–78.

Kasten, Ingrid: „geteiltez spil“ und Reinmars Dilemma MF 165, 37. Zum Einfluß des altprovenzalischen dilemmatischen Streitgedichts auf die mittelhochdeutsche Literatur. In: Euphorion 74（1980）, S. 16–54.

Kästner, Hannes: Die Gräber der alten Meister. Über die Entstehung der ersten literarischen Gedenkstätten in Deutschland. In: ze hove und an der strâzen. Die deutsche Literatur des Mittelalters und ihr „Sitz im Leben“. Festschrift für Volker Schupp zum 65. Geburtstag. Hg. v. Anna Keck und Theodor Nolte. Stuttgart und Leipzig 1999. S. 237–254.

Klemm, Elisabeth: Das Evangeliar Heinrichs des Löwen. Frankfurt a. M. 1988.

Koschorreck, Walter und Wilfried Werner（Hgg.）: Codex Manesse. Die Große Heidelberger Liederhandschrift. Kommentar zum Faksimile des Codex Palatinus Germanicus 848 der Universitätsbibliothek Heidelberg. Kassel 1981.

Künast, Hans-Jörg: „Getruckt zu Augspurg“: Buchdruck und Buchhandel in Augsburg zwischen 1468 und 1555. Tübingen 1997（= Studia Augustana 8）.

Legner, Anton（Hg.）: Ornamenta ecclesiae. Kunst und Künstler der Romantik. Ausstellungskatalog des Schnütgen-Museums. Köln 1985.

List, Claudia und Wilhelm Blum: Buchkunst des Mittelalters. Darmstadt 1994.

McLuhan, Marshall: Die Gutenberg-Galaxis. Das Ende des Buchzeitalters. Übers. v. Max Nänny. Bonn 1995. Erstmals in: The Gutenberg Galaxy. Toronto Univ. Press 1962. マーシャル・マクルーハン『グーテンベルクの銀河系――活字人間の形成』森常治訳、みすず書房、1986年

Mittler, Elmar（Hg.）: Bibliotheca Palatina. Ausstellungskatalog. Heidelberg 1986.

Müller, Jan-Dirk: Der Körper des Buchs. Zum Medienwechsel zwischen Handschrift und Druck. In: Materialität der Kommunikation. Hg. v. Hans Ulrich Gumbrecht und K. Ludwig Pfeiffer. Frankfurt. a. M. 1988（= Suhrkamp Taschenbuch Wissenschaft 750）. S. 203–217.

Müller, Ulrich（Hg.）: Politische Lyrik des deutschen Mittelalters. Texte. 2 Bde. Göppingen 1972（= Göppinger Arbeiten zur Germanistik 68）.

Ohly, Friedrich: Wolframs Gebet an den Heiligen Geist im Eingang des Willehalm. In: Wolfram von Eschenbach. Hg. v. Heinz Rupp. Darmstadt 1966（= Wege der Forschung LVII）. S. 455–518.

Ott, Norbert H.: Zwischen Schrift und Bild. Initiale und Miniatur als interpretationsleitendes Gliederungsprinzip in Handschriften des Mittelalters. In: Zeichen zwischen Klartext und Arabeske. Konferenz des Konstanzer Graduiertenkollegs „Theorie der Literatur“, veranstaltet im Oktober 1992. Hg. v. Susi Kotzinger und Gabriele Rippl. Amsterdam, Atlanta 1994（= Internationale Forschungen zur Allgemeinen und Vergleichenden Literaturwissenschaft 7）. S. 107–124.

Peters, Ursula: Fürstenhof und höfische Dichtung. Der Hof Hermanns von Thüringen als literarisches Zentrum. Konstanz 1981（= Konstanzer Universitätsreden 113）.

Peters, Ursula: Literatur in der Stadt. Studien zu den sozialen Voraussetzungen und kulturellen

Organisationsformen städtischer Literatur im 13. und 14. Jahrhundert. Tübingen 1983.

Peters, Ursula: Hofkleriker - Stadtschreiber - Mystikerin. Zum literahistorischen Status dreier Autorentypen. In: Autorentypen. Hg. v. Walter Haug und Burghart Wachinger. Tübingen 1991. S. 29–49.

Peters, Ursula (Hg.): Text und Kultur. Mittelalterliche Literatur 1150–1450. Stuttgart und Weimar 2001.

Posada, Gerardo: Der heilige Bruno, Vater der Kartäuser. Köln 1987.

Reetz, Hans: Bildnis und Brille. Hg. v. der Firma Carl Zeiss. Oberkochen 1957.

Reichert, Hermann: Walther von der Vogelweide für Anfänger. Wien 1992.

Reudenbach, Bruno: Praxisorientierung und Theologie. Die Neubewertung der Werkkünste in De diversis artibus des Theophilus Presbyter. In: Helmarshausen. Buchkultur und Goldschmiedekunst im Hochmittelalter. Hg. v. Ingrid Baumgärtner. Kassel 2004. S. 199–218.

Römer, Jürgen: Abkürzungen. In: Schrift und Schriftlichkeit. Writing and its Use. Ein interdisziplinäres Handbuch internationaler Forschung. Hg. v. Hartmut Günther und Otto Ludwig. Berlin und New York 1962. S. 1505–1515.

Römer, Jürgen: Geschichte der Kürzungen. Abbreviaturen in deutschsprachigen Texten des Mittelalters und der Frühen Neuzeit. Göppingen $^{2}$1999.

Schäfer, Hans-Wilhelm: Kelch und Stein. Frankfurt a. M. u. a. 1985 (= Europäische Hochschulschriften.Reihe I: Deutsche Sprache und Literatur 565).

Schedler, Robert: Die Freiherren von Sax zu Hohensax. St. Gallen 1919.

Schiendorfer, Max: Ein regionalpolitisches Zeugnis bei Johannes Hadlaub (SMS 2): Überlegungen zur historischen Realität des sogenannten „Manessekreises“. In: Zeitschrift für Deutsche Philologie 112 Heft 1 (1993), S. 37–65.

Schiendorfer, Max: Politik mit anderen Mitteln. Zu den historischen Entstehungsbedingungen der Manessischen Liederhandschrift. In: Zürcher Taschenbuch auf das Jahr 1994. Zürich 1993. S. 1–28.

Schiendorfer, Max: Der Wächter und die Müllerin „verkehrt“, „geistlich“: Fußnoten zur Liedkontrafaktur bei Heinrich von Laufenberg. In: Contemplata aliis tradere. Studien zum Verhältnis von Literatur und Spiritualität. Hg. v. Claudia Brinker-von der Heyde, Urs Herzog, Niklaus Largier und Paul Michel. Bern, Berlin u. a. 1995. S. 273–316.

Schloss Runkelstein: Die Bilderburg. Hg. v. der Stadt Bozen. Bozen 2000.

Schmuki, Karl, Peter Ochsenbein und Dora Cornel: Cimelia Sangallensia. Hundert Kostbarkeiten aus der Stiftsbibliothek St. Gallen. Sankt Gallen 2000.

Schneider, Karin: Paläographie und Handschriftenkunde für Germanisten. Eine Einführung. Tübingen 1999 (= Sammlung kurzer Grammatiken germanischer Dialekte 8).

Schnyder, Mireille: Frau, Rubin und „aventiure“: Zur Frauenpassage im ‚Parzival‘–Prolog Wolframs von Eschenbach. In: Deutsche Vierteljahrsschrift für Literaturwissenschaft und Geistesgeschichte 72 (1998), S. 3–17.

Scholz, Manfred Günter: Zum Verhältnis von Mäzen, Autor und Publikum im 14. und 15. Jahrhundert: „Wilhelm von Österreich“, „Rappoltsteiner Parzifal“, Michel Beheim. Darmstadt

1987.
Scholz, Manfred Günter: Walther von der Vogelweide. Stuttgart 1999 (=Sammlung Metzler 316).
Schreiner, Klaus: „Hof" (curia) und „höfische Lebensführung" (vita curialis) als Herausforderung an die christliche Theologie und Frömmigkeit. In: Höfische Literatur, Hofgesellschaft, höfische Lebensformen um 1200. Hg. v. Gert Kaiser und Jan-Dirk Müller. Düsseldorf 1986. S. 67–140.
Schubert, Martin J. (Hg.): Der Schreiber im Mittelalter. Berlin 2002 (=Das Mittelalter 7).
Schupp, Volker und Hans Szklenar: Ywain auf Schloß Rodenegg. Eine Bildergeschichte nach dem „Iwein" Hartmanns von Aue. Sigmaringen 1996.
Seidel, Kurt Otto: Tres digiti scribunt totum corpusque laborat. Kolophone als Quelle für das Selbstverständnis mittelalterlicher Schreiber. In: Der Schreiber im Mittelalter. Hg. V. Martin J. Schubert. Berlin 2002 (=Das Mittelalter 7). S. 145–156.
Stammberger, Ralf M. W.: Scriptor und Scriptorium. Graz 2003.
Steer, Georg: Der deutsche Lucidarius - ein Auftragswerk Heinrichs des Löwen? In: Deutsche Vierteljahrsschrift für Literaturwissenschaft und Geistesgeschichte 64 (1990), S. 1–25.
Strohschneider, Peter: „Nu sehet, wie der singet!". Vom Hervortreten des Sängers im Minnesang. In: „Aufführung" und „Schrift" in Mittelalter und Früher Neuzeit. Hg. v. Jan-Dirk Müller. Stuttgart und Weimar 1996 (=Germanistische Symposien. Berichtsbände XVII). S. 7–30.
Tervooren, Helmut (Hg.): Gedichte und Interpretationen. Mittelalter. Stuttgart 1993 (=Reclams Universal-Bibliothek 8864).
Trost, Vera: Skriptorium. Die Buchherstellung im Mittelalter. Heidelberg 1986.
Trost, Vera: „Drei Finger schreiben und der ganze Körper arbeitet ...". In: Schreibkunst. Mittelalterliche Buchmalerei aus dem Kloster Seeon. Hg. v. Josef Kirmeier, Alois Schütz und Evamaria Brockhoff. Augsburg 1994 (=Veröffentlichungen zur Bayerischen Geschichte 28). S. 111–123.
Vogler, Werner (Hg.): Die Kultur der Abtei Sankt Gallen. Zürich 1990. ヴェルナー・フォーグラー編『修道院の中のヨーロッパ——ザンクト・ガレン修道院にみる』阿部謹也訳、朝日出版社、1994年
Wattenbach, Wilhelm: Das Schriftwesen im Mittelalter. Leipzig 1896.
Wenzel, Horst: Hören und Sehen, Schrift und Bild. Kultur und Gedächtnis im Mittelalter. München 1995.
Wenzel, Horst: Die Schrift und das Heilige. In: Horst Wenzel, Wilfried Seipel und Gotthart Wunberg (Hgg.): Die Verschriftlichung der Welt. Bild, Text und Zahl in der Kultur des Mittelalters und der Frühen Neuzeit. Wien 2000 (=Schriften des Kunsthistorischen Museums 5). S. 15–58.
Wehrli, Max: Zur Geschichte der Manesse-Philologie. In: Walter Koschorreck und Wilfried Werner (Hgg.): Codex Manesse. Die Große Heidelberger Liederhandschrift. Kommentar zum Faksimile des Codex Palatinus Germanicus 848 der Universitätsbibliothek Heidelberg. Kassel 1981.

Wilhelm, Pia: Kloster Wienhausen. Bd. 3: Die Bildteppiche. Celle o. J.

Wurst, Jürgen Alexander: Das Figurenalphabet des Meisters E. S. München 1999 (=Schriften aus dem Institut für Kunstgeschichte der Universität München 73).

Ziegeler, Hans-Joachim: Literatur am Welfenhof um 1300. In: Encomia-Deutsch. Sonderheft der Deutschen Sektion der International Courtly Literature Society. Tübingen 2000. S. 61–79.

Zumthor, Paul: Die Stimme und die Poesie in der mittelalterlichen Gesellschaft. Übers. v. Klaus Thieme. München 1994 (=Forschungen zur Geschichte der Älteren Literatur 18).